Handschrift für Freimaurer.

Dieses Buch ist Eigentum von:

....

Mitglied der Loge:

....

im Orient: ....

GRIMORIUM,
die Geheimlehre Salomons:

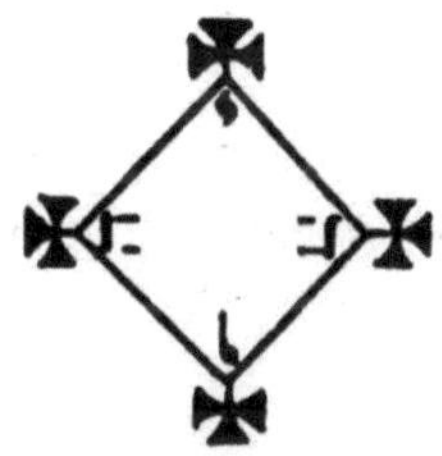

Eine Unterweisung in die
PRAKTISCHE KABBALA
oder mystische Freimaurerei.

Von Cornelius Rosenberg
genannt, Br. Hermes.

Bibliografische Information der Deutschen Nationalbibliothek: Die Deutsche Nationalbibliothek verzeichnet diese Publikation in der Deutschen Nationalbibliografie; detaillierte bibliografische Daten sind im Internet über dnb.dnb.de abrufbar.

Zweite erweiterte Auflage:
© 2025 Cornelius Rosenberg / Br. Hermes
**Schottenloge „Zur starken Wehr im Westen"
i. Or. Essen (Ruhr)**
Email: Schottenloge@Illuminatenorden.net

Verlag: BoD · Books on Demand GmbH,
Überseering 33, 22297 Hamburg,
bod@bod.de
Druck: Libri Plureos GmbH,
Friedensallee 273, 22763 Hamburg
ISBN: 978-3-8192-1285-7

Inhaltsverzeichnis

GRIMORIUM,
die Geheimlehre
SALOMONS:

Eine Unterweisung in die praktische Kabbala

oder mystische Freimaurerei.

Eine Warnung an den Bruder

Es gehört zur überlieferten Eigenart des Grimoires – jenes althergebrachten Zauberbuches des späten Mittelalters –, seinen Besitzer mit ernsten Worten zu mahnen, ehe dieser es gebraucht. Doch nicht allein der praktische Gebrauch erfordert Vorsicht; schon der bloße Umgang mit ihm birgt Gefahren, vor denen gewarnt sein will. Die magische Praxis zählt zu jenen Grenzbereichen der Freimaurerei, die tief ins Innerste ihrer verborgenen Lehren führen – Bereiche, denen sich nur wenige Auserwählte ernsthaft nähern. Tritt ein Bruder auf diese Pfade, die ihn in immer tiefere Einsicht der okkulten Wissenschaften führen, so sei ihm höchste Wachsamkeit angeraten. Ihm sei hiermit ernsthaft anempfohlen: übe größte Verschwiegenheit. Denn in dem Augenblick, da er die Pforte zu den verborgenen Lehren der Königlichen Kunst aufstößt, rüstet er unversehens auch seine Widersacher – Missgünstige, Neider, ehrgeizige Gegner. Gedenke dessen: Die Beschäftigung mit dieser Geheimlehre kann dir eines Tages als Makel ausgelegt und dir schwer zum Verhängnis werden. Darum – sei wachsam!

Mahnung der Alten an die Propheten:

Wenn du in das Land kommst, das dir der HERR, dein Gott, geben wird, so sollst du nicht lernen, die Gräuel dieser Völker zu tun, dass nicht jemand unter dir gefunden werde, der seinen Sohn oder seine Tochter durchs Feuer gehen lässt oder Wahrsagerei, Hellseherei, geheime Künste oder Zauberei treibt oder Bannungen oder Geisterbeschwörungen oder Zeichendeuterei vornimmt oder die Toten befragt. Denn wer das tut, der ist dem HERRN ein Gräuel, und um solcher Gräuel willen vertreibt der HERR, dein Gott, die Völker vor dir. Du aber sollst untadelig sein vor dem HERRN, deinem Gott.

(Lutherbibel, 5. Mose, 18; 9-13.)

Die praktische Kabbala

Teil I – Wesen und Struktur der Kabbala: Die zwei Wege zur Erkenntnis

Die **Kabbala** – abgeleitet vom hebräischen Wort *qabbālāh*, was „Überlieferung" bedeutet – ist ein umfassendes mystisch-philosophisches System, das sich seit dem Mittelalter aus jüdischen Traditionen entwickelt hat. Sie erhebt nicht den Anspruch einer dogmatischen Religion, sondern bietet einen Weg zur **spirituellen Durchdringung der Wirklichkeit**. Im Zentrum steht die Frage nach dem verborgenen Wesen Gottes, nach dem Aufbau der Schöpfung und nach dem Platz des Menschen innerhalb dieses göttlichen Plans.

Die Kabbala gliedert sich traditionell in zwei Hauptbereiche:

1. **Theoretische Kabbala (Kabbalat Halyyunit)**
   Sie ist die intellektuelle, spekulative und kontemplative Dimension. Ihre Inhalte umfassen insbesondere:

den **Sefiroth-Baum** als Modell göttlicher Emanation,

die **Lehre von Ein Sof** – dem unendlichen, transzendenten Ursprung allen Seins, die **Symbolik der Buchstaben** und Zahlen (z. B. in Gematria, Notarikon, Temura),

sowie die Interpretation heiliger Tex-te durch die **Vierfach-Auslegung** (Pardes).

Ziel der theoretischen Kabbala ist es, durch kontemplatives Denken und inneres Verstehen einen Zugang zur verborgenen Ordnung der Welt zu gewinnen. Sie bildet somit den Rahmen und das Fundament für jede ernsthafte Beschäftigung mit der Kabbala.

2. **Praktische Kabbala (Kabbalat HaMa'asit)**
   Weniger bekannt, oft missverstanden und mit Vorurteilen belastet ist der zweite Zweig: die praktische Kabbala. Während die theoretische Kabbala das Verstehen lehrt, richtet sich die praktische Kabbala auf das **Wirken**. Sie ist der Versuch, kabbalistisches Wissen gezielt in Handlungen umzusetzen, um bestimmte geistige oder spirituelle Wirkungen hervorzurufen.

Ihre Bereiche umfassen:

die Verwendung **heiliger Namen und göttlicher Buchstabenformeln**, die als Träger schöpferischer Kraft gelten, die **Anfertigung von Amuletten, Siegeln oder Talismanen**, oft auf Pergament oder Metall, basierend auf spezifischen Kombinationen aus Psalmen, Engelnamen und astrologischen Korrespondenzen,

die **Evokation geistiger Wesenheiten** – traditionell unter klaren Schutz- und Reinheitsvor-schriften –, etwa von Engeln (wie Metatron, Raziel, Gabriel) oder Symbolgeistern,

rituelle Praktiken zur **Bewusstseinsöffnung**, Reinigung oder inneren Ausrichtung (z. B. meditative Atemtechniken in Verbindung mit göttlichen Namen),

3. sowie die Herstellung spiritueller „Werkzeuge" zur Einflussnahme auf feinstoffliche Ebenen oder zur Selbsttransformation.

Diese Praktiken sind keineswegs willkürlich oder bloß magisch im vulgären Sinn, sondern tief in der jüdischen Mystik und Psalmenliturgie verwurzelt. Die praktizierende Person versteht sich **nicht als Beherrscher**, sondern als **Diener** des göttlichen Willens. Der Akt wird zum Gebet, das Ritual zum Tor zur höheren Ordnung.

Die Verbindung zwischen Theorie und Praxis

Die praktische Kabbala ist **keine eigenständige Lehre,** sondern ruht auf dem Fundament der theoretischen Kabbala. Ohne das tiefgreifende Verständnis der göttlichen Struktur, der moralisch-ethischen Anforderungen und der heiligen Sprache (insbesondere des Hebräischen) kann sie leicht missverstanden oder gefährlich verzerrt werden. Ihr Missbrauch – etwa zur egoistischen Machtausübung – wurde in der jüdischen Überlieferung ausdrücklich verworfen. Darum war sie traditionell nur jenen zugänglich, die sich über Jahre hinweg in die theoretischen und ethischen Grundlagen eingearbeitet hatten.

Im Zentrum beider Wege steht nicht Machtausübung, sondern **Verbindung**: Die Rückbindung an die göttliche Quelle, das Wiedererkennen der Einheit in der Vielfalt, das Streben nach geistiger Läuterung und Erkenntnis. Die praktische Kabbala will nicht „etwas bewegen", sondern das Innere so gestalten, dass sich höhere Kräfte durch das Ich hindurchwirken können.

Teil II – Kabbalistische Symbolik und ihr Widerhall in esoterischen Traditionen

Die Wirkung der Kabbala reicht weit über das jüdische Denken hinaus. Seit dem Spätmittelalter beeinflusste sie zahlreiche spirituelle und esoterische Systeme in Europa, darunter die christliche Kabbala der Renaissance, alchemistische Strömungen, die

Theosophie, sowie verschiedene initiatische Orden, die sich symbolisch mit Fragen der Schöpfung, des Lichts und des verborgenen Wissens beschäftigen.

Ein zentrales Prinzip dieser Traditionen ist das **symbolische Denken** – ein Weltzugang, der auf der Annahme beruht, dass hinter der materiellen Wirklichkeit eine zweite, geistige Wirklichkeit verborgen liegt. Symbole gelten hier nicht als bloße Zeichen, sondern als **lebendige Vermittler** zwischen Sichtbarem und Unsichtbarem. In der Kabbala wird diese Idee konsequent entfaltet: Jeder Buchstabe der hebräischen Sprache, jede Zahl, jede biblische Erzählung ist nicht nur historisch oder literarisch zu verstehen, sondern als **Spiegel einer höheren Ordnung**.

Heilige Namen als Träger der Schöpfung

Im Zentrum der praktischen Kabbala steht die **Wirkmacht der heiligen Namen Gottes** – insbesondere des unaussprechlichen Namens (Tetragrammaton) sowie seiner vielfältigen Permutationen und Kombinationen. Namen wie *Ehyeh Asher Ehyeh*, *Adonai*, *El Shaddai*, *Elohim*, aber auch komplexe Buchstabenkonstrukte wie das 72-Namen-Schema (*Shem HaMephorash*) werden in bestimmten Anrufungen, Meditationen oder schriftlich-rituellen Handlungen verwendet.

Diese Namen sind nicht als „magische Zauberformeln" zu verstehen, sondern als verdichtete Formen göttlicher Energie. In der Kabbala gilt der Name nicht als Etikett, sondern als **Träger des Wesens**. Die bewusste Arbeit mit solchen Namen – etwa durch Gesang, Visualisierung oder kalligrafische Darstellung – ist eine Form der Rückbindung an die göttliche Quelle und dient der inneren Läuterung, nicht der äußeren Manipulation.

Der Baum des Lebens als Landkarte des inneren Aufstiegs

Ein weiteres zentrales Symbol ist der **Sefiroth-Baum**, der als „Baum des Lebens" die Struktur göttlicher Emanationen darstellt. In zehn Stufen – den sogenannten Sefiroth – offenbart sich der Weg des göttlichen Lichts von der Quelle (*Ein Sof*) hinab zur materiellen Welt. Doch dieser Weg ist keine Einbahnstraße: Der Mensch ist aufgerufen, durch Erkenntnis, Ethik und rituelle Arbeit wieder **zur Quelle zurückzukehren**. In diesem Sinne ist der Lebensbaum nicht nur ein kosmologisches Modell, sondern auch eine **Landkarte für spirituelles Wachstum**.

In vielen esoterischen Traditionen – seien es hermetische Logen, Rosenkreuzer, Mysterienschulen oder moderne initiatische Gemeinschaften – wurde der

Sefiroth-Baum übernommen, angepasst und integriert. Die Namen der Sefiroth, ihre Verbindungslinien (Pfade), ihre astrologischen, numerologischen und mythologischen Entsprechun-gen wurden als **Werkzeuge des inneren Weges** verstanden. Die praktische Anwendung bestand etwa in der **Ritualarbeit mit bestimmten Pfaden**, der **kontemplativen Versenkung in einzelne Sphären** oder der **symbolischen Initiation durch die Stufen des Baumes**.

Das Verlorene Wort und die symbolische Suche

Ein wiederkehrendes Motiv in vielen spirituellen Systemen, das stark von der kabbalistischen Denkweise geprägt ist, ist die Idee des **„verlorenen Wortes"**. Dabei handelt es sich symbolisch um ein Wissen, eine heilige Wahrheit oder ein göttliches Prinzip, das im Lauf der Menschheitsgeschichte verloren ging – sei es durch Sünde, Vergessen oder spirituelle Entfremdung – und nun durch rituelle, ethische und geistige Arbeit **wiedergefunden werden muss**.

Diese Suche ist in der Kabbala eng verknüpft mit der Vorstellung des **Tikkun Olam**, der „Wiederherstellung der Welt". Die Schöpfung wird als ein zerbrochenes Gefäß gedacht, das durch den bewussten Menschen wieder zusammengefügt werden kann. Jede spirituelle Handlung – sei sie Gebet, Studium,

Meditation oder rituelle Tat – trägt zur Heilung dieser Welt bei. Die Arbeit mit dem Wort, mit dem Namen, mit dem Symbol ist also **eine Form von Welterlösung**, ein sakrales Tun im Angesicht des Unsichtbaren.

Teil III – Schweigen, Einweihung und das verborgene Wissen

Ein zentrales, oft übersehenes Prinzip spiritueller Traditionen wie der Kabbala ist das **Schweigen**. Es ist kein zufälliges Element, sondern eine **essenzielle Haltung**, ein Schutzraum, in dem sich Erkenntnis jenseits der Sprache entfalten kann. Wer die Tiefen der praktischen Kabbala betreten will, muss dieses Schweigen nicht nur achten, sondern verkörpern: Denn es steht für mehr als nur Verschwiegenheit – es ist die Anerkennung, dass gewisse Wahrheiten **nicht erklärbar, sondern nur erfahrbar** sind.

Das Mysterium des Unaussprechlichen

In der jüdischen Tradition wird der eigentliche Gottesname, das Tetragrammaton (יהוה), niemals ausgesprochen. Stattdessen wird beim Lesen des Textes das Wort *Adonai* („Herr") verwendet. Diese Praxis verweist nicht nur auf die Ehrfurcht vor dem Göttlichen, sondern auch auf die Überzeugung, dass **das Heilige durch das bloße Wort nicht vollständig zu fassen ist**. Die Wirklichkeit, die hinter einem heiligen Namen liegt, offenbart sich nicht durch intellektuelle Begriffe, sondern durch ein inneres, transformierendes Erleben.

Auch die praktische Kabbala hält sich an diese Regel. Viele ihrer Rituale arbeiten mit Namen, Symbolen oder Zahlenkombinationen, deren tieferer Sinn nicht schriftlich überliefert, sondern **nur durch direkte Einführung und geistige Reife erschlossen** werden kann. Das „Nicht-Ausgesprochene" wird so zur didaktischen Methode: Was nicht gesagt werden darf, zwingt zur inneren Stille – und erst in dieser Stille kann das Wesentliche gehört werden.

Einweihung als Erfahrungsweg

In der kabbalistischen Überlieferung – insbesondere im Kontext praktischer Anwendungen – spielt das Motiv der **Einweihung** eine zentrale Rolle. Es geht nicht um eine formale Aufnahme in einen Kreis, sondern um eine **innere Transformation**, die sich nur durch persönliche Erfahrung und geistige Vorbereitung vollziehen kann. Viele klassische Quellen betonen, dass praktische Kabbala *niemals* einem Unvorbereiteten gelehrt werden dürfe. Die Gefahr der Verwirrung, der Selbstüberschätzung oder gar spirituellen Zerstörung sei zu groß.

So schreibt beispielsweise Abraham Abulafia (13. Jh.), ein Pionier kabbalistischer Meditation, dass die göttlichen Namen nur von jenen ausgesprochen werden dürfen, die sich zuvor einer langen inneren Reinigung unterzogen haben. Auch die Lurianische Schule des 16. Jahrhunderts (besonders in Safed) betonte, dass bestimmte Praktiken nur nach ethischer Vorbereitung, Fasten, Studium und Meditation zugelassen werden dürfen.

Die Einweihung besteht daher aus mehreren Stufen:

Kenntnis der heiligen Texte, insbesondere der Torah, der Psalmen und der kabbalistischen Literatur;

Reinigung des Charakters (Ethik, Demut, Selbsterkenntnis);

Vertrautheit mit der Symbolsprache der Buchstaben, Zahlen und Pfade;

und schließlich die Anleitung durch einen erfahrenen Lehrer, der nicht nur die Rituale kennt, sondern auch die seelischen Prozesse des Suchenden begleitet.

Diese Einweihung ist nie abgeschlossen – sie ist ein lebenslanger Weg. Die Gefahr des Missverständnisses, der magischen Selbsttäuschung oder der Verwechslung innerer Bilder mit objektiver Wahrheit ist im Bereich der praktischen Kabbala besonders hoch. Darum war in der Überlieferung stets Zurückhaltung geboten – und darum ist auch heute noch **ein reifer, reflektierter Zugang unerlässlich**.

Das geheime Wissen – verborgen, nicht verborgen

Wenn die praktische Kabbala als „geheimes Wissen" bezeichnet wird, so bedeutet dies nicht, dass sie willentlich unterdrückt oder bewusst versteckt wird. Vielmehr liegt das Geheimnis darin, dass sich ihre Inhalte **dem flüchtigen Blick entziehen**. Sie offenbaren sich nicht durch äußere Lektüre, sondern nur durch **innere Resonanz**. Das Wissen ist zugänglich – aber nur dem, der sich selbst als würdig und bereit erweist. So wird das Schweigen zum Prüfstein, die Geduld zur Pforte und das Vertrauen zur Voraussetzung jeder spirituellen Öffnung.

Im Lichte dieser Haltung erscheint es nur konsequent, dass die praktische Kabbala selbst innerhalb spiritueller Gemeinschaften lange Zeit **eine Randposition einnahm**. Nicht aus Geringschätzung, sondern aus Schutz: Schutz vor Missbrauch, vor Verwässerung – und vor jenen, die die symbolische Welt für ein bloßes Instrument zur Selbsterhöhung halten.

Teil IV – Theorie und Praxis: Die zwei Säulen spiritueller Erkenntnis

Im spirituellen Streben des Menschen standen sich seit jeher zwei Wege gegenüber: der **Pfad des Verstehens** und der **Pfad der Erfahrung**. Beide sind legitim, notwendig – und unvollständig, wenn sie einander ausschließen. In kaum einer Tradition wird dieser Dualismus so deutlich wie in der Kabbala. Die **theoretische Kabbala** vermittelt ein tiefes Wissen um kosmische Ordnungen, göttliche Namen, Zahlenmystik und Schöpfungszusammenhänge. Doch so umfassend und faszinierend dieses Wissen ist – es bleibt abstrakt, wenn es nicht **zur gelebten Wirklichkeit** wird.

Die **praktische Kabbala** ist jener Teil, der die Theorie mit dem Leben verbindet. Sie sucht nicht nur zu verstehen, *was ist*, sondern auch, *wie es wirkt*. Sie fragt nicht nur nach der Struktur, sondern nach dem **Wandel**, den Erkenntnis im Inneren des Menschen bewirken kann – und bewirken soll. Wer diesen Weg geht, verlässt das sichere Ufer des Intellekts und betritt das weite, unvorhersehbare Feld des inneren Erlebens.

Das unersetzliche Moment der Erfahrung

So wie das Studium eines Musikstücks niemals den Moment ersetzen kann, in dem es gespielt wird – so wenig genügt das Lesen über spirituelle Praktiken, um ihre Kraft zu verstehen. Die Worte bleiben stumm, solange sie nicht **verkörpert** werden. Die Schrift mag die Struktur enthalten, doch der Geist lebt nur **im Vollzug**. Wer etwa die Namen Gottes nur als Symbole in einem Buch betrachtet, ohne je in Meditation mit ihnen gearbeitet zu haben, kennt nicht ihre Vibration, nicht ihre Lichtstruktur, nicht ihre seelische Resonanz.

Diese Wahrheit ist nicht auf die Kabbala beschränkt. Sie gilt in gleicher Weise für jede rituelle oder mystische Tradition. In der jüdischen Liturgie etwa entfaltet sich der Sinn der Gebete nicht durch ihre intellektuelle Analyse, sondern durch den **heiligen Rhythmus des Gebrauchs**. Im Sufismus wird die **Wirkung eines Dhikr**, des beständigen Wiederholens göttlicher Namen, nur durch die Praxis verstanden – nie durch die Beschreibung. Und auch in Einweihungsbünden aller Zeiten war es das Erleben der Rituale, das den Menschen prägte – nicht deren Theorie.

Symbolische Handlung als Spiegel des Inneren

Die Rituale der praktischen Kabbala – seien es Gebetsrezitationen, Meditationen mit göttlichen Namen, das Tragen bestimmter Amulette oder das Ziehen heiliger Linien auf Pergament – sind keine magischen Spielereien. Sie sind **Werkzeuge der Selbstgestaltung**. Im symbolischen Handeln begegnet der Mensch sich selbst: seinen Ängsten, seinem Glauben, seinen Grenzen. Gerade deshalb ist es entscheidend, dass der Mensch nicht nur über diese Praktiken liest, sondern sie **in Achtsamkeit und Verantwortung vollzieht**.

Die praktische Kabbala ist damit nicht bloß eine „Anwendung" der Theorie – sie ist ihre **Bewährungsprobe**. Nur was sich im Ritual, im inneren Vollzug, im gelebten Alltag bewährt, ist echte Erkenntnis. Alles andere bleibt Schatten.

Ernsthaftigkeit als Zugang

Ein häufiger Einwand gegen die praktische Kabbala lautet, sie sei abergläubisch oder irrational. Doch dieser Vorwurf beruht zumeist auf einem Missverständnis. Wer ohne Vorbereitung, ohne ethische Grundlage und ohne geistige Reife an diese Disziplin herangeht, wird scheitern – oder sich selbst schaden. Die praktische Kabbala ist kein Werkzeug zur Machtausübung, sondern ein **Pfad der Läuterung**. Ihre Rituale fordern Geduld, Stille, Konzentration und Demut. Wer sich darauf einlässt, wird früher oder später mit Aspekten des eigenen Selbst konfrontiert, die sich in keiner Theorie verbergen ließen.

Es ist also kein Zufall, dass viele spirituelle Schulen den Weg der Praxis nur schrittweise eröffnen. Die langsame, achtsame Hinführung soll nicht abschrecken, sondern schützen – vor sich selbst, vor Täuschung, vor spiritueller Überforderung.

Teil V – Zwischen Aberglaube und Wahrheit: Der Mut zur inneren Wandlung

Die **praktische Kabbala** steht bis heute unter einem Schatten. Zu oft wurde sie mit Aberglauben, magischem Denken oder irrationalem Mystizismus gleichgesetzt. Und gewiss: Es gab immer wieder Tendenzen, ihre Methoden zu entstellen – zur egozentrischen Machtausübung, zum rituellen Automatismus, zur esoterischen Spielerei ohne ethische Grundlage. Doch die **Schwäche des Missbrauchs** ist kein Beweis gegen den Wert der Lehre selbst. Denn auch der Missbrauch von Medizin beweist nicht die Nutzlosigkeit der Heilkunst.

Wer nach **Wahrheit** sucht, wird unweigerlich mit Fragen konfrontiert, die keine einfachen Antworten erlauben. Was ist Aberglaube – und was ist legitime spirituelle Praxis? Wo endet der gesunde Menschenverstand – und wo beginnt die Einsicht, dass es mehr gibt als das Messbare? Wer diesen Fragen ausweicht, bleibt im Zirkel des Bekannten gefangen. Doch Wahrheit verlangt **Bereitschaft zur Grenzüber-**

schreitung – nicht im Sinne blindgläubiger Öffnung, sondern als mutige Erweiterung des Blickwinkels.

Wahrheit verlangt Erfahrung

Kein Mensch kann das Richtige vom Falschen unterscheiden, wenn er nur das eine kennt. Wer die praktische Kabbala ablehnt, ohne sie durchdrungen zu haben, urteilt nicht aus Wissen, sondern aus vorgefertigtem Denken. Natürlich: Nicht jeder ist berufen, den praktischen Pfad zu gehen – doch wer sich der spirituellen Suche verschrieben hat, sollte **nichts vorschnell ausschließen**, was ihm selbst noch verborgen ist.

Das bedeutet nicht, jedem Ritual oder jeder Symbolik blind zu folgen. Im Gegenteil: Gerade in der praktischen Kabbala gilt es, kritisch und selbstbeobachtend zu sein. Doch kritisches Denken und offene Erfahrung schließen einander nicht aus – sie **ergänzen** sich. Nur wer prüft, was er erlebt, kann unterscheiden. Und nur wer erlebt, was er prüft, kann wirklich verstehen.

Der Wandel beginnt mit der Haltung

Jede tiefgreifende Erkenntnis beginnt mit einem inneren Entschluss: der Bereitschaft, sich selbst infrage zu stellen. Wer sich auf den Pfad praktischer Kabbala begibt – oder ihn zumindest achtsam betrachtet –, muss bereit sein, die eigene Sichtweise zu verändern. Denn spirituelle Wahrheit ist selten dort zu finden, wo man sie vermutet. Sie wohnt nicht in dogmatischen Konzepten, sondern in der **lebendigen Begegnung mit dem Unerwarteten**.

Das bedeutet auch: Wer mit innerer Redlichkeit den vermeintlichen Aberglauben untersucht, wird oft auf vergessene Weisheit stoßen. Was oberflächlich irrational scheint, kann sich im Licht tieferer Erfahrung als symbolisch, psychologisch oder sogar seelisch heilsam entpuppen. Wahrheit zeigt sich nicht immer dort, wo sie sich leicht beweisen lässt. Sie zeigt sich oft im **Stillen**, im Innersten – dort, wo das Ich sich verwandelt.

Ein abschließender Gedanke

Es gehört zu den stillen Paradoxien des inneren Weges, dass gerade jene geistigen Disziplinen, die imstande sind, uns zur tiefsten Wahrheit zu führen, am häufigsten verkannt, verspottet oder vorschnell verworfen werden. Was nicht in den gängigen Kategorien des Rationalen oder des unmittelbar Verwertbaren aufgeht, wird oft als obskur, irrational oder gar gefährlich abgetan. Die praktische Kabbala gehört zu diesen Wegen: ein uraltes System der geistigen Durchdringung der Welt, das nicht nach außen ruft, sondern nach innen zieht.

Sie fordert – und dies mit unerbittlicher Klarheit – den Mut zur Selbsterkenntnis, die Bereitschaft zur Demut vor dem Unsichtbaren und eine tiefe, kompromisslose Wahrhaftigkeit im Innersten des Herzens. Nicht der Lautsprechende, nicht der Debattierende, nicht der Überzeugende wird in ihren Hallen Einlass finden, sondern der Lauschende, der Fragende, der in der Stille Wurzelnde. Sie spricht nicht zur Menge – sondern zum Einzelnen. Nicht in Begriffen – sondern in Zeichen. Nicht mit Argumenten – sondern mit Wandlung.

Wer sich ernsthaft auf diese Kunst einlässt, ob durch eigene Praxis, durch Studium oder durch das stille Verweilen in ihren Symbolen, der wird früher oder später an einen Punkt gelangen, an dem sich eine fundamentale Erkenntnis einstellt: Die Grenze, die wir so oft zwischen Glaube und Wissen, zwischen Aberglaube und Erkenntnis, zwischen Täuschung und Wahrheit zu ziehen versuchen, verläuft nicht zwischen den Systemen, nicht zwischen Wissenschaft und Mystik, nicht zwischen Vernunft und Vision – sondern durch das Herz des Menschen selbst.

Dort – und nur dort – entscheidet sich, ob ein Symbol lebendig wird oder zur Hülle verkommt. Dort offenbart sich, ob der Name Gottes bloßer Laut

bleibt oder zur inneren Wirklichkeit wird. Und dort
geschieht jene Wandlung, die nicht auf Überzeugung
baut, sondern auf Erfahrung: leise, tief, unumkehr-
bar.

Die Königliche Kunst

Teil 1: *Die Königliche Kunst*

In der ehrwürdigen „Konstitution der Frei-Maurer" des Bruders James Anderson, im Jahre 1723 dem Druck übergeben, findet sich ein Hinweis, der das Alter und die Ursprünge der Maurerkunst in ein lichtumspieltes, ja beinahe mythisches Dunkel taucht: *Noah und seine drei Söhne waren wahre Maurer.* Eine Aussage, die mehr ist als bloße Erzählung – sie ist ein Fingerzeig auf eine uralte Überlieferung, die den Strom der Zeit durchquert und bis in unsere Logen nachhallt.

Die Nachkommen Noahs, so lesen wir weiter, *erbauten den Turm zu Babel.* Ein Akt des Hochmuts, aber auch ein Zeugnis des mächtigen Wissens (*the mighty Knowledge*), das jenen frühen Baumeistern zuteil war. Mit der Sprachverwirrung, jener symbolträchtigen Zersplitterung des einen Ursinns, wurde dieses Wissen über die Welt verstreut – gleich dem Licht, das durch ein Prisma gebrochen in viele Farben zerspringt. Doch während in weiten Teilen der Erde dieses Wissen erlosch, blieb es in den Gefilden von *Schinar* und *Assyrien* bewahrt – dort, wo die Flüsse Tigris und Euphrat in uralter Brüderlichkeit fließen.

Es waren *gelehrte Priester* und *Mathematiker*, die dort das heilige Wissen hüteten – Männer, bekannt als *Chaldäer* und *Magier*. Sie bewahrten die edle Wissenschaft der *Geometrie* und förderten, unter der Schirmherrschaft von Königen und Weisen, das, was fortan *die Königliche Kunst* genannt wird (*In the Parts, upon the Tygris and Euphrates, afterwards flourish'd many learned Priests and Mathematicians, known by the Names of Chaldees and Magi, who preserv'd the good Science, Geometry, as the Kings and great Men encourag'd the Royal Art*).

Es ist dies ein bedeutungsschwerer Hinweis, der sich nicht mit bloß äußerlichem Verständnis erschließen lässt. *Aber es ist nicht ratsam, offener über diese Angelegenheiten zu sprechen, es sei denn in geöffneter Loge* (*But it is not expedient to speak more plain of the Premises, except in a formed Lodge*). Eine Warnung – nicht aus Furcht, sondern aus heiliger Ehrfurcht.

Von hier an unterscheidet der Text fein zwischen der *Königlichen Wissenschaft* (*Royal Science*) und der *Königlichen Kunst* (*Royal Art*). Letztere, so darf erschlossen werden, sei eine schöpferische Disziplin, geboren aus dem Schoße der Priesterweisheit, namentlich jener *chaldäischen Magier*. Was also bedeutet es, wenn in der Freimaurerei von *Geo-*

metrie gesprochen wird? Es geht um mehr als um Baukunst, mehr als um Linien und Winkel. Es geht um den *geheimen Plan des Universums.*

Diese Erkenntnis war keinem Geringeren bewusst als dem großen Johannes Kepler. Im Jahre 1619, als er *kaiserlicher Mathematiker* und *Hofastronom* war, veröffentlichte er sein Werk *Harmonices Mundi.* Darin schreibt er Worte, die wie in Stein gemeißelt das Fundament der Königlichen Kunst zieren könnten: *„Die Geometrie ist vor der Erschaffung der Dinge; gleich ewig wie der Geist Gottes; sie ist Gott selbst und hat ihm die Urbilder für die Erschaffung der Welt geliefert."* Was Kepler hier offenbart, ist nichts Geringeres als eine metaphysische Grundlegung der Welt: Die Geometrie als göttliche Sprache, als der Ur-Code der Schöpfung.

So wird offenbar: *Geometrie, Mathematik, Astronomie* – dies sind keine bloßen Werkzeuge der Wissenschaft. Sie sind die Schlüssel zu den Toren der Erkenntnis, zur *Kabbala,* zu jener verborgenen Struktur der Welt, die durch Zahl und Maß, durch Harmonie und Proportion beschrieben ist. *Die Königliche Kunst* bedient sich ihrer, um das Verborgene im Sichtbaren zu erschließen.

Giordano Bruno, jener brennende Geist der Renaissance, brachte es in symbolischer Sprache zum

Ausdruck: *Die Ordnung einer eigentümlichen Figur und der Zusammenklang einer eigentümlichen Zahl rufen alle Dinge herbei.* Es ist dies kein bloß ästhetisches Prinzip, sondern ein schöpferisches. Durch Form und Zahl wird Wirklichkeit gestaltet – das ist das große Geheimnis, das in der Königlichen Kunst verborgen liegt.

So lässt sich erahnen, in welch tiefgründige Gefilde uns die Pfade der *Geheimlehre* führen. Es geht nicht allein um Bauen mit Steinen, sondern um die Errichtung eines inneren Tempels. Alle genannten Wissenschaften dienen der Ausbildung des Geistes, der Läuterung des Herzens und der Erkenntnis des Göttlichen im Menschlichen. Sie sind Werkzeuge der praktischen *Kabbala*, eingebettet in das majestätische Gebäude der *Königlichen Kunst*.

Teil 2: *Die Chaldäische Linie und das Erbe der Magier*

Wenn wir die verschlungenen Wurzeln der Königlichen Kunst tiefer verfolgen, so führt uns der Pfad unausweichlich zu jenen ehrwürdigen Gestalten, die in den alten Ländern zwischen Tigris und Euphrat wirkten. Die *Chaldäer*, von den Griechen bewundert und von den Römern gefürchtet, galten als die Bewahrer einer Sternenweisheit, die älter war als Babel selbst. In ihren Tempeln vereinten sie religiöse

Ekstase mit mathematischer Präzision, ihr Denken war ein Tanz zwischen Himmel und Erde – zwischen göttlicher Inspiration und irdischer Erkenntnis.

Diese *chaldäischen Magier* waren keine bloßen Astrologen oder Tempelpriester im herkömmlichen Sinne. Sie waren *Wissende* – Eingeweihte in ein System, das wir heute mit dem Begriff der *Hermetik* umschreiben würden. Die Geometrie, wie sie von ihnen verstanden und angewandt wurde, war nicht nur ein Mittel zur Konstruktion irdischer Gebäude, sondern der Versuch, den *kosmischen Bauplan* zu entziffern. Sie waren Baumeister nicht aus Stein, sondern *am Geist des Weltganzen* – Architekten einer inneren Ordnung, die über die stoffliche Welt hinausreichte.

Ihre Geometrie war sakral, ihre Mathematik theologisch durchtränkt, ihre Astronomie ein Abbild der göttlichen Sphärenharmonie. Jeder Kreis, jede Linie war Symbol. Ein Quadrat konnte das Irdische bedeuten, ein Dreieck das Göttliche, ein Pentagramm das Menschliche im Übergang. Diese Bildsprache war zugleich Form, Zahl und Idee – ein lebendiger Code, den nur der Eingeweihte zu lesen vermochte.

Gerade in dieser chaldäischen Linie offenbart sich der uralte Anspruch der Königlichen Kunst, nicht lediglich als eine technische Disziplin, sondern als ein *Initiationsweg* betrachtet zu werden – als ein Pfad, der den Menschen in die verborgene Ordnung des Kosmos einweiht. So wurde der Baumeister zum Priester, der Mathematiker zum Mystiker, der Astronom zum Weisen.

Diese Weisheit, gleich einer unterirdischen Quelle, floss weiter – durch Ägypten, Griechenland und Rom, durch das Mittelalter hindurch, verborgen unter dem Mantel der Alchemie, der Astrologie, der jüdischen Kabbala und der christlichen Mystik. In den Überlieferungen der *Hermetiker*, der *Neuplatoniker*, später auch in den geheimen Schulen der *Templer* und *Rosenkreuzer*, lebt der Geist dieser chaldäischen Ursprünge fort.

In den frühen Logen der Freimaurerei wurde dieses Erbe nicht nur bewahrt, sondern bewusst gepflegt. Die *Königliche Kunst*, wie sie dort genannt wurde, sollte den Menschen an das Große Ganze erinnern – ihn nicht nur zu einem besseren Bürger, sondern zu einem *bewussteren Wesen* erheben. In der Arbeit am rauen Stein des eigenen Selbst, in der Vermessung des inneren Tempels, wurde die Geometrie zur geistigen Disziplin, zum Werkzeug der Läuterung und Vervollkommnung.

Es ist kein Zufall, dass sich in den freimaurerischen Symbolen, insbesondere in Zirkel und Winkelmaß, das chaldäische Erbe wiederfindet. Diese Werkzeuge sind nicht nur Hilfsmittel des äußeren Bauens – sie sind Abbilder des inneren Gesetzes, das alles durchdringt. *Wie oben, so unten*, lautet ein hermetischer Lehrsatz. Und genau dies spiegelt die Geometrie der Königlichen Kunst: das Sichtbare als Spiegelbild des Unsichtbaren.

Wenn wir also von der Königlichen Kunst sprechen, so sprechen wir von einem Urwissen, das die Jahrtausende überdauert hat – verschlüsselt, verborgen, doch niemals vergessen. Es ist der Schlüssel zu einer anderen Sicht auf die Welt: einer Sicht, in der das Maß nicht trennt, sondern verbindet – in der Zahl nicht berechnet, sondern offenbart.

Teil 3: *Der Tempel als geistige Architektur*

Die Königliche Kunst offenbart sich nicht allein in Theorien, Symbolen und überlieferten Lehren – sie entfaltet ihre wahre Kraft im *Bau des Tempels*. Doch jener Tempel, der dem freimaurerischen Ideal zugrunde liegt, ist nicht aus Holz und Stein errichtet. Er ist ein inneres Gebäude, das im Herzen eines jeden Bruders entsteht, Stein um Stein, in täglicher Arbeit am eigenen Wesen.

Schon in der heiligen Überlieferung wird vom Tempel Salomos gesprochen – jenem mythisch aufgeladenen Zentrum göttlicher Gegenwart, errichtet von einem auserwählten Baumeister, dem *Meister Hiram Abiff*. In ihm verkörpert sich das archetypische Bild des vollkommenen Baus. Doch was war dieser Tempel? Eine Kultstätte? Ein politisches Zentrum? Ein Ort des Opfers? Für die Königliche Kunst ist er mehr als das: *Er ist das Symbol des vollkommenen Menschen und der vollkommenen Gesellschaft.*

Jeder Stein, der dort gesetzt wurde, war Ausdruck eines höheren Plans. Die Maße waren nicht zufällig, sondern in Zahlen gefasste Geheimnisse. Die Ordnung der Räume entsprach dem Aufbau der Welt, und das Allerheiligste war Spiegel der göttlichen Einheit. So wurde aus dem Tempel Salomos nicht nur ein architektonisches Meister-werk, sondern ein *Modell des Kosmos* selbst – ein Mikrokosmos, durchwirkt vom Odem der Schöpfung.

In der Arbeit an diesem Tempel erkennt der frei-maurerische Bruder seine eigene Aufgabe. *Denn was außen erbaut wurde, das soll innen erneuert werden.* Die Königliche Kunst verlangt vom Suchenden, dass er sich selbst als rohen Stein erkennt – unförmig, voller Ecken und Widerstände – und ihn unter

Anleitung der ewigen Gesetze in eine tragende Form überführt. Diese Bearbeitung ist kein schneller Prozess. Sie geschieht im Rhythmus der Rituale, im Schweigen der Selbstbeobachtung, in der geduldigen Hingabe an das Symbol.

So wird der Tempel zu einer geistigen Architektur, zu einem inneren Bauwerk, in dem jede Tugend einen tragenden Pfeiler bildet, jedes Maß einer himmlischen Harmonie entspricht, jede Linie von höherer Vernunft durchzogen ist. Die Baukunst, so verstanden, ist eine Disziplin der *Selbstveredelung*. Der Mensch wird zum Werkzeug, zum Baumeister und zum Tempel zugleich.

Und hier, an diesem Punkt, schlägt die Königliche Kunst die Brücke zur praktischen Kabbala. Die Kabbala, dieses uralte System mystischer Weltschau, lehrt, dass alles Sichtbare aus verborgenen Welten hervorgeht – dass der Bau der Schöpfung auf einem Baum beruht, dessen Sefiroth die göttlichen Kräfte verkörpern. Auch hier ist von Tempeln die Rede – inneren Räumen, seelischen Zuständen, Ebenen der Läuterung und Erkenntnis. Wer sich auf diesen Pfad begibt, erkennt bald: *Der Tempel ist der Mensch selbst.*

In der freimaurerischen Arbeit wird dies zur praktischen Realität. Jedes Ritual, jede Symbolhandlung, jedes Geschehen in der Loge ist ein Widerhall jener uralten Bauanleitung, die den Tempel der Seele errichten hilft. Und so ist es kein Zufall, dass der Bruder, der diesen Pfad beschreitet, auch die Werkzeuge an die Hand bekommt: Zirkel, Winkelmaß, Hammer und Meißel – nicht, um Steine zu schlagen, sondern um sich selbst zu formen.

Die Königliche Kunst ist damit nichts Geringeres als eine Wissenschaft vom Menschen als Ebenbild des Kosmos. Wer sie erlernt, erkennt, dass jedes Maß, jede Figur, jedes Verhältnis ein Echo höherer Gesetze ist. Und er erkennt: *Der Tempel Salomos steht nicht in Jerusalem allein. Er steht in jedem Bruder, der den Pfad des Lichts betritt.*

Teil 4: *Die geheime Sprache der Formen und Zahlen*

In der Königlichen Kunst ist die Form niemals leer, die Zahl niemals bloßes Maß – beides sind *Träger einer lebendigen Sprache*, die den Eingeweihten zum Verstehen des Unsichtbaren führt. Es ist eine Sprache ohne Laute, doch von tiefer Beredsamkeit. Ein heiliger Code, der sich durch alle Kulturen und Zeiten zieht, wie ein unsichtbarer Faden, der alles verbindet, was wahr, gut und schön genannt werden darf.

In dieser Sprache ist der *Kreis* nicht bloß eine Linie ohne Anfang und Ende, sondern Sinnbild der Ewigkeit, der göttlichen Einheit, des Unerschaffenen. Der *Dreieck* verkörpert das himmlische Prinzip – Geist, Seele und Körper in vollkommener Harmonie. Das *Quadrat* bezeichnet die Welt, das Irdische, das Beständige, während das *Pentagramm*, das Zeichen des Mikrokosmos, auf die göttliche Ordnung im Menschen hinweist. Jede Figur spricht – dem, der Ohren hat zu hören.

Und ebenso verhält es sich mit den Zahlen. Die *Eins* ist der Ursprung, das unteilbare Ganze, die Monas – sie steht für Gott. Die *Zwei* ist das Prinzip der Spaltung, der Polarität, des Gegensatzes: Licht und Finsternis, Aktiv und Passiv, Geist und Materie. Die *Drei* versöhnt, bringt Harmonie, ist die Zahl der göttlichen Ordnung. Die *Vier* trägt die Welt, mit ihren vier Himmelsrichtungen, vier Elementen, vier Jahreszeiten. Und die *Fünf* bringt die Mitte – den Menschen als Verbindung zwischen Himmel und Erde.

Diese Zahlen und Formen bilden den Grundstoff der *Geometrie*, wie sie in der Königlichen Kunst verstanden wird – nicht als mathematisches Rechnen, sondern als *esoterisches Denken in Urbildern*. Es ist das Denken der alten Magier, der Pythagoreer, der

Kabbalisten, das Kepler in seiner *Weltharmonik* wiederzubeleben suchte. Wenn er schreibt, dass die Geometrie *gleich ewig sei wie der Geist Gottes*, so meint er genau diese Wirklichkeit: *Eine Struktur des Seins*, die allem zugrunde liegt, was ist und noch werden wird.

Giordano Bruno, der für seine Überzeugungen in Flammen aufging, sah in den Zahlen und Figuren *magische Formeln*, durch die sich Wirklichkeit beeinflussen lässt. Für ihn war die Welt keine tote Maschine, sondern ein lebendiger Organismus – und der Mensch war der Mittler, der durch Erkenntnis und Willen jene Kräfte lenken konnte, die andern verborgen blieben. *„Die Ordnung einer eigentümlichen Figur und der Zusammenklang einer eigentümlichen Zahl rufen alle Dinge herbei"* – ein Satz, der mehr über die Königliche Kunst verrät als viele Bücher.

Denn wenn die Geometrie das Alphabet der Schöpfung ist, dann ist die Königliche Kunst ihre Grammatik. Sie lehrt den Umgang mit dem Heiligen, mit dem Unaussprechlichen. Sie deutet nicht nur auf die Welt, sondern auf den *Plan hinter der Welt*. Wer in ihr unterwiesen ist, beginnt, das Sichtbare zu durchdringen, um das Unsichtbare zu erkennen. Das

Rechte Maß, die vollkommene Form, die harmonische Zahl – sie sind nicht Ziel, sondern *Wegweiser*.

Und so ist der Logenraum, der Tempel der Maurer, durchdrungen von dieser Sprache: vom Mosaikboden, der an die Gegensätze erinnert, über die Säulen, die für Stärke und Weisheit stehen, bis hin zu den Werkzeugen, die zugleich Werkzeuge und Zeichen sind. *Alles ist Symbol.* Alles spricht – und der Bruder lernt zu lauschen.

Die Königliche Kunst erhebt sich damit über das rein Handwerkliche. Sie wird zur Disziplin der Seele, zur *geistigen Alchemie*, zur *praktischen Philosophie in Form und Maß*. Und mehr noch: Sie ist ein Pfad zur Transzendenz. Wer ihn ernsthaft beschreitet, beginnt zu begreifen: *Die Welt ist ein Tempel. Der Mensch ist sein Baumeister. Und die Sprache dieses Tempels ist die Geometrie des Lichts.*

Teil 5: *Vom äußeren Werk zum inneren Licht*

Am Ende all dieser Betrachtungen über die Königliche Kunst, über Geometrie, Zahl, Tempel und Kabbala, öffnet sich ein tieferer Sinn, der sich nicht durch Worte allein erschließt: *Der wahre Zweck der Arbeit ist nicht im Sichtbaren zu finden, sondern im Unsichtbaren.* Der Bau, den der Maurer errichtet, ist ein Bild – sein Ziel jedoch ist das *Licht*, das ihn durch diesen Bau zu sich selbst zurückführt.

Schon in den ältesten Ritualen der Freimaurerei wird von der Suche nach dem *verlorenen Wort* gesprochen – einem Sinnbild für das verlorene göttliche Wissen, für die unterbrochene Verbindung zwischen Mensch und Ursprung. Diese Suche ist kein bloßer Mythos, keine poetische Allegorie, sondern Ausdruck einer tiefen geistigen Erfahrung: *Der Mensch ist sich selbst entfremdet, und nur in der bewussten Arbeit an sich selbst kann er den Weg zurückfinden.*

Die Königliche Kunst bietet hierfür Werkzeuge und Bilder – aber sie ist kein Dogma, keine fertige Lehre. Vielmehr ist sie ein *Pfad der Verwandlung*, ein geistiger Prozess, der Stufen kennt, Prüfungen stellt und Erkenntnisse bereithält. In ihr wird der Bruder nicht belehrt, sondern angeregt; nicht bevormundet, sondern eingeladen, *sich selbst als Tempel zu erkennen*, an dessen Vervollkommnung täglich zu arbeiten ist.

Diese Arbeit geschieht im Symbol, im Ritual, in der Stille der Loge, im Gespräch mit den Brüdern, in der Meditation über Linien und Zahlen. Doch all dies sind nur Formen, Gefäße – das Licht, das sie füllen sollen, muss vom Einzelnen selbst entzündet werden. *Denn niemand kann einem anderen das Licht geben.* Es kann nur *erweckt* werden – durch Erkenntnis, durch Läuterung, durch die Hingabe an das höhere Prinzip.

In diesem Sinne ist die Königliche Kunst zugleich eine *mystische Praxis* und eine *moralische Verpflichtung*. Wer sich ihr weiht, stellt sich in einen großen Strom – in die Linie der Magier, Priester, Gelehrten, der Hiramiten, der Kepler und Brunos, der Kabbalisten und der schweigenden Meister vergangener Zeiten. Er wird zum Teil eines *unsichtbaren Bauwerks*, das sich durch die Jahrhunderte erstreckt – ein Tempel aus Licht, der nicht in der Zeit steht, sondern in der Ewigkeit.

Und dennoch bleibt diese Kunst immer auch verborgen. Wie es schon in der Konstitution von 1723 heißt: *„Es ist nicht ratsam, offener über diese Angelegenheiten zu sprechen, es sei denn in geöffneter Loge."* Dies ist keine Ausgrenzung, sondern Schutz – Schutz vor dem Missverständnis, vor der Entweihung des Heiligen durch das Profane.

Denn die Königliche Kunst wirkt nicht dort, wo man sie nur analysiert – sondern dort, wo man sie *lebt*. Wo der Bruder schweigend den Hammer führt, den Meißel ansetzt, das Maß prüft – nicht an Steinen, sondern an sich selbst. Dort, wo das Maß zur Ethik wird, das Lot zur Gewissensprüfung, der Zirkel zur

Umgrenzung der Begierde, das Winkelmaß zum Symbol der Aufrichtigkeit.

Am Ende bleibt nichts Äußerliches – kein Titel, kein Grad, keine Kleidung. Es bleibt das *Licht*, das in der Finsternis leuchtet. Ein Licht, das der wahre Maurer nicht besitzt, sondern durch seine Arbeit *entfaltet*. Ein Licht, das aus der Tiefe kommt – aus jener Tiefe, die der Tempel symbolisiert und die der Mensch in sich selbst erschließt.

Die Königliche Kunst ist ein Spiegel der göttlichen Ordnung, eingraviert in die Sprache der Geometrie, verborgen in Zahl und Maß, lebendig in der Arbeit des Suchenden. Wer sie versteht, begreift: *Es ist die Kunst, das Irdische zu vergeistigen – und das Göttliche im Menschen zu erwecken.*

König Salomos Geheimlehre

Teil 1: *König Salomos Geheimlehre*

Die Johannisloge, wie sie sich in ehrwürdiger Überlieferung bis in unsere Tage erhalten hat, ist nicht
lediglich ein Raum der Versammlung – sie ist ein
Abbild des salomonischen Tempels. In ihrer
symbolischen Architektur, in ihrer Ordnung und
ihren Ämtern offenbart sich das Echo einer göttlich
inspirierten Vergangenheit.

Der *Meister vom Stuhl*, gemeinsam mit den beiden
Aufsehern, ist nicht bloß ein Verwalter des Rituals. Er
steht sinnbildlich für drei Säulen des biblischen
Königtums und der uralten Baukunst: *König Salomo*,
Hiram von Tyrus und *Hiram Abiff*, den legendären
Baumeister des Tempels. Diese Drei – so berichtet
die Überlieferung – *bewahrten das alte Meisterwort*,
jenes geheimnisvolle Wort, ohne welches niemand
zum Meister-Maurer erhoben werden konnte.

Von diesem Meisterwort wird zu gegebener Zeit
noch die Rede sein. Zuvor jedoch gebührt unsere
Aufmerksamkeit *König Salomo* selbst – jener
Lichtgestalt, um die sich die Schleier der Geschichte
und der Mythos in dichten Spiralen winden.

In der *schwedischen Lehrart* der Freimaurerei wird
dem obersten Würdenträger eine hohe Weihe zuteil:

Er gilt als *Stellvertreter Salomos auf Erden*, als *Vicarius Salomonis*. Diese Benennung ist nicht leerer Titel, sondern Ausdruck einer tiefen geistigen Funktion. Denn Salomo – im Hebräischen *Sch'lomo*, der Friedliche – ist der Archetypus des *Einweihungskönigs*, der Herrscher mit Zugang zu den verborgenen Welten, ein *König-Magier*, dessen Weisheit aus himmlischer Quelle gespeist wurde.

Besonders in den Lehren der *praktischen Kabbala* nimmt Salomo eine zentrale Stellung ein. Ihm werden nicht nur zahlreiche Weisheitssprüche und Gerichtsszenen zugeschrieben, sondern eine ganze Reihe von *Grimoires* – magischen Schriften, die okkultes Wissen in ritueller Form bewahren. Diese Bücher, teils unter seinem Namen überliefert, teils ihm in der Tradition zugeschrieben, bilden ein verborgenes Kapitel der *Geheimlehre*, das tief in die Unterströmungen der westlichen Mysterientradition hineinreicht.

Eines dieser Werke, das sogenannte *Testament Salomos*, stammt – so vermutet man – aus dem vierten Jahrhundert nach Christus. Es berichtet vom *Bau des Tempels* unter Beihilfe übernatürlicher Mächte – ein Thema, das im Gewand der Mythologie das Echo einer tieferen Wahrheit trägt.

Dort heißt es, der König habe vom *Erzengel Michael* einen *Siegelring* empfangen, *ein Geschenk des Herrn Zebaot*, des Herrn der himmlischen Heerscharen.

> *„Nimm, oh Solomon, König, Sohn Davids, das Geschenk, das dir der Herrgott schickt, der Herr Zebaot. Mit ihm wirst du fähig sein, alle Dämonen auf der Erde einzusperren, männliche und weibliche; und mit ihrer Hilfe wirst du Jerusalem aufbauen. Aber du musst dieses Siegel Gottes tragen.“*

Dieser Ring – mit dem Siegel Gottes versehen – war das Werkzeug, das Salomo zur Beherrschung der *dämonischen Mächte* diente. Nicht aus dunklem Hochmut, sondern *im Dienste des göttlichen Plans*. Denn der Tempel sollte ein Ort reiner Ordnung sein – und alles Unreine musste ihm dienstbar gemacht oder ausgeschlossen werden.

König Salomo beschwor die Dämonen, *befragte sie nach ihren Namen, ihren Kräften und Schwächen*, bannte sie in Gefäße und befahl jenen, die geeignet waren, *beim Bau des Tempels mitzuarbeiten*. Diese symbolisch-dämonischen Kräfte sind in der esoterischen Lesart nichts anderes als die unerlösten, unbewussten Aspekte der Schöpfung, die durch das

Licht des Bewusstseins in die rechte Ordnung gebracht werden müssen.

Ein weiteres bedeutendes Werk, das diesem Pfad folgt, ist die *Clavicula Salomonis*, der „Schlüssel Salomons". Es handelt sich dabei um ein mittelalterliches Grimoire, das den Gebrauch von Symbolen, Sigillen, magischen Kreisen und Engelsnamen lehrt – alles Werkzeuge zur Lenkung und Reinigung subtiler Kräfte. Später entstand das *Grimorium Verum*, das sich an diese Clavicula anschloss, und auch die *Goetia*, als „kleiner Schlüssel Salomons" bekannt, steht in derselben Tradition: *die Namen und Hierarchien von Geistern*, deren Natur erkannt und durch das Siegel Gottes gelenkt werden muss.

Die *Geheimlehre Salomos* – so wie sie in der Freimaurerei, der Kabbala und der westlichen Esoterik tradiert wird – ist daher nicht bloß ein Erbe vergangener Magie. Sie ist ein Hinweis auf ein uraltes Wissen um die *Ordnung der Kräfte*, das dem Menschen helfen soll, nicht durch Furcht, sondern durch Weisheit und Selbstmeistern in Harmonie mit dem göttlichen Plan zu wirken.

Teil 2: *Der Siegelring und die Dämonen*

Die Überlieferung vom *Siegelring Salomos* nimmt in der esoterischen Literatur eine besondere Stellung ein. Nicht als märchenhaftes Kleinod soll er verstanden werden, sondern als *Symbol der Herrschaft über die Kräfte der Zwischenwelt*. Der Ring, der Salomo vom Erzengel Michael überreicht wurde, trug das Siegel Gottes – ein Zeichen, das *sowohl bannt als auch erlöst*, das bindet und offenbart zugleich.

In mystischer Deutung ist dieser Ring das Sinnbild einer *geistigen Autorität*, die nicht durch Gewalt, sondern durch Erkenntnis wirkt. Nur wer das Siegel Gottes in sich trägt – das heißt: *das göttliche Prinzip in seinem Herzen erkannt und in seinem Willen verankert hat* – kann über jene Kräfte gebieten, die sonst in Dunkel und Zersetzung wirken.

Die Dämonen, die Salomo beschwor, sind in dieser Lesart keine finsteren Gestalten kindlicher Furcht, sondern *Personifikationen ungebändigter Naturgewalten, Triebe und Schattenkräfte*, die im Menschen selbst und in der Welt wesenhaft wirken. Das *Testament Salomos* beschreibt sie mit Namen, Gestalt, Eigenschaften und Fähigkeiten. Sie müssen nicht vernichtet, sondern *gebändigt, befragt und in den Dienst des höheren Bauplans gestellt werden*.

Dies ist ein zentrales Motiv aller *wahren magischen Praxis*: Die Welt ist nicht zu unterwerfen, sondern zu ordnen. Die dämonischen Kräfte sind nicht zu verfluchen, sondern *ihrer Bestimmung zuzuführen*. So ließ Salomo etwa Dämonen Wasserleitungen bauen, Steine schleppen, Metalle schmelzen – immer unter dem Siegel des göttlichen Willens.

Die Legende zeigt: Auch das Unreine kann – unter dem rechten Stern – zur Reinheit beitragen.

Und so wird deutlich: *Der Bau des Tempels* war nicht allein eine architektonische Tat, sondern eine kosmische Operation. Der Tempel Salomos ist der *symbolische Ort der Weltordnung* – und sein Aufbau ist gleichbedeutend mit dem *Wiederherstellen der Harmonie zwischen Licht und Schatten, Ordnung und Chaos, Geist und Materie.*

In der praktischen Kabbala und der hermetischen Philosophie findet sich dieselbe Struktur: Der *Weg der Einweihung* ist ein stufenweises Durchmessen der inneren Welt – mit all ihren Widersachern, Irrlichtern und Prüfungen. Der Mensch muss seine *inneren Dämonen erkennen, befragen und in eine höhere Ordnung integrieren,* wenn er den Tempel seiner Seele erbauen will.

Salomos Ring ist hier das Symbol jener inneren Kraft, die durch Erkenntnis, Disziplin und göttliche Ausrichtung entsteht. Nicht durch äußere Macht, sondern durch die *innere Verwirklichung des göttlichen Namens* erhält der Mensch die Fähigkeit, die Kräfte der Welt zu lenken.

> *„Aber du musst dieses Siegel Gottes tragen"* – so lautet die Mahnung des Erzengels.
> Das heißt: *Nicht der Wille zur Herrschaft, sondern die Bereitschaft zur Reinigung macht würdig.*

Auch in der Freimaurerei bleibt dieser Gedanke erhalten. Die Werkzeuge des Maurers – Hammer, Meißel, Winkelmaß und Zirkel – werden dem Lehrling nicht übergeben, um äußere Dämonen zu bekämpfen, sondern um *den Tempel seines Inneren zu ordnen*. Die Dämonen, die er zu bändigen hat, sind Trägheit, Eitelkeit, Zorn, Unkenntnis – jene Kräfte, die der Vollendung entgegenstehen.

Der *Siegelring des Salomo* lebt in der Loge weiter – als Sinnbild für jene unsichtbare Autorität, die ein Mensch gewinnt, wenn er sich dem *Licht der Wahrheit und der Ordnung des Logos* anvertraut. Wer diesen Ring geistig trägt, erkennt im Chaos den

Stoff der Schöpfung – und im Widerstand das Werkzeug zur eigenen Vollendung.

Teil 3: *Der Tempel als kosmisches Zentrum und inneres Abbild*

Der Tempel Salomos, wie er in der Überlieferung der Freimaurerei und in der kabbalistischen Literatur erscheint, ist weit mehr als ein architektonisches Monument. Er ist das *Zentrum der Welt*, der *Nabel der Schöpfung*, ein geheiligter Ort, an dem sich Himmel und Erde berühren.

In seiner äußeren Gestalt spiegelt er eine *ideale Ordnung* wider – eine Ordnung, die nicht von Menschen ersonnen, sondern vom Göttlichen eingegeben wurde. *Maß, Zahl und Form* – alles am Tempel ist Symbol. Nichts ist willkürlich. Jeder Stein, jede Stufe, jede Maßangabe entspricht einer geistigen Realität. Der Tempel ist ein Bauwerk aus Licht, das sich durch die Schatten der Welt seinen Weg bahnt.

Die freimaurerische Johannisloge, die sich auf den salomonischen Tempel beruft, trägt diesen Gedanken fort. Ihr Aufbau, ihre Ausrichtung, ihr symbolischer Grundriss sind kein bloßes Ritualgerät, sondern *Spiegel kosmischer Prinzipien*. Der Osten als Ort der Erleuchtung, der Westen als Ort des

Scheidens, der Süden als Ort des Wachstums und der Norden als Ort der Prüfung – all dies ist Teil eines *heiligen Modells*, das sich in der Welt und im Menschen selbst wiederfindet.

Der Tempel ist eine Chiffre des Kosmos. Er ist zugleich ein Abbild des Himmelszeltes und des menschlichen Geistes. In der Kabbala entspricht er der Struktur der *Sefiroth*, der zehn göttlichen Emanationen, die sich in Baumgestalt entfalten – vom Kronenzentrum (*Kether*) bis hin zur manifesten Welt (*Malkuth*). Auch im Tempel Salomos spiegeln sich diese Ebenen: Das Allerheiligste – verborgen hinter dem Vorhang – entspricht *Kether*, während der Vorhof dem Bereich des Sichtbaren, dem Irdischen entspricht.

So ist der Tempel nicht nur ein Bau, sondern eine *Landkarte des Seins*. Der Weg von außen nach innen – vom Vorhof über das Heilige bis ins Allerheiligste – ist zugleich der Weg der Einweihung: ein Pfad der inneren Transformation.

In der Praxis der Freimaurerei entspricht dies den *Graden* der Lehrzeit, der Gesellenarbeit und der Meisterschaft. Jeder Grad öffnet ein neues Tor zum Tempel, führt tiefer in das Mysterium des Bauwerks, das zugleich der Mensch selbst ist. Denn: *Jeder Bruder ist ein Tempel im Bau.*

Die okkulten Schriften um Salomo berichten, dass beim Bau des Tempels *keine eisernen Werkzeuge benutzt* wurden – ein Symbol dafür, dass dieser Bau *nicht durch Gewalt, sondern durch geistige Kraft* errichtet wurde. Die Steine waren bereits behauen, bevor sie an ihren Platz kamen – sie mussten nur noch eingefügt werden. Dies verweist auf die Idee des *vorbereiteten Menschen*, der sich durch Läuterung und Erkenntnis in den höheren Bau einfügt.

Der Einsatz der Dämonen im salomonischen Grimoire – ihre Unterwerfung unter das göttliche Siegel – bedeutet in dieser Deutung die *Einfügung des Chaos in die Ordnung*. Auch die unruhigen Kräfte, die den Menschen zu Fall bringen können, finden ihren Platz im großen Plan – sofern sie dem *Maß* unterworfen werden.

Der Tempel ist also ein *Harmoniegefüge*, das alle Elemente in das rechte Verhältnis bringt. Er ist nicht nur ein Zentrum des Kultes, sondern ein *Instrument der Weltheilung*. Jeder Bruder, der am Tempel baut, ist an diesem großen Werk beteiligt – sei es in der äußeren Welt durch ethisches Handeln, sei es im Innern durch Selbstveredelung.

Und so wird der Tempel Salomos, aus Stein und Licht erbaut, zum Vorbild jener inneren Struktur, die jeder

Mensch in sich selbst errichten muss. Wer diesen Bau ernsthaft betreibt, erkennt:

> *„Nicht in Jerusalem allein steht der Tempel – er lebt in jedem Bruder, der sich der Wahrheit weiht."*

Teil 4: *Die Schlüssel Salomos und das verborgene Wissen der Goetia*

Neben dem *Testament Salomos* sind es vor allem die sogenannten *Schlüssel Salomos*, die das Bild des weisen Königs als Magier und Hüter okkulter Kräfte prägten. Besonders die *Clavicula Salomonis* („Kleine Schlüssel Salomos") und die *Goetia* – auch *Lemegeton* genannt – haben in der Geschichte der westlichen Esoterik einen bleibenden Abdruck hinterlassen.

Die *Clavicula Salomonis* ist ein Grimoire, das sich auf die *rituelle Magie* konzentriert. Ihre Inhalte drehen sich um das Herstellen magischer Werkzeuge, das Ziehen von Kreisen, das Schreiben heiliger Namen, das Rufen von Geistern und das Einwirken auf verborgene Kräfte. Sie stellt eine *Art Lehrbuch des geistigen Wirkens* dar – jedoch nicht im Sinne einer bloßen Manipulation der Welt, sondern als Ausdruck eines tieferen Verständnisses vom Zusammenspiel zwischen göttlichem Willen und kosmischer Ordnung.

Dieses Werk verweist immer wieder darauf, dass der wahre Magier rein sein müsse – *innerlich geordnet, in Ehrfurcht, in Demut, in Verbindung mit Gott.* Nur dann wirken die Worte, Zeichen und Sigillen. Der Ring Salomos, das Siegel, die geheimen Namen – sie entfalten ihre Kraft nicht durch äußere Anwendung, sondern durch *die geistige Reife desjenigen, der sie trägt.*

In dieser Perspektive ist *Magie nichts anderes als die praktische Anwendung göttlicher Prinzipien* auf die stoffliche Welt. Sie ist die Kunst, das Unsichtbare zu erkennen, mit dem Sichtbaren zu verweben – und damit *Ordnung, Erkenntnis und Heilung* zu ermöglichen.

Die *Goetia*, als erster Teil des Lemegeton, beschreibt 72 Geister, die König Salomo beschworen und versiegelte. Jeder von ihnen trägt eine bestimmte Eigenschaft, eine Kraft, ein Gebiet. Ihre Namen, Siegel, Ränge und Befehle sind in dieser Schrift aufgelistet – nicht als Aufruf zur dämonischen Praxis, sondern als *Symbolsystem für das Verständnis seelischer Kräfte.*

Denn was hier Dämon genannt wird, ist in der Sprache der inneren Entwicklung oft *ein Aspekt des Unbewussten*. Es sind *Energien, Begierden, Talente, Ängste, Aggressionen* – alle jene Kräfte, die unkontrolliert Zerstörung bringen, aber im Dienst der Weisheit *aufbauend wirken* können.

In der Tradition der praktischen Kabbala und Hermetik steht die Goetia daher nicht im Gegensatz zum Lichte, sondern als sein Prüfstein. *Nur wer den Schatten kennt, kann im Licht bestehen.* Nur wer die Namen der eigenen inneren Widersacher kennt, wer sie ruft, benennt, bindet und in das Werk integriert, kann den Tempel in Vollkommenheit errichten.

So liest sich die *Goetia* nicht als Anleitung zum Bösen, sondern als verschlüsselte *Landkarte des inneren Menschen*. Jeder Geist ist ein Spiegel, jeder Name ein Schlüssel zu einem verborgenen Aspekt des Selbst.

Die Schlüssel Salomos sind somit nicht Werkzeuge äußerer Beherrschung, sondern *Instrumente innerer Erkenntnis*. Sie lehren:

> *Der wahre Meister ist nicht derjenige,*
> *der gebietet, sondern der, der in sich*
> *selbst Maß, Licht und Ordnung gestiftet*
> *hat.*

In der Freimaurerei finden sich Spuren dieser Tradition. Das alte Meisterwort, das durch die Legende des Hiram Abiff verlorenging, ist in seiner Tiefe *ein Symbol für das vergessene Wissen um den göttlichen Namen im Menschen*. Die Werkzeuge der Loge dienen nicht nur dem äußeren Bauen – sie sind *Instrumente der Selbsterkenntnis und des inneren Wandels.*

Und so wird deutlich:

> *Wer die Schlüssel Salomos versteht, öffnet keine Pforten nach außen, sondern nach innen. Und was er dort findet, ist das Heiligste: das unaussprechliche Wort, das den Bau des Tempels vollendet.*

Teil 5: *Das unaussprechliche Wort und das Meistergeheimnis*

In der Überlieferung der Freimaurerei ist das *Meisterwort* jenes zentrale Symbol, das in der Legende des Hiram Abiff verloren geht – und dessen Suche zum innersten Anliegen der rituellen Arbeit wird. Dieses Wort ist nicht einfach ein Name, nicht bloß ein Laut oder eine Formel, sondern das Zeichen *einer uralten Verbindung zwischen Mensch und Gott*, zwischen dem Sichtbaren und dem Unsichtbaren.

In Salomos Geheimlehre aber, wie sie in den Grimoires und kabbalistischen Texten überliefert ist, wird dieses Wort mit dem *wahren Namen Gottes* verknüpft – dem *Tetragrammaton*, dem unaussprechlichen vierbuchstabigen Namen JHWH, der nicht gedacht werden kann, ohne dass sich die Seele neigt.

In den alten magischen Schriften wird dieser Name umschrieben, verhüllt, in Formeln eingekleidet. Die *Clavicula Salomonis* kennt heilige Namen wie *Adonai, El, Elohim, Sabaoth, Ehyeh Asher Ehyeh*, die als Aspekte des einen göttlichen Prinzips verstanden werden. Doch der zentrale Gedanke bleibt: *Der wahre Name Gottes darf nicht leichtfertig ausgesprochen werden, weil in ihm die Schöpfung selbst lebt.*

Was verloren ging, war also nicht ein bloßes Wort, sondern *das Wissen um den rechten Gebrauch des göttlichen Prinzips*. In diesem Sinn ist das Meisterwort das Symbol *des reinen, wirkkräftigen Wortes*, das den inneren Bau vollendet, die Ordnung heilt und das Licht aus der Mitte des Tempels hervorbrechen lässt.

Hiram Abiff, der Baumeister, der es mit sich in den Tod nimmt, ist in dieser Lesart *der Hüter des verborgenen Namens*. Er stirbt, weil die uneingeweihten Kräfte – die drei Gesellen, Sinnbilder unreifer Begierden – das heilige Wissen an sich reißen wollen, *ohne sich des Maßes und der Reife würdig zu erweisen.*

So wird der Mythos zur Mahnung: *Das wahre Wort kann nur empfangen, nicht genommen werden.* Es wird nicht durch Gewalt erworben, sondern durch das stille, beharrliche Arbeiten am eigenen Tempel – in Ehrfurcht, im Schweigen, im Licht.

Und genau hierin begegnen sich die Königliche Kunst und Salomos okkulte Überlieferung: Beide lehren, dass *Worte schöpferisch sind.* Sie sind mehr als Zeichen – sie sind *Träger von Energie*, von Idee, von Licht. Wer das wahre Wort spricht, verändert die Welt – nicht durch äußere Macht, sondern durch die Kraft der *Wahrheit in sich selbst.*

In der Goetia, im Testament Salomos, in der Clavicula wie in der rituellen Arbeit der Freimaurerei steht am Ende immer *das Mysterium des Namens*. Nicht in einem Laut, sondern im Erkennen des göttlichen Prinzips im eigenen Innersten offenbart sich der Sinn.

> *Das wahre Meisterwort ist kein Laut,*
> *sondern ein Zustand. Es wird nicht*
> *gelernt, sondern gefunden – im Zentrum*

des Herzens, im Licht des inneren Tempels.

In der Symbolik der Loge bedeutet dies: Derjenige, der sich selbst erkennt, der seine niederen Kräfte bezähmt, der das Werk mit Hingabe und Demut vollendet, *dem wird das verlorene Wort wiedergegeben.* Nicht als Sprache, sondern als *Klang der Seele*, als *Verstehen ohne Worte.*

So fügt sich die salomonische Geheimlehre in das große Bauwerk der freimaurerischen Weisheit ein. Was in den alten Schriften als Magie erscheint, offenbart sich in der Tiefe als *Einweihung in das göttliche Schöpfungsprinzip.* Der Tempel, der gebaut wird, ist die Welt. Die Werkzeuge, die dabei helfen, sind Tugenden. Das Licht, das gesucht wird, ist das des ewigen Geistes.

Und das Wort, das verloren ging?

Es lebt im Schweigen des wahren Meisters. In ihm vollendet sich das Werk.

Teil 6: *Die Dämonen als Spiegel der Seele*

Die okkulten Traditionen, welche sich um Salomo ranken, führen uns in ein Gebiet, das lange Zeit gefürchtet, missverstanden und unterdrückt wurde:

jenes der sogenannten *Dämonen*. Im *Testament Salomos*, in der *Goetia* und den begleitenden Schriften erscheinen sie in fester Ordnung, mit Namen, Rang, Aufgaben – und doch sind sie nicht bloß finstere Mächte von außen.

Vielmehr stellen sie in der hermetischen und kabbalistischen Auslegung *psychische Kräfte* dar: Schattenseiten, Triebe, unterbewusste Potenziale, Ängste und ungeordnete Gedankenformen, die im Inneren des Menschen leben und wirken. Jeder dieser Geister – ob Fürst, Herzog oder König – ist ein *Spiegel*, in dem sich ein Teil der menschlichen Natur offenbart, den man zu oft verleugnet.

In der freimaurerischen Arbeit ist diese Wahrheit verborgen in der Symbolik der *drei unvollkommenen Gesellen*, die den Meister Hiram erschlagen – Sinnbilder für ungezügelte Begierde (*Ignoranz*), willkürliche Macht (*Tyrannei*) und geistige Trägheit (*Fanatismus*). Sie stehen sinnbildlich für *innere Dämonen*, die das Werk zerstören, wenn sie nicht erkannt und bezwungen werden.

König Salomo bannte diese Geister nicht, weil sie böse waren – sondern weil sie *ungeordnet waren*. In den Ritualen, die ihm zugeschrieben werden, spricht er mit ihnen, fragt nach ihrem Namen, nach ihrer Funktion, nach dem Engel, der sie überwindet. Diese drei Fragen – *Wer bist du? Was ist deine Aufgabe? Was ist deine Grenze?* – sind der Kern jeder wahren Selbsterkenntnis.

> *Denn das Böse verliert seine Macht in dem Maße, wie es benannt wird. Und das Dunkel flieht vor dem Licht, das seine Gestalt erkennt.*

Die *praktische Kabbala* spricht in diesem Zusammenhang von der Arbeit an den *Qliphoth*, den „Schattenhüllen" der Sefiroth – den verzerrten Spiegelbildern göttlicher Kräfte, die aus dem Gleichgewicht geraten sind. Diese Arbeit ist gefährlich, nicht weil sie dämonisch ist, sondern weil sie *unbewusst zerstörerisch wirkt, solange sie nicht durch das Bewusstsein durchleuchtet wird.*

Die Salomonischen Schriften liefern ein Modell für diese Auseinandersetzung: Der Mensch wird zum König, wenn er sich *nicht nur über das Gute erhebt, sondern auch das Chaotische in sich selbst zu ordnen vermag.* Der Ring, den Michael Salomo überreicht, ist das Symbol dafür: eine Krone aus Erkenntnis, Wille und Demut.

In der Loge spiegelt sich dieser Prozess in der *Arbeit an sich selbst*. Der Lehrling lernt zu unterscheiden, der Geselle zu meistern, der Meister zu veredeln.

Doch keiner dieser Schritte ist ohne die Konfrontation mit dem Schatten möglich. Und jeder Fortschritt im Licht zieht eine Bewegung im Schatten nach sich – *denn nur im Gegenpol wird das Zentrum offenbar.*

Die Goetia mit ihren 72 Geistern verweist daher nicht auf äußerliche Teufelswerke, sondern auf die Vielzahl innerer Kräfte, die entweder zerstören oder aufbauen – je nachdem, ob sie geführt oder sich selbst überlassen sind.

Salomos Macht bestand nicht im Kampf, sondern in der Ordnung. Er zwang die Geister nicht durch rohe Gewalt, sondern durch das *Zeichen des göttlichen Willens*, das in seinem Ring leuchtete – und das im freimaurerischen Verständnis der *Meisterschaft* entspricht.

So lehren uns die Dämonen des Salomon:

> *Fürchte nicht, was in dir lebt – erkenne es. Denn was du erkannt und unter das Maß gestellt hast, dient dem Bau deines inneren Tempels.*

Teil 7: *Die Königliche Meisterschaft und das verborgene Licht*

Am Ende der salomonischen Geheimlehre, wie sie sich durch die Überlieferungen der *Clavicula Salomonis*, des *Testament Salomos*, der *Goetia* und die freimaurerischen Symbole hindurchzieht, steht ein Ziel: *die Wiederherstellung der inneren Ordnung – jene Königliche Meisterschaft*, die den Menschen zum bewussten Mitwirkenden im göttlichen Schöpfungsplan erhebt.

König Salomo, in den Schriften als *Weiser, Magier, Richter und Baumeister* dargestellt, ist nicht nur eine historische Figur, sondern ein Archetyp: *der Mensch, der erkennt, was er ist – und sich selbst unter das Gesetz des Himmels stellt.* In seinem Namen, „Sch'lomo", klingt *Schalom*, der Friede. Dieser Friede ist nicht bloße Abwesenheit von Streit, sondern *der vollendete Zustand des Einklangs zwischen oben und unten, Geist und Natur, Wille und Weisheit.*

Diese Meisterschaft beginnt nicht mit Macht, sondern mit Demut. Der Ring, den Salomo empfängt, ist das Geschenk eines höheren Wesens – *er ist kein Besitz, sondern eine Bürde.* Und ebenso ist die Königliche Kunst der Freimaurerei kein Instrument zur Weltbeherrschung, sondern *eine Disziplin der*

Läuterung, der Erkenntnis und der dienenden Autorität.

Der *Tempel*, den Salomo erbauen lässt, ist in seiner höchsten Deutung *das innere Heiligtum des Menschen*. Dort, im Allerheiligsten, das nur einmal im Jahr durch den Hohepriester betreten werden durfte, ruht das *verborgene Licht* – das, was in der Freimaurerei als das „verlorene Wort" symbolisiert wird. Dieses Licht ist nicht äußerlich sichtbar, es offenbart sich nur dem, der *das Maß in sich selbst gefunden* hat.

Was verloren ging, war nicht das Wort allein – es war das *Bewusstsein des göttlichen Ursprungs im Menschen.* Die Salomonischen Rituale lehren daher nicht, wie man Macht über andere gewinnt, sondern wie man sich selbst erkennt – und damit *zum Werkzeug des Lichts* wird.

Die Goetia zeigt uns den Weg durch den Schatten, die Clavicula führt durch das Ritual zur Ordnung, das Testament Salomos öffnet das Auge für das Zusammenspiel von Engel und Dämon – aber all diese Schriften münden in eine Lehre: *Nur der Mensch, der mit reinem Herzen baut, wird seinen inneren Tempel vollenden.*

In der Freimaurerei heißt es, dass die Loge nach Osten ausgerichtet sei – *dem Ort, wo das Licht geboren wird.* Und ebenso richtet sich die Seele des wahren Maurers nach Osten, nach dem geistigen Morgen, in Erwartung des Sonnenaufgangs im eigenen Inneren. Das Ziel ist nicht äußerer Glanz, sondern *innere Erleuchtung.*

> *Die Königliche Kunst lehrt nicht, wie man herrscht, sondern wie man dient – dem Licht, dem Wort, dem Bau.*
> *Die Salomonische Weisheit zeigt nicht den Pfad der Macht, sondern den Weg zur Meisterschaft des Selbst.*
> *Und das wahre Licht ist nicht außerhalb – es ist verborgen im Zentrum jedes Herzens, das sich in Demut dem Großen Werk weiht.*

So endet die Reise durch Salomos Geheimlehre nicht in der Erkenntnis des Dämonischen, sondern in der *Wiederverbindung mit dem Göttlichen.* Die Kräfte, die zuvor gebändigt werden mussten, finden nun ihren Platz im Ganzen. Der Mensch steht im Zentrum des Tempels – *nicht als Herr, sondern als Brücke zwischen Erde und Himmel.*

Und über allem leuchtet das *unaussprechliche Wort*, das nun nicht mehr gesprochen, sondern *gelebt* wird.

> *Denn wer zum Meister wird, trägt das Licht in seinem Tun – still, verborgen, wirksam.*
> Und so *vollendet sich das Werk des Königs im Werk des Menschen.*

Die Praxis der magischen Anrufung

Teil 1: *Die magische Anrufung – Tor zur unsichtbaren Welt*

Die *magische Anrufung*, in den okkulten Wissenschaften auch bekannt als *Invokation* oder *Evokation*, ist ein zentrales Element der *praktischen Kabbala*. Ihr Wesen liegt nicht allein in der rituellen Form, sondern in der geistigen Haltung des Menschen, der das Unsichtbare ruft.

Der Begriff *Invokation* leitet sich vom lateinischen *invocare* her, was so viel bedeutet wie *„anrufen"*, *„anrufen zu Hilfe"*, *„flehentlich bitten"*. In diesem Sinne ist sie *eine Hinwendung des Menschen zum Höheren*, zum Göttlichen oder zum Geistigen, eine Bewegung von innen nach außen – oder vielmehr: *von innen nach innen*, denn das, was angerufen wird, liegt oft jenseits der Sinne, aber *nicht jenseits der Seele.*

Dem gegenüber steht das Wort *Evokation*, von *evocare*, „herausrufen", „hervorrufen". Hier geht es nicht um Flehen, sondern um das *Herrufen eines Geistes* – eine Akt der magischen Autorität, der Befehl und Anrufung zugleich ist. Beide Begriffe – Invokation und Evokation – werden in vielen Schriften synonym gebraucht, doch in ihrer Tiefe weisen sie auf zwei verschiedene geistige Haltungen hin: *Die eine bittet, die andere befiehlt.*

Im Zentrum beider steht ein uralter Gedanke: *Der Mensch kann mit jenen Kräften kommunizieren, die jenseits des Sichtbaren wirken.* Ob es sich dabei um einen Engel, einen Dämon, eine archaische Intelligenz, einen planetarischen Geist oder ein göttliches Prinzip handelt – die magische Anrufung zielt stets darauf, *eine Verbindung herzustellen*, ein Band zwischen dem Irdischen und dem Geistigen zu knüpfen.

Die *praktische Kabbala* hat hierfür über Jahrhunderte hinweg Riten und Methoden überliefert, insbesondere in den *Grimoires* – jenen geheimen Büchern, die oft in symbolischer Sprache verschlüsselt sind. Namen, Siegel, Gottheiten, Zeichen, Formeln – sie alle wirken nicht durch sich selbst, sondern sind *Werkzeuge, um das Bewusstsein in eine bestimmte Schwingung zu versetzen*, die den Kontakt zur jenseitigen Wirklichkeit ermöglicht.

Doch hier liegt das große Missverständnis vieler moderner Nachahmer: *Die Magie wirkt nicht allein durch das äußerliche Tun*. Die Ritualform ist nur das *Gefäß*. Was es mit Leben füllt, ist die innere Kraft des Handelnden − sein Wille, seine Sammlung, seine Läuterung.

> *Denn keine Anrufung wirkt, wenn das Herz nicht gereinigt, der Geist nicht gesammelt, die Absicht nicht geläutert ist.*

Das steht nicht immer explizit in den alten Texten, doch es durchzieht sie wie ein unsichtbarer Strom. Die Grimoires geben Anleitung, nennen Namen, beschreiben Kreise und Zeiten − doch sie setzen voraus, dass der Leser *eine innere Disziplin* durchlaufen hat. Ohne diese Vorbereitung bleibt jede magische Operation leer, ja gefährlich − wie eine geöffnete Tür in der Dunkelheit, durch die das Ungeordnete eintritt.

Dies ist vergleichbar mit dem freimaurerischen Weg: *Es genügt nicht, in eine Loge aufgenommen zu werden, den Schurz zu tragen, das Bijou zu befesti-*

gen und die Rituale zu rezitieren. Ohne die innere Bereitschaft, ohne das lautere Herz und die empfängliche Seele, bleibt alles bloße Form.

Ein alter englischer Spruch sagt: *„Freimaurerei macht gute Männer besser."* Doch dies bedeutet auch: *Der Mann muss bereits gut sein.* Das heißt nicht vollkommen, sondern *auf dem Weg – mit offenem Herzen, mit dem Willen zur Arbeit an sich selbst.*

Genau dies gilt auch für die *magische Anrufung*: Sie entfaltet ihre Kraft *nur im Einklang mit den hermetischen Gesetzen*, die besagen, dass das Innere und das Äußere einander entsprechen müssen. Wie oben, so unten – *wie im Geist, so in der Handlung.*

Wer also die magischen Kräfte der Kabbala zu rufen sucht, muss nicht nur den Namen kennen, sondern auch *die Stille dahinter hören können.* Er muss nicht nur das Zeichen zeichnen, sondern *das Licht in sich entzünden*, das diesem Zeichen entspricht. Und er muss nicht nur verlangen, sondern *bereit sein*, was da kommen mag.

Denn:

> *Es ist leicht, einen Geist zu rufen –*
> *schwer aber, sich als würdig zu er-*
> *weisen, ihn zu empfangen.*

Teil 2: *Das Gefäß der Seele – Vorbereitung zur Anrufung*

Wer sich der magischen Anrufung in der Tradition der *praktischen Kabbala* widmet, wird bald erkennen: *Nicht das Ritual allein, sondern das Gefäß des Menschen selbst entscheidet über Gelingen oder Scheitern.* Dieses Gefäß ist nichts Äußeres – es ist *die Seele*, geformt durch Einsicht, geordnet durch Disziplin, gereinigt durch die Bereitschaft, sich selbst zu durchdringen.

Die alten Meister der hermetischen Wissenschaften lehren, dass kein wahrer Kontakt mit den Wesen der unsichtbaren Welt entstehen kann, *solange das eigene Innere in Unordnung verweilt.* Eine Seele, erfüllt von Selbstsucht, Zweifel, Unwissenheit oder zersplittertem Begehren, gleicht einem getrübten Spiegel – was sich darin zeigt, ist verzerrt, unstet, gefährlich.

Deshalb beginnt jede Vorbereitung auf eine Invokation mit einer *Selbstprüfung*. Sie ist nicht optional, sondern *Voraussetzung*. Es ist der erste magische Akt: *das Erkennen des eigenen Zustandes.* Der Kabbalist prüft sich wie ein Handwerker sein Werkzeug: Ist mein Wille gefestigt? Ist meine Absicht rein? Bin ich bereit, mich dem Unsichtbaren zu öffnen – nicht aus Neugier, sondern aus dienstbarer Weisheit?

Die Vorbereitung umfasst verschiedene Ebenen:

1. **Reinigung des Leibes** – durch Fasten, Enthaltsamkeit, geregelten Schlaf und Verzicht auf Sinnesverwirrung. Der Körper wird Tempel.

2. **Konzentration des Geistes** – durch Gebet, Studium, Kontemplation, durch das innere Schweigen, das Raum schafft für das Höhere.

3. **Ausrichtung des Herzens** – durch Demut, Hingabe, Aufrichtigkeit. Der Wunsch, zu herrschen, muss vergehen. *Nur wer dienen will, wird würdig sein zu gebieten.*

Diese innere Arbeit ist mühselig, oft unsichtbar, kaum belohnt vom äußeren Erfolg. Und doch ist sie *der eigentliche Kern der magischen Kunst.* Denn das Ritual – so prachtvoll es gestaltet sein mag – ist nur die Form. *Die wahre Beschwörung beginnt lange vor dem ersten Wort – sie beginnt in der Seele.*

Die *Grimoires* lassen diesen Aspekt oft im Dunkel. Ihre Anleitungen scheinen mitunter mechanisch: „Ziehe den Kreis, schreibe die Namen, sprich die Formel…" Doch in der Tiefe sind diese Texte wie

Chiffren – sie sprechen zu dem, *der vorbereitet ist, zwischen den Zeilen zu lesen.* Für ihn wird der Kreis zur Grenze des eigenen Selbst, das Zeichen zum Symbol der Wandlung, der Name zum Spiegel des inneren Lichts.

In dieser Hinsicht zeigt sich eine tiefe Parallele zur *Einweihung in die Freimaurerei.* Auch hier ist das Ritual nicht die Erfüllung, sondern der *Beginn einer Wandlung.* Der Lehrling tritt ein – aber was er empfangen kann, hängt nicht vom gesprochenen Wort ab, sondern *von dem, was in ihm mitschwingt.*

Ein Bruder, der den Schurz trägt, ohne sein Herz zu rüsten, bleibt im Äußeren stehen. Ebenso bleibt der Kabbalist, der den Namen ruft, ohne sich selbst zu ordnen, an der Schwelle – *er ruft, doch es antwortet nichts oder etwas, das ihn prüft.*

Denn die Wesenheiten, die durch Invokation angesprochen werden, *reagieren auf Schwingung, nicht auf Laut.* Sie erkennen den Ruf des Herzens, nicht den Klang der Lippen.

> *Was du rufst, ruft dich zurück.*
> *Und was du dienstbar machen willst,*
> *prüft zuerst deine Wahrheit.*

So wird deutlich: *Die wahre Vorbereitung zur magischen Anrufung ist ein innerer Reifungsprozess.*

Es ist das Schmieden eines Kelches, der das Licht tragen kann, ohne zu zerbrechen. Wer dies verkennt, bleibt an der Oberfläche – wer es begreift, betritt den Weg der wahren Königlichen Kunst.

Teil 3: *Das gesprochene Wort – Klang als schöpferische Kraft*

In der magischen Anrufung ist das *Wort* kein bloßer Laut, keine mechanisch wiederholte Formel – es ist *Träger von Kraft, von Wille, von Form*. In der *praktischen Kabbala* besitzt das gesprochene Wort eine heilige Dimension, denn es bildet ab, was im Geist gedacht und im Herzen empfunden wird. Es ist das Werkzeug, mit dem der Mensch sich *in die Schöpfung hineinspricht*.

Schon die biblische Genesis beginnt mit dem schöpferischen Akt des Wortes: *„Und Gott sprach: Es werde Licht."* Dieses göttliche Sprechen ist *kein äußeres Gebot*, sondern das *Vergegenwärtigen des Willens* – das Wort als *Träger einer schöpferischen Intention*. In dieser Tradition steht auch die Magie der Anrufung.

In der Kabbala ist das Wort eng verbunden mit dem *hebräischen Alef-Beth*, dem Uralphabet der Schöpfung. Jede hebräische Silbe, jeder Laut trägt eine geistige Signatur, eine Zahl, eine Farbe, ein

Prinzip. Wenn also der Kabbalist einen *göttlichen Namen* ausspricht, etwa *Adonai, Eheieh, Tzabaoth* oder *YHVH*, dann ruft er nicht nur ein Wesen an, sondern *eine Ordnung, eine Sphäre, eine göttliche Kraftstruktur*, die mit diesem Namen verbunden ist.

Die *Grimoires* enthalten deshalb lange Listen von Namen und Siegeln, von Zeichen und Vokalisationen. Doch sie sind nicht als Rezitationshilfen zu verstehen. *Sie sind Werkzeuge*, und wie jedes Werkzeug müssen sie mit *Bewusstsein geführt* werden.

> *Ein heiliges Wort, achtlos gesprochen, ist wie ein Schwert in der Hand eines Kindes.*

Daher ist die Schulung der Sprache im magischen Ritus unerlässlich. Der Tonfall, die Aussprache, der Rhythmus — all dies wirkt auf das eigene Nervensystem, auf die energetische Umgebung, auf die geistige Welt. Die Invokation ist ein *heiliges Sprechen*, ein *Erschaffen durch Stimme*.

In vielen Traditionen beginnt die Anrufung mit einer *Selbstheiligung*: einer Reinigungsformel, einem Psalmenvers, einem göttlichen Namen. Dies dient nicht bloß dem Schutz, sondern vor allem der *Ausrichtung*. Wer spricht, ruft nicht nur — er *öffnet sich dem, was er ruft.* Und das, was gerufen wird, *nimmt Gestalt an im Raum, durch das Wort.*

In der Freimaurerei spiegelt sich dieser Gedanke in der Bedeutung des *heiligen Namens* und der *heiligen Stille.* Der Meister vom Stuhl spricht nur, wenn das Wort notwendig ist. Die Ritualsprache ist *langsam, feierlich, durchdrungen von Sinn.* Und zwischen den Worten: *das Schweigen* – jener Raum, in dem das Wort widerhallt und sich verankert.

So auch in der Invokation: Das Wort bedarf der *Pause,* des *Nachhalls,* um in der geistigen Welt Gestalt anzunehmen. Wer eilig spricht, verliert die Kraft. Wer mechanisch rezitiert, ruft leere Hüllen. Nur wer mit der ganzen Seele spricht, *prägt dem Unsichtbaren sein Siegel auf.*

Deshalb ist die Stimme des Magiers ein *Instrument der Verwirklichung.* Sie muss gestimmt sein – nicht technisch, sondern geistig. In jedem Laut vibriert der Wille, im Ton liegt das Licht, im Rhythmus die Ordnung.

> *Wer im rechten Geist spricht, spricht nicht allein – durch ihn spricht das Prinzip, das er verkörpert.*

Die magische Anrufung ist also ein Akt der *göttlichen Mitsprache.* Das Wort, das gesprochen wird, ist Teil des Logos – und der Mensch wird zum Werkzeug dieser höheren Sprache, wenn er gelernt hat, *mit reinem Herzen und ausgerichtetem Willen* zu sprechen.

Teil 4: *Der heilige Raum – Kreis, Richtung und Schwelle*

Ein zentraler Bestandteil der magischen Anrufung ist der *Raum*, in dem sie stattfindet. Doch dieser Raum ist nicht bloß ein Ort – er ist ein *heiliger Bereich*, der durch geistige Handlung *geweiht, gestaltet und abgegrenzt* wird. Der Raum der Invokation ist *ein Tempel*, dessen Architektur nicht aus Stein, sondern aus Zeichen, Richtung und Ordnung besteht.

In den klassischen *Grimoires* wird genau be-schrieben, wie der Raum vorbereitet werden muss: *Ein magischer Kreis* ist zu ziehen, Zeichen sind zu setzen, Altäre zu errichten, Kerzen nach Himmels-richtungen zu stellen, die vier Elemente und die vier Erzengel zu rufen.

Dies dient nicht dem äußeren Effekt. Es ist die *Ritualisierung des Raumes als Spiegel der kos-mischen Ordnung.* Der Kreis – Symbol der Einheit, des Schutzes, der ewigen Wiederkehr – ist *die Grenze zwischen profaner Welt und heiliger Sphäre.* Er trennt nicht nur, er *heiligt.*

Innerhalb des Kreises steht der Mensch nicht mehr im Irdischen allein. Er steht *im Zentrum der Weltenachsen*, am Schnittpunkt von Oben und Unten, von Innen und Außen. Die vier Richtungen – Osten, Süden, Westen, Norden – sind nicht bloß geographische Kategorien. Sie entsprechen *geistigen Qualitäten*, Sphären der Erfahrung:

- **Osten** – Licht, Ursprung, Aufstieg des Geistes

- **Süden** – Erkenntnis, Reife, feurige Kraft

- **Westen** – Wandlung, Prüfung, Untergang des Alten

- **Norden** – Stille, Nacht, das Unbekannte

Wenn der Kabbalist seinen Kreis zieht, ruft er diese Kräfte *in geordneter Weise*, um sie im Zentrum *zu verbinden*. Dies geschieht durch die Platzierung von Symbolen, die Rezitation heiliger Namen, durch Lichter, Farben, Duftstoffe – alles getragen von der inneren Ausrichtung, die das Ritual beseelt.

In der *praktischen Kabbala* wird der Raum zur Bühne eines großen geistigen Werkes. Nicht aus sich selbst wirkt er, sondern weil er *zur Schwelle wird*, über die das Unsichtbare tritt – nicht aus Zwang, sondern *aus Antwort auf die Ordnung, die darin errichtet wurde.*

Ebenso in der Freimaurerei: Die *Loge* ist kein beliebiger Raum. Sie ist ein *heiliger Ort*, durch *Lichter, Grade, Himmelsrichtungen und Symbole* geweiht. Auch sie ist *nach Osten ausgerichtet*, das „Licht" kommt aus dem Osten – Sinnbild für Weisheit und Wahrheit. Die drei großen Lichter – das Buch des heiligen Gesetzes, Winkelmaß und Zirkel – sind nicht dekorative Gegenstände, sondern *Anker der Ordnung.*

Der Bruder betritt die Loge nicht einfach – er *durchschreitet eine Schwelle*, wird geprüft, befragt, geführt. Und ebenso wird der magische Kreis *nicht bloß betreten*, sondern *erschaffen und durchschritten* – in einer Bewegung, die das Profane vom Heiligen scheidet.

> *Was innerhalb des Kreises geschieht, ist*
> *Teil des Großen Werkes.*
> *Was außerhalb bleibt, kann es nicht*
> *erfassen.*

Auch in der Anrufung schafft der Raum eine Grenze – *nicht um auszuschließen*, sondern um zu ermöglichen: *Konzentration, Sammlung, Resonanz.* Der Raum dient als Resonanzkörper für das geistige Geschehen. Er ist Gefäß für das Wort, für den Klang, für das Licht, das gerufen wird.

Und nicht zuletzt schützt er. Denn wer Geister ruft, ruft *auch das Ungeordnete im eigenen Innern.* Der Kreis ist daher auch eine Mauer – nicht aus Angst, sondern aus Bewusstsein. Nur im *gereinigten, geordneten, geheiligten Raum* kann sich das Wesen zeigen, das man zu rufen meint.

> *Der Kreis ist der erste Akt der Magie – er ist das JA zur Ordnung und das NEIN zum Chaos.*
> *Er ist das Maß, das wir setzen, damit das Unsichtbare sich sichtbar machen kann.*

Teil 5: *Die Erscheinung des Geistes – Offenbarung und Prüfung*

Wenn alle Vorbereitungen getroffen sind – der Kreis gezogen, das Herz gereinigt, das Wort gesprochen, der Raum geweiht –, beginnt der entscheidende Moment der magischen Anrufung: *die Erscheinung des Wesens.*

Was in den alten Grimoires oft dramatisch beschrieben wird – das Sichtbarwerden eines Engels, das Erscheinen eines Dämons in Feuer oder Rauch, in blendendem Licht oder flüsterndem Wind – ist in der Tiefe keine äußere Schau, sondern *eine geistige Offenbarung.*

Denn das Wesen, das gerufen wird, tritt nicht notwendigerweise *in die Sichtbarkeit der Sinne*. Vielmehr erscheint es in der *geistigen Wahrnehmung* –
als Empfindung, als Stimme, als inneres Bild, als Gedanke mit eigener Energie, als veränderte Schwingung im Raum.

Je reiner das Gefäß des Kabbalisten, je klarer sein
Wille, desto *feiner, aber wirkkräftiger* ist die
Wahrnehmung. Nicht das Spektakel zählt, sondern
die *Tiefe der Verbindung*. Denn was erscheint, ist
nicht bloß ein Geist – *es ist ein Spiegel*.

> *Was der Mensch ruft, offenbart ihm das,*
> *was in ihm bereit ist, erkannt zu*
> *werden.*

Der gerufene Geist tritt dem Anrufenden nicht nur
als Helfer gegenüber – sondern *als Prüfer*. Er testet
die Lauterkeit des Herzens, die Festigkeit des
Willens, die Klarheit des Geistes. Denn: *Was nicht
bestanden ist, darf nicht geboten werden*. Dies ist
das hermetische Gesetz der Resonanz.

Die alten Schriften berichten von Geistern, die sich
nur zeigen, wenn bestimmte Bedingungen erfüllt
sind – etwa: dass der Name des Engels bekannt ist,
der über sie herrscht; dass das Siegel korrekt
gezeichnet wurde; dass der Ort und die Stunde

stimmen. Doch all dies verweist letztlich auf eine Wahrheit: *Nur wer in sich selbst die Ordnung errichtet hat, kann die äußere Ordnung wirksam aufrichten.*

Die Erscheinung ist daher nicht das Ende, sondern *die Schwelle einer Begegnung*. Es ist eine *Verhandlung*, ein Ringen um Zustimmung, um Offenbarung, um gegenseitiges Erkennen. Der Kabbalist stellt Fragen, bietet Bündnisse, weist Aufgaben zu – aber alles geschieht *im Rahmen der Ordnung*, unter dem *Zeichen Gottes*, niemals aus bloßem Eigenwillen.

In der freimaurerischen Loge entspricht diesem Moment das *Erkennen des inneren Lichtes*. Auch dort erscheint kein Engel mit Flammenflügeln – und doch begegnet der Bruder in der Stille des Rituals *seinem eigenen inneren Wesen*. In der Legende des Hiram Abiff ist die Erkenntnis bitter: Der Meister stirbt, weil das wahre Wort nicht erzwungen werden kann. Doch gerade dieser Tod wird zur Geburt eines höheren Verstehens.

So ist es auch in der Invokation: *Nicht die Erscheinung allein zählt – sondern, was sie im Menschen verwandelt.* Wenn der Geist erschienen ist, offenbart er oft eine Lehre, ein Symbol, einen Auftrag. Er stellt eine Frage, gibt ein Zeichen, legt ein Band.

*Wer die Geister ruft, ruft auch sich
selbst auf den Prüfstein.
Denn jedes wahre Wesen fragt: Wer bist
du, dass du mich rufst?*

Die Reaktion auf diese Frage entscheidet über das Ergebnis der Operation. Wer mit Eitelkeit antwortet, verliert. Wer mit Furcht antwortet, wird geprüft. Wer mit Klarheit, Demut und Wissen antwortet, *empfängt*.

Die Erscheinung des Geistes ist somit die Offenbarung des Zustandes der eigenen Seele. Es ist keine äußere Manifestation, sondern ein inneres Beben, das – wenn es erkannt wird – *zum Beginn des Großen Werkes werden kann.*

Teil 6: *Die Rückkehr ins Schweigen – Abschluss der Anrufung und Integration des Erkannten*

Hat sich der gerufene Geist offenbart, seinen Namen gesprochen, seine Kraft gezeigt oder seine Botschaft überbracht, so steht der letzte und oft *wichtigste* Schritt bevor: *die Entlassung, der Abschluss, die Rückkehr ins Schweigen.*

Die Anrufung endet nicht mit dem Höhepunkt der Erscheinung – sie *vollendet sich im würdigen Abschluss.* Denn die Welt, in die der Kabbalist eingetreten ist, bleibt nicht ohne Wirkung. Es handelt sich nicht um ein Schauspiel, sondern um eine *wirkliche Begegnung zweier Sphären*, deren Berührung *Spuren hinterlässt.* Diese Spuren müssen nun *geordnet, geehrt und integriert* werden.

Zunächst erfolgt im Ritus die *formelle Entlassung* des Wesens. Der Geist wird *dankend oder bestimmend* entlassen – je nach seiner Natur und Funktion. Dabei werden meist heilige Namen angerufen, das Siegel gebrochen oder abgedeckt, ein abschließender Kreis gezogen, um die Verbindung zu lösen. Wichtig ist: *Das Band muss gelöst werden, bevor das Werk endet.*

> *Denn was gerufen wurde, soll nicht*
> *ungebunden zurückweichen – sondern*
> *in Ordnung scheiden.*

Dies schützt nicht nur den Raum, sondern auch das eigene Bewusstsein vor einer offenen Flanke zum Unsichtbaren. Es ist das hermetische Prinzip der *geschlossenen Operation*: Was im Geist begonnen wird, muss auch *im Geist beschlossen werden.*

Nach dem formellen Ende folgt das, was in der Sprache der Mysterien als *„Schweigen"* bezeichnet wird – ein Zeitraum der Stille, des Rückzugs, der Beobachtung. Der Kabbalist zieht sich zurück, nicht aus Angst, sondern aus *Ehrfurcht*. Er schreibt nieder, was sich gezeigt hat, deutet Zeichen, betrachtet Träume, achtet auf Veränderungen in Stimmung, Geist, Körper.

Denn: Die Wirkung der Anrufung endet nicht mit dem Ritual. Oft beginnt sie erst danach. *Ein Gedanke setzt sich fest, ein Bild kehrt wieder, eine Erkenntnis leuchtet auf – langsam, nachwirkend, tief.*

Die Freimaurerei kennt diese Phase ebenfalls: Nach dem Ritual folgt *das Sitzen im Licht*, das *Stillschweigen über das Geschehene*, das gemeinsame oder einsame Nachsinnen. Das Geheimnis, das offenbart wurde, will nicht erzählt, sondern *gelebt* werden.

Genauso in der praktischen Kabbala: Das Erfahrene muss *integriert* werden – nicht als äußeres Wissen, sondern als *verinnerlichte Wandlung*. Was der Geist offenbart hat, ist nun Teil der eigenen inneren Welt. Es will betrachtet, gewürdigt, geordnet sein. Nur so entsteht *reifer Fortschritt*, keine bloße Sensation.

> *Denn Magie ist nicht das Rufen von Wundern – sie ist das langsame, stille Einweben des Geistigen in das Menschliche.*

So endet die Anrufung nicht im Glanz der Erscheinung, sondern im *Erkennen des Gelernten.*

Der Raum wird gelöst, die Werkzeuge gereinigt, das Licht gelöscht – aber im Inneren *brennt es weiter.*
Der Kabbalist hat gesprochen, gehört, geschaut – und ist verändert.

Er kehrt zurück in die Welt – aber *nicht als derselbe.*
Er trägt etwas mit sich – *kein Wissen vielleicht, aber eine Tiefe.*
Etwas wurde berührt – und das genügt.

Denn:

> *Der wahre Erfolg der Anrufung liegt nicht in der Erscheinung des Geistes, sondern im Wachstum des Geistes im Menschen.*

So schließt sich der Kreis:
Die Anrufung beginnt mit einem *Ruf,* der nach innen klingt.
Sie endet mit einem *Echo,* das im Innersten weiterklingt.

Und aus diesem Klang wächst – langsam, unsichtbar – das, was die alten Meister *Meisterschaft* nannten:
Die Stille nach dem Wort. Die Ordnung nach der Offenbarung. Das Licht im Schweigen.

Das Pentagramm-Ritual

Teil 1: *Das Pentagramm-Ritual – Ursprung und Struktur einer magischen Technik*

Unter den rituellen Techniken der modernen westlichen Mysterientradition nimmt das sogenannte *Pentagramm-Ritual* eine besondere Stellung ein. Es handelt sich hierbei um eine magische Praxis, welche nicht in den klassischen *Grimoires* des Mittelalters zu finden ist, sondern ihre Entstehung *dem hermetischen Orden des Golden Dawn* verdankt – einem esoterischen Zusammenschluss, der in den 1880er Jahren von englischen Freimaurern und Mitgliedern der *Societas Rosicruciana in Anglia* gegründet wurde.

Dieser Orden beschäftigte sich auf tiefgründige und systematische Weise mit der *praktischen Kabbala*, der *zeremoniellen Magie*, der *Tarotlehre* und den *Symbolsystemen der westlichen Esoterik*. Eines der wirkkräftigsten Instrumente ihrer magischen Arbeit war das *Pentagramm-Ritual*, das zur Invokation, also zur bewussten Herbeiführung und Anrufung geistiger Kräfte, sowie zur *Bannung* derselben diente.

Das Pentagramm – ein fünfstrahliger Stern, gezeichnet in einem durchgehenden Zug – wurde in diesem Zusammenhang nicht als bloßes Symbol verstanden, sondern als *magisches Siegel*, als *Torsymbol*, durch welches der Magier mit der unsichtbaren Welt in Kontakt treten kann. Seine fünf Spitzen entsprechen den fünf Elementen: *Geist, Feuer, Wasser, Luft und Erde*, wobei das obere Ende für den *Geist* steht – das verbindende Prinzip.

Das Ritual besteht aus *drei klar gegliederten Abschnitten*:

1. **Dem kabbalistischen Kreuz** – einer kurzen, aber machtvollen Formel, die den Raum und den eigenen Körper durch göttliche Namen heiligt und ausrichtet.

2. **Dem Zeichnen der Pentagramme** – jeweils in den vier Himmelsrichtungen, begleitet von der Anrufung heiliger Gottesnamen.

3. **Dem Aufbau eines energetischen Schutzschildes**, in welchem die vier Erzengel angerufen werden, um den Raum zu umgeben und zu bewahren.

Was dieses Ritual von vielen anderen unterscheidet, ist seine *präzise Struktur*, seine *konzentrierte Kraft* und seine *praktische Anwendbarkeit*. Es ist nicht bloß Theorie – es ist Handlung. *Und durch die Handlung geschieht Wandlung.*

Dabei gilt eine einfache, doch machtvolle Regel:

> *Zur Anrufung bewege man sich auf die jeweilige Ecke des Pentagramms zu – zur Bannung bewege man sich davon fort.*

Diese Bewegung, obwohl einfach, ist mehr als bloße Geste: Sie ist *intentionale Führung von Energie*. Der Körper wird zum Instrument, der Wille zur Flamme, das Zeichen zum Tor.

Wichtig ist: Dieses Ritual muss *auswendig beherrscht* werden. Denn nur in der vollkommenen inneren Sammlung kann sich die Energie entfalten, die durch Wort, Geste und Vorstellung gerufen wird. Der Blick darf nicht auf das Papier, sondern muss *auf das Unsichtbare gerichtet sein*.

Der Golden Dawn lehrte, dass dieses Ritual als *tägliche Praxis* durchgeführt werden solle – nicht allein zur Anrufung, sondern vor allem zur *Reinigung und Stabilisierung des geistigen Raumes*. Deshalb empfiehlt sich die erste Einübung immer als *Bannritual* – also zur Abwehr ungeordneter Einflüsse, zur Sammlung der Kraft, zur Stärkung des inneren Lichts.

Die Anwendung dieser Technik ist *ein Tor zur Welt der Magie* – doch wie bei jedem wahren Ritus gilt:

Nicht das Zeichen wirkt, sondern der Geist, der es führt. Wer also dieses Ritual übt, muss sich selbst zum Werkzeug machen — geordnet, konzentriert, ausgerichtet.

> *Denn das Pentagramm ist nicht bloß eine Figur — es ist ein lebendiges Zeichen.*
> *Und wer es mit Ernst und Reinheit zeichnet, der zieht den Kreis des Schutzes um sich — und öffnet das Tor zur geistigen Welt.*

Teil 2: *Das Pentagramm-Ritual – Durchführung und Bedeutung der Handlungen*

Die Ausführung des *Pentagramm-Rituals* gliedert sich, wie bereits erwähnt, in drei aufeinander aufbauende Abschnitte. Jeder dieser Teile dient nicht bloß einem praktischen Zweck, sondern stellt einen *geistigen Akt* dar, in dem sich Ordnung, Schutz und Verbindung zur höheren Welt vollziehen.

1) Das kabbalistische Kreuz:

Die Praxis beginnt mit dem sogenannten *kabbalistischen Kreuz* — einer kurzen, aber machtvollen Anrufung göttlicher Kräfte durch den eigenen Körper. Dabei wird durch die Berührung bestimmter

Körperstellen *ein Kreuz aufgerichtet*, das als *Achse zwischen Himmel und Erde* verstanden werden kann:

1. **Berühre die Stirn und sprich:**
   Atah („Dein ist") — *Hinwendung zum Höchsten, zum göttlichen Ursprung.*

2. **Berühre die Brust und sprich:**
   Malkuth („das Reich") – *Symbol für das Reich Gottes auf Erden, die Manifestation des Göttlichen im Körperlichen.*

3. **Berühre die rechte Schulter und sprich:**
   ve-Geburah („und die Kraft") — *Attribut der göttlichen Gerechtigkeit, der Stärke und Macht.*

4. **Berühre die linke Schulter und sprich:**
   ve-Gedulah („und die Herrlichkeit") — *Göttliche Liebe, Gnade und Erbarmen.*

5. **Falte die Hände auf der Brust und sprich:**
   le-Olam — Amen („in Ewigkeit — so sei es") — *Abschluss, Verankerung, Bekräftigung der Anrufung.*

Diese Worte stammen aus der *doxologischen Formel* der jüdischen Liturgie und verbinden das *Körperliche mit dem Himmlischen*. Man heiligt sich selbst als

Gefäß – nicht aus Eitelkeit, sondern um würdig zu werden, das Heilige zu tragen.

Hier wird der Mensch zur lebendigen Mittelsäule – zwischen Himmel und Erde, Wille und Tat.

2) Das Zeichnen der Pentagramme in den vier Richtungen:

Nach der Ausrichtung folgt das *Zeichnen der Pentagramme* – je eines in jeder Himmelsrichtung. Dabei wird mit ausgestrecktem Arm ein leuchtendes Pentagramm in die Luft gezeichnet. Dies kann mit dem Zeigefinger oder einer magischen Waffe (z. B. einem Dolch oder ein Lamen) geschehen. Wichtig ist, dass die Bewegung bewusst, fließend und *in einem Zug* erfolgt.

Die vier Richtungen symbolisieren zugleich *die vier Elemente, die vier Erzengel, die vier Sphären der Welt*:

1. **Osten – Luft:**
   Zeichne ein Pentagramm und sprich: *Jehovah!*
   → Der unaussprechliche Gottesname (JHWH), der alles umfasst.

2. **Süden – Feuer**:
   Zeichne ein Pentagramm und sprich: *Adonai!*
   → „Der Herr", göttliche Autorität über die
   feurigen Kräfte.

3. **Westen – Wasser**:
   Zeichne ein Pentagramm und sprich: *Ehieh!*
   → „Ich werde sein", der Name Gottes, der in
   der Offenbarung zu Moses sprach.

4. **Norden – Erde**:
   Zeichne ein Pentagramm und sprich: *Agla!*
   → Akronym für *Atha Gebur Leolam Adonai –*
   „Du bist mächtig in Ewigkeit, o Herr".

Die Bewegung von einem Punkt zum nächsten
geschieht *im Uhrzeigersinn*, was der *invokativen
Richtung* entspricht – also dem *Herbeirufen, nicht
dem Austreiben* von Kräften. In der Bannung würde
diese Reihenfolge *gegen den Uhrzeigersinn* erfolgen.

> *Jeder Name ist eine Welt, jeder Strich
> ein Tor.
> Was der Finger zeichnet, muss der Geist
> erfüllen.*

Durch das Zeichnen entsteht ein *energetisches Kreuz
aus Pentagrammen*, das *den Raum schützt, ordnet
und durchdringt*. Die Namen wirken wie Siegel – sie
stabilisieren, bannen und *rufen zugleich*.

In diesen beiden ersten Teilen des Rituals wird der Raum gereinigt, geweiht und mit göttlicher Präsenz erfüllt. Der Kabbalist steht nun *im Zentrum eines geistigen Tempels*, den er durch Wort, Geste und Willen selbst erschaffen hat.

> *Noch ist der Ritus nicht vollendet – doch die Welt hat sich bereits gewandelt. Denn das gezeichnete Licht lebt – und das gesprochene Wort webt.*

Teil 3: *Der Schutzschild – Die Anrufung der vier Erzengel und das geistige Zentrum*

Nach der Weihe des Raumes durch das kabbalistische Kreuz und das Zeichnen der vier Pentagramme folgt nun der Höhepunkt des Rituals: *die Errichtung des Schutzschildes.* Dieser Teil des Ritus dient nicht nur der *Abwehr feindlicher Einflüsse,* sondern vor allem der *Einbettung des Kabbalisten in ein geistiges Kraftfeld,* das ihn während der Arbeit stärkt, führt und bewahrt.

Der Kabbalist steht dabei mit ausgebreiteten Armen in Form eines Kreuzes – *ein Bild des aufgerichteten Menschen, der sich in der Welt zwischen den Polen ausstreckt, aber im Zentrum ruht.* Mit dieser Geste spricht er die Anrufung der vier großen Erzengel:

1. **„Vor mir Raphael!"**

   – Der Erzengel des Ostens, Herr der Luft,
   Bote der Heilung. Sein Name bedeutet „Gott
   heilt". Raphael steht für Intellekt, Erkenntnis,
   Inspiration.

2. **„Hinter mir Gabriel!"**

   – Der Erzengel des Westens, Herr des
   Wassers, Träger göttlicher Botschaft. Sein
   Name bedeutet „Gott ist meine Stärke".
   Gabriel steht für Intuition, Gefühl, Mitgefühl.

3. **„Zu meiner Rechten Michael!"**

   – Der Erzengel des Südens, Herr des Feuers,
   der Krieger des Lichts. Sein Name bedeutet
   „Wer ist wie Gott?". Michael symbolisiert
   Willenskraft, Mut, Reinheit.

4. **„Zu meiner Linken Uriel!"**

   – Der Erzengel des Nordens, Herr der Erde,
   Träger des verborgenen Lichts. Sein Name
   bedeutet „Gottes Licht". Uriel steht für
   Weisheit, Gewissen, Stille Tiefe.

Diese vier Engel umgeben den Kabbalisten wie
leuchtende Wächter an den Toren des Raumes. Sie
verbinden Himmel und Erde, Zeit und Raum, Denken
und Fühlen – *und sie verankern den Menschen im
Zentrum der vier Weltrichtungen.*

Wer mit dem rechten Willen ruft, wird vom Licht umfangen.
Nicht als Schild gegen das Leben – sondern als Hilfe zur Begegnung mit dem Geist.

Im nächsten Schritt wird das *Pentagramm selbst als lebendige Kraft* angerufen:

„Denn um mich flammt das Pentagramm"
– Hier wird nicht mehr nur gezeichnet – das Pentagramm ist jetzt *entfaltet, gegenwärtig, lebendig*. Es umgibt den Magier wie eine leuchtende Hülle, *eine fünfstrahlige Flamme*, Symbol der Elemente im Gleichgewicht.

„Und in der Säule steht der sechsstrahlige Stern."
– Der sechsstrahlige Stern – das *Hexagramm*, auch *Siegel Salomos* genannt – ist das Symbol der *Vereinigung von Oben und Unten*, von Geist und Materie. Er steht *im Zentrum*, in der *Säule*, also im Inneren des Kabbalisten. Hier trifft das Äußere auf das Innere, das Göttliche auf das Menschliche, das Kosmische auf das Persönliche.

In dieser doppelten Struktur – *Pentagramm außen, Hexagramm innen* – erfüllt sich die Symbolik des gesamten Rituals:

- Das Pentagramm: *Schutz, Ordnung, Bannung des Chaotischen.*

- Das Hexagramm: *Vereinigung, inneres Licht, Ausrichtung auf das Göttliche.*

So ist der Kabbalist nun *von Licht umgeben und vom Licht durchdrungen.* Die Welt ist nicht mehr die gleiche wie vor dem Ritual. *Der Raum ist heiliger Raum geworden, der Mensch zum Tempel des Geistes.*

> *Hier endet die äußere Handlung – doch das innere Werk beginnt nun erst. Was gerufen wurde, ist gegenwärtig – was erkannt wurde, will nun gelebt werden.*

Diese Struktur, so einfach sie zunächst erscheinen mag, ist *ein machtvoller geistiger Akt.* Sie bildet das Gerüst für viele weitere magische Operationen. Ohne dieses Fundament bleibt jede Invokation instabil – *ohne Zentrum, ohne Schutz, ohne Licht.*

Das Pentagramm-Ritual ist daher weit mehr als eine Technik – *es ist ein geistiger Schlüssel, ein tägliches*

Werkzeug zur Reinigung, Stärkung und Ausrichtung. Wer es versteht und mit innerer Klarheit vollzieht, hat eine Brücke zum Unsichtbaren gelegt.

Teil 4: Die Geometrie des Lichts – Das Pentagramm als lebendiges Symbol

Das *Pentagramm*, jener fünfstrahlige Stern, der in einem durchgehenden Zug gezeichnet wird, ist das zentrale Zeichen im gleichnamigen Ritual – und eines der ältesten Symbole der Menschheit. Es erscheint auf babylonischen Keilschrifttafeln, in pythagoreischen Schriften, auf mittelalterlichen Talismane, in Tempelritualen, in der Kunst der Alchemisten und in der Kabbala. Doch im Kontext der *praktischen Magie*, wie sie etwa im Golden Dawn gelehrt wird, gewinnt dieses Symbol *eine lebendige Funktion.*

Es ist nicht bloß eine Figur – *es ist ein Siegel des Geistes, ein Tor, ein Spiegel, ein Befehl.*

1) Die Struktur des Pentagramms

Die fünf Spitzen stehen für:

- **Geist** (oben): das Höhere, das Unkörperliche, der göttliche Funke.

- **Wasser** (rechts oben): Gefühl, Tiefe, Intuition.

- **Feuer** (rechts unten): Wille, Leidenschaft, Kraft.

- **Erde** (links unten): Beständigkeit, Form, Materie.

- **Luft** (links oben): Gedanke, Bewegung, Erkenntnis.

Die aufrechte Form des Pentagramms (mit einer Spitze nach oben) symbolisiert den *Triumph des Geistes über die Elemente.* Das umgekehrte Pentagramm (mit zwei Spitzen nach oben) hingegen stellt *die Unterordnung des Geistes unter die Materie* dar – in vielen Schulen ein Zeichen der *Unordnung oder des Ungleichgewichts.*

Im Ritual wird stets das aufrechte Pentagramm verwendet – *als Zeichen der Ordnung, der Klarheit, des Weges zur inneren Meisterschaft.*

2) Die Ausführung des Pentagramms

Im Bannritual beginnt der Kabbalist beim unteren linken Punkt (Erde) und fährt fort nach oben (Geist), dann nach rechts unten (Feuer), nach links oben (Luft), dann nach rechts (Wasser), und schließlich zurück zum Ausgangspunkt. Die Bewegung erfolgt *in einem durchgehenden, bewussten Zug.*

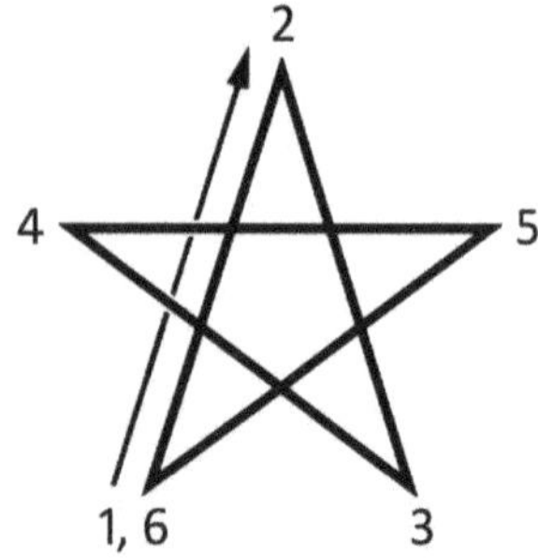

Diese Bewegung ist nicht nur Form – sie ist *Energiefluss*. Jeder Strich ist ein geistiger Befehl, jede Linie ein aktiver Akt der Bannung oder Invokation. Das Pentagramm *wird nicht nur gezeichnet – es wird erschaffen, gesandt, lebendig gemacht.*

> *Mit ausgestrecktem Arm, bewusstem Atem und festem Willen entsteht das leuchtende Siegel in der Luft – sichtbar nicht für das Auge, aber für das geistige Feld.*

Dabei wirkt auch das Werkzeug. Der Kabbalist kann das Pentagramm mit dem Zeigefinger ziehen – oder mit einem dafür geweihten magischen Instrument: einem Dolch, einem Stab, einer Kerze. Wichtig ist nicht das Objekt, sondern die *konzentrierte Absicht.*

3) Magie der Linien – Bewegung und Bedeutung

Die Richtung, in der das Pentagramm gezeichnet wird, entscheidet über seine Wirkung:

- **Invokatives Pentagramm**: Bewegungen hin *zum jeweiligen Element* – öffnend, rufend.

- **Bannendes Pentagramm**: Bewegungen *weg vom Element* – schließend, ausleitend.

Diese Regel ist einfach – doch entscheidend. Ein falsch gezeichnetes Pentagramm *öffnet statt zu schließen, ruft statt zu bannen* – mit entsprechenden Folgen. Deshalb ist *Achtsamkeit* unerlässlich. Die Bewegung ist Teil der Sprache – *eine stille Liturgie mit dem Unsichtbaren.*

4) Das Pentagramm als Siegel der Menschheit

In seiner höchsten Symbolik ist das Pentagramm *ein Bild des Menschen selbst:*
Mit ausgebreiteten Armen und gespreizten Beinen steht er in eben jener Form – das Haupt dem Himmel zugewandt. In dieser Gestalt offenbart sich die Idee des *mikrokosmischen Menschen* – als Spiegel des Makrokosmos, als Mittler zwischen den Welten.

In der hermetischen Lehre ist dieser Mensch *der wahre Magier*: nicht der Beherrscher, sondern der

Dienende, der die Ordnung versteht, achtet und *in sich selbst vollzieht.*

> *Das Pentagramm ist nicht dazu da, andere zu binden – sondern sich selbst zu befreien.*
> *Es ist das Symbol des aufgerichteten Menschen, des bewussten Wesens, das das Licht erkennt – und in sich bewahrt.*

Das Pentagramm-Ritual ist ein *geistiger Akt der Reinigung, der Ordnung und der Erinnerung an das göttliche Maß.* Wer es mit reinem Herzen und geübtem Geist vollzieht, der wird nicht nur geschützt, sondern *erinnert* – an das, was in ihm angelegt ist:

> *Der Mensch als Lichtträger, als lebendiges Pentagramm, als Werkzeug der Königlichen Kunst.*

Teil 4: *Die vier Erzengel*

1) *Die himmlische Ordnung und die Herrscher der Elemente*

Nach der Lehre des *Dionysius Areopagites*, des mystischen Theologen aus frühchristlicher Zeit, gliedert sich die Engelwelt in *neun himmlische Chöre,* gestaffelt in drei göttliche Triaden. Die *Erzengel* –

jene mächtigen Boten zwischen Himmel und Welt – stehen dabei auf der *zweiten Stufe der mittleren Hierarchie*, unter den Fürstentümern, über den gewöhnlichen Engeln.

Das Wort *Erzengel* entstammt dem Griechischen: *arch-* bedeutet „Haupt" oder „Herrscher", *angelos* „Bote" oder „Verkünder". Ein *archangelos* ist demnach nicht nur ein himmlischer Sendbote, sondern *ein oberster Bote*, ein Mittler hoher Ordnung, der zugleich richtet, leitet und schützt.

In den *okkulten Wissenschaften*, insbesondere in der *praktischen Kabbala*, werden die vier großen Erzengel – *Raphael, Gabriel, Michael und Uriel* – mit den *vier Elementen* verbunden, wie sie schon *Empedokles* in der Antike lehrte: *Luft, Wasser, Feuer und Erde.*

Diese Elemente, im profanen Denken oft als bloße Naturkräfte verstanden, sind in der esoterischen Lehre jedoch *geistige Urzustände, Träger mystischer Kräfte* und *Spiegel des inneren Menschen.*

Der theosophische Mystiker *Jacob Böhme* schrieb darüber in tiefer Schau:

> *„Erde, Wasser, Feuer, Luft sind die vier mystischen Bewusstseinszustände, aus denen die irdische Quaternität besteht."*

Sie wirken nicht nur außerhalb des Menschen, sondern *in ihm*. Jedwedes Element hat seine eigenen Geister – *Feuergeister, Luftgeister, Wassergeister, Erdgeister* – die als Repräsentanten verborgener seelischer Regungen gelten.

Auch der ehrwürdige Bruder *Wolfgang von Goethe*, selbst tief mit der Symbolik der Freimaurerei vertraut, ließ in seinem *Faust* eine bedeutsame Zeile erklingen, die all dies in dichterischer Sprache zusammenfasst:

> *Wer sie nicht kennte*
> *Die Elemente,*
> *Ihre Kraft*
> *Und Eigenschaft,*
> *Wäre kein Meister*
> *Über die Geister.*

Hier ist nicht von stofflichen Elementen die Rede, sondern von *geistigen Prinzipien*, deren Kenntnis Voraussetzung ist, *Geistiges zu ordnen, zu rufen und zu führen*.

Ausführliche Belehrungen über diese Urkräfte und ihre Geister finden sich bei jenen Schülern des „schwarzen Abtes" – so wurde *Trithemius von Sponheim*, Benediktiner und Magier, genannt. Er wirkte im Verborgenen, und seine Bibliothek – reich an

Grimoires – enthielt auch den berüchtigten *Clavicula Salomonis*. Seine Schüler waren keine Geringen:

- *Theophrastus Bombastus von Hohenheim*, genannt *Paracelsus*, der große Arzt und Hermetiker,

- und *Heinrich Cornelius Agrippa von Nettesheim*, Gelehrter, Magus und Philosoph der okkulten Renaissance.

Diese Männer erforschten und lehrten die Naturkräfte nicht bloß in Formeln, sondern *als lebendige Mächte, als geistige Intelligenzen*, eingebunden in ein Netz göttlicher Ordnung.

Und so treten uns die vier Erzengel in dieser Lehre entgegen – nicht als bloß fromme Bilder, sondern als *Herrscher über die Kräfte der Welt*, als *Mittler zwischen Schöpfung und Vollendung*, als *Wächter an den Toren der Elemente*.

In den folgenden vier Teilen werden wir sie einzeln betrachten: *Raphael, Gabriel, Michael, Uriel – ihre Namen, ihre Sphären, ihre Kräfte und ihre geistige Bedeutung für die Königliche Kunst.*

2) *Raphael* *– Hüter der Luft und Heiler des Geistes*

Der Name *Raphael* bedeutet: „*Gott heilt*" – eine Botschaft, die nicht bloß Trost spendet, sondern *den tiefsten Wesenskern dieses Erzengels* offenbart. In der himmlischen Hierarchie steht Raphael an der Ostseite des geistigen Tempels, *wo die Sonne aufgeht, das Licht geboren wird, der Geist sich erhebt.*

In der Lehre der praktischen Kabbala und der zeremoniellen Magie ist *Raphael der Erzengel des Elements Luft.* Die Luft, das unsichtbare, durchdringende Medium des Atems, steht symbolisch für den *Verstand, die Inspiration, die Erkenntnis.* Sie ist *beweglich, vermittelnd, überbrückend* – wie der Bote selbst, der zwischen den Sphären wandelt.

Raphael ist *der Führer des geistigen Aufstiegs*, des klaren Denkens, der Unterscheidung zwischen Wahrheit und Trug. In der Magie ruft man ihn an, wenn es gilt, geistige Klarheit zu erlangen, Krankheiten des Geistes und der Seele zu heilen, Erkenntnisse zu empfangen.

Seine Präsenz bringt *Reinheit und Struktur in das Denken*, vertreibt verwirrende Gedanken, lindert geistige Schwermut. Er ist der Engel der *Alchemie des Bewusstseins*, der hilft, Chaos in Ordnung zu verwandeln – nicht durch Gewalt, sondern durch *Einatmung des Höheren.*

In der *Symbolsprache des Rituals* steht Raphael im Osten – dort, wo der Kabbalist im Pentagramm-Ritual zuerst das heilige Zeichen zieht und den Namen *Jehovah* spricht. Der Osten ist der Ort des Beginns, des Aufwachens, des Lichts der Wahrheit.

Der Ostwind – in alten Traditionen als *„Geist des Morgens"* bekannt – ist Raphaels Hauch. Er bewegt nicht das Äußere, sondern das Innere: *Den Atem des Erwachens, die Frische des reinen Denkens, den Beginn des geistigen Tages.*

In der Vision des Propheten Tobias, wie sie in den apokryphen Schriften überliefert ist, erscheint Raphael als *Begleiter und Führer auf einer Reise voller Prüfungen und Wunder.* Dort heilt er den Vater Tobias' von Blindheit – ein Bild für die *Heilung der geistigen Blindheit*, das Öffnen der Augen für das, was wirklich ist.

So ist Raphael nicht nur der Heiler des Körpers – er ist *der Heiler des geistigen Blicks*. Er lehrt, zu *sehen*, was verborgen ist; zu *verstehen*, was widersprüchlich erscheint; zu *atmen*, was schwer geworden ist.

> *Wer Raphael ruft, ruft den Wind der Reinigung, den Lichtbringer des Morgens, den Arzt des inneren Chaos. Er lehrt nicht zu herrschen, sondern zu*

*durchdringen. Nicht zu greifen, sondern
zu begreifen.*

In der *Freimaurerei* steht Raphael sinnbildlich für *den Osten und das Licht des Erkenntnisweges*. Der Suchende, der den Weg betritt, tritt durch das Tor Raphaels – und nur, wer seine eigene Verwirrung erkennt, kann durch diesen Erzengel zur Klarheit geführt werden.

Im Magier aber lebt Raphael als *Gegenwart der Ordnung im Denken*. Wer mit ihm wandelt, denkt nicht nur, sondern *unterscheidet*. Wer ihn anruft, heilt nicht nur andere, sondern *lässt sich selbst heilen – vom Licht der Wahrheit.*

Erzengel Raphael

3) *Gabriel* *– Hüter des Wassers und Bote der Tiefe*

Der Name *Gabriel* bedeutet: „Gott ist meine Stärke". Er ist der *Erzengel des Wassers*, der Wächter des Westens, der Träger der verborgenen Botschaft und der Verkünder göttlicher Weisungen – *nicht durch Donner, sondern durch das Flüstern in der Tiefe.*

In der Symbolik der praktischen Kabbala ist Wasser *das Element der Seele*, des Gefühls, der Intuition, des Empfänglichen. Es ist das Reich des Unbewussten, des Traums, der Erinnerung – und Gabriel ist *der Engel, der durch diese Wasser geht*, der die Tiefe kennt, ohne in ihr zu versinken.

Während Raphael das Licht des Morgens bringt, bringt Gabriel *den Spiegel der Nacht*. Er ist *der Herr des silbernen Lichtes*, der *Wächter des verborgenen Wissens*, der *Begleiter der Visionen und Träume*. Wenn Raphael den Geist weckt, dann *erweckt Gabriel die Seele*.

In der Tradition des westlichen Okkultismus ist Gabriel auch der *Engel der Magie und Prophetie*. Er ist der Mittler zwischen dem göttlichen Willen und dem inneren Ohr des Menschen. *Seine Stimme ist leise – aber unausweichlich.* Sie spricht im Inneren, wenn der Mensch bereit ist, zu hören.

In der biblischen Überlieferung ist Gabriel der *Verkündigungsengel*, der Maria die Geburt des Gottessohnes offenbart. Diese Verkündigung geschieht nicht durch Macht, sondern *durch das leise Kommen des Heiligen in das Menschliche.* Gabriel steht also auch für *Empfängnis* – nicht im biologischen, sondern im geistigen Sinn: *das Empfangen eines höheren Gedankens, einer göttlichen Einsicht, einer inneren Wandlung.*

In magischen Ritualen wird Gabriel im Westen angerufen, dort, wo das Licht untergeht, *wo das Sichtbare vergeht und das Unsichtbare spricht.* Dort zieht der Kabbalist sein drittes Pentagramm und spricht den Namen *Ehieh* – „Ich werde sein." Ein Name, der in sich die Offenbarung trägt, dass das Göttliche *immer im Werden ist* – wie das Wasser, das nie stillsteht.

Gabriel ist damit auch *der Erzengel der Wandlung.* Wo das Alte stirbt, bringt er die Verheißung des Neuen – verborgen, noch ungeboren, aber im Innersten bereits lebendig. In der Seele ist er *der stille Rufer*, der durch das Dunkel zur Tiefe spricht.

> *Wer Gabriel ruft, ruft nicht den Sturm –*
> *sondern das Flüstern unter den Wellen.*
> *Er lehrt nicht den Befehl, sondern das*

Hören. Nicht das Ergreifen, sondern das Empfangen.

Jacob Böhme schrieb, dass das Wasser ein „mystischer Zustand der Seele" sei – und Gabriel ist sein Bewahrer. Er führt nicht durch Licht, sondern durch *Zartheit, Mitgefühl, Hingabe.* In seiner Sphäre wird nicht gedacht, sondern *gespürt.*

In der *Freimaurerei* ist Gabriel der Hüter der *Erinnerung* – des inneren Gedächtnisses, der Spiegelung des Gelebten. Der Westen ist der Ort des Abends, der Rückschau, des Loslassens. Der Bruder, der hier steht, weiß, dass jeder Tag in die Nacht mündet – und dass jede Nacht *eine neue Geburt des Lichts* in sich trägt.

In der Königlichen Kunst ist Gabriel der Engel der Einweihung in das Verborgene. Wer mit ihm geht, *lernt das Hören der inneren Stimme.* Wer ihm begegnet, begegnet *seiner eigenen Tiefe.*

Erzengel Gabriel

4) *Michael* – *Hüter des Feuers und Streiter des Lichts*

Der Name *Michael* bedeutet: *„Wer ist wie Gott?"* – eine Frage, die nicht bloß demütig den Abstand zwischen Kreatur und Schöpfer betont, sondern zugleich *die Kraft des göttlichen Gesetzes* widerspiegelt, das *nichts außer sich selbst duldet.*

Michael ist der *Erzengel des Südens*, der Hüter des *heiligen Feuers*, der Streiter für Ordnung, Reinheit und kosmisches Gleichgewicht. In der esoterischen Lehre ist er *die Flamme des göttlichen Willens*, das brennende Schwert, das trennt, was rein ist von dem, was entartet.

In der *praktischen Kabbala* und den Ritualen der hermetischen Tradition wird Michael stets im Süden angerufen – jener Richtung, in der das Licht des Tages seinen Höhepunkt erreicht, in der Hitze, Klarheit und Entschlossenheit herrschen. Dort wird das dritte Pentagramm geschlagen, begleitet vom heiligen Namen *Adonai* – „Herr" –, ein Name der Autorität und der königlichen Führung.

Michael ist *der Engel des Feuers* – nicht des zerstörenden, sondern *des läuternden*. Sein Feuer brennt, um zu reinigen, um zu prüfen, um zu stärken. Es ist das Feuer, das Gold von Schlacken trennt, das Erkenntnis vom bloßen Wissen scheidet, das das

Wesen des Menschen *im Licht der Wahrheit offenbart.*

Im apokryphen Buch Henoch ist Michael *der große Feldherr der himmlischen Heerscharen, der Bezwinger Luzifers, der Sieger über den Drachen.* Doch im inneren Erleben ist er *der Streiter gegen die Unordnung im eigenen Herzen.* Sein Schwert richtet sich nicht gegen andere – *es trennt die Dunkelheit vom Licht im Inneren des Magiers.*

Michael ist auch der Engel der *Tapferkeit.* Wer ihn anruft, muss bereit sein, *den eigenen Schatten zu sehen* – und sich nicht zu fürchten. Er steht an der Seite desjenigen, der kämpft, nicht gegen andere, sondern *um Wahrheit, um Klarheit, um Reinheit des eigenen Willens.*

In der rituellen Freimaurerei symbolisiert der Süden *die Mittagszeit, die Vollendung des Lichts, die Reife.* Michael steht hier als *Wächter über die Tat,* als *Hüter der Kraft, die im Dienst des Höheren steht.* Der Bruder, der im Süden steht, ist der Geselle, *der aus dem Gelernten das Gelebte macht.*

> *Wer Michael ruft, ruft das Licht, das*
> *alles durchdringt.*
> *Er lehrt nicht Sanftmut, sondern Stand-*
> *haftigkeit. Nicht das Spüren, sondern*
> *das Stehen im Feuer.*

In der Hermetik gilt Michael als *Wächter des Schwertes*, das den Eingang zum Paradies verschließt – und doch ist es kein Verbot, sondern *eine Prüfung*. Nur wer in sich selbst das Schwert der Unterscheidung trägt, darf wieder eintreten in den Garten der Harmonie.

Michael führt zur Selbsterkenntnis durch Konfrontation, zur Reinheit durch Läuterung. Er zeigt: *Wahrheit ist nicht sanft, aber befreiend.* Sein Feuer tötet nicht – es *entflammt das Göttliche im Menschen.*

Erzengel Michael

Teil 5: *Uriel* – *Hüter der Erde und Träger des verborgenen Lichts*

Der Name *Uriel* bedeutet: „Gottes Licht" oder auch „Feuer Gottes". Er ist der *Erzengel des Nordens, der Wächter der Erde, der Hüter der Stille*, und gilt in vielen okkulten Traditionen als der verborgenste und zugleich tiefgründigste der vier Erzengel. Während Michael flammend das Schwert erhebt, Gabriel durch die Wasser der Seele schreitet und Raphael den Wind des Geistes trägt, *wacht Uriel schweigend im Schatten, wo das Licht im Dunkel wohnt.*

In der praktischen Kabbala wird Uriel mit dem *Element Erde* in Verbindung gebracht. Doch auch hier ist Erde nicht bloß Materie – *sie ist das Symbol des Festen, des Erprobten, des Gebauten.* In ihr ruht *die Erinnerung der Welt*, das *Gedächtnis der Form*, die *Stabilität der göttlichen Ordnung im Zeitlichen.*

Uriel ist *der Bewahrer dieser Ordnung*, der stille Richter, der Seher in der Tiefe. Er erscheint nicht als donnernder Verkünder, sondern *als Stimme im Inneren*, die weiß, *was war, was ist und was sein wird.* Sein Licht ist *nicht das blendende Licht des Tages*, sondern das *Glühen unter der Oberfläche, die Glut in der Asche, das goldene Licht im Stein.*

In der rituellen Anrufung steht Uriel *im Norden* – der Richtung der Kälte, des Schweigens, der Prüfung. Der Norden war in vielen alten Kulturen der Ort der *Mysterien*, des *Verborgenen*, des *Unbekannten*. Hier ist nicht die Zeit des Handelns, sondern die Zeit der *Versenkung*.

Der Kabbalist ruft Uriel, um *Wahrheit zu verankern*, um *Festigkeit im Wandel* zu erlangen, um *das im Innern Gewordene in die Welt zu bringen*. Er ist der Engel des Endgültigen, der das flüchtige Geistige *in das Dauerhafte verwandelt*.

> *Wer Uriel ruft, ruft nicht das flammende Licht des Anfangs – sondern das durchdrungene Licht des Vollendeten. Er lehrt nicht das Streben, sondern das Tragen. Nicht den Aufbruch, sondern das Dasein im Gewordenen.*

In der Bibel erscheint Uriel als *Wächter des Tempelschatzes*, als *Weiser, der das Buch der Zeiten bewahrt*, als *Engel, der in dunkler Stunde Rat gibt*. In apokryphen Schriften ist er der Engel, der *Adam und Eva unterweist*, nachdem sie das Paradies verlassen haben – *nicht mit Strafe, sondern mit Erkenntnis*.

So steht Uriel *nicht vor dem Tor des Paradieses*, sondern *am Anfang des neuen Weges*, der durch das

Irdische zur geistigen Wiedergeburt führt. Sein Reich ist die Tiefe der Erde – aber darin liegt *die Saat des Himmels.*

In der Freimaurerei ist Uriel *der Hüter der Fundamente, der Wächter des rohen Steins.* Der Lehrling, der seinen Weg beginnt, steht in Uriels Blick – *denn nichts kann erbaut werden, das nicht fest gegründet ist.* Der Norden ist der Ort des Beginns – *aber auch des Prüfsteins.* Uriel stellt nicht viele Fragen – aber eine einzige, entscheidende: *Bist du bereit, zu tragen, was du erkannt hast?*

> *Sein Licht ist still – aber es vergeht nie. Wer in Uriels Kraft steht, steht nicht im Glanz – sondern in der Tiefe. Und aus dieser Tiefe steigt das Licht, das bleibt.*

Erzengel Uriel

Die *vier Erzengel – Raphael, Gabriel, Michael, Uriel –* sind keine bloßen Gestalten der Überlieferung. Sie sind *Wächter der Ordnung, Träger der Elemente, Schlüssel zur Selbstwerdung.* In der rituellen Arbeit, in der Magie wie in der Freimaurerei, sind sie *Begleiter des inneren Tempelbaus.*

- *Raphael bringt den Geist in Bewegung.*

- *Gabriel führt zur Tiefe der Seele.*

- *Michael richtet den Willen am Licht aus.*

- *Uriel verankert das Erkannte in der Welt.*

Wer mit ihnen geht, *geht nicht allein –* er wandelt in *einer Ordnung, die Himmel und Erde verbindet.* Und jeder Schritt auf diesem Pfad ist ein *Schritt zur Meisterschaft des Menschen in sich selbst.*

Der magische Kreis

Teil 1: *Der magische Kreis – Ursprung, Bedeutung und freimaurerische Parallelen*

In den Unterweisungen des *Gesellengrades* der Großloge der Alten Freien und Angenommenen Maurer von Deutschland heißt es:

> *„Wer sich in alter Zeit mit höheren Mächten in Verbindung setzen wollte, zeichnete zunächst einen Schutzkreis – meist einen Kreis, ein Quadrat, ein Rechteck oder ein Pentagramm – auf den Boden. In diesen geweihten Raum legte oder zeichnete er sodann bestimmte Symbole, denen anziehende oder abwehrende Bedeutung zukommen konnte.“*

Diese Belehrung, entnommen dem *Ritual II* von 1977, wurde auch nach der Ritualreform in das erneuerte System übernommen und gibt damit einen authentischen Hinweis darauf, dass die Idee des *magisch geweihten Raumes* auch im modernen freimaurerischen Denken fortlebt. Die Vorstellung, dass bestimmte geometrische Formen – insbesondere der Kreis – nicht nur Schutzfunktionen besitzen, sondern *einen Zugang zum Über-*

natürlichen eröffnen, ist tief in der abendländischen Esoterik verankert.

In der Freimaurerei spiegelt sich diese Idee in den *Bodenzeichnungen* – den sogenannten *Arbeitsteppichen*, welche symbolisch den Arbeitsraum der Loge darstellen. Diese Teppiche, die in manchen Systemen auch tatsächlich in die Mitte des Raumes gelegt oder auf den Boden gezeichnet werden, stehen *in analoger Beziehung zum magischen Kreis der zeremoniellen Magie.*

Die frühesten Formen der freimaurerischen Bodenzeichnung sind überliefert in *Feddersens „Arbeitstafeln"*, einem Standardwerk, das in vielen Logenbibliotheken zu finden ist. Auf Seite 107 findet sich eine bemerkenswerte Abbildung mit dem Titel: *„This is the Form of the old Lodge."* Diese zeigt ein *gleicharmiges Kreuz*, das sich nach den vier Himmelsrichtungen erstreckt. In seinem Zentrum befindet sich eine Raute mit dem Buchstaben *„G"* – einem Symbol, das sowohl für *Geometrie* als auch für *Gott* steht.

Dieses Kreuz, so wie es hier dargestellt wird, besitzt klare Ähnlichkeit mit dem Prinzip des magischen Schutzkreises:

- Es ist *zentriert*

- es ist *nach Osten, Süden, Westen und Norden ausgerichtet*

- es ist *symmetrisch*

- es enthält *lichterfüllte Punkte* (Kerzen) an den Armen – die sog. *drei großen Lichter*

- es sieht den *magischen Tafelkreisen der Renaissance-Magier* erstaunlich ähnlich

Ein zweites Bild in Feddersens Werk zeigt eine Weiterentwicklung: ein *längliches Viereck*, das ebenfalls nach Osten ausgerichtet ist, versehen mit maurerischen Werkzeugen (Winkelmaß, Zirkel, Senkblei) und dem zentralen Lichtkreis mit dem Buchstaben *„G"*. Auch diese Form wird bewusst als *„new Lodge under the Desaguliers regulation"* bezeichnet – ein klarer Hinweis darauf, dass die frühere Form bereits eine andere *rituelle Logik* verfolgte.

Bis zur Veröffentlichung dieser Abbildungen im Jahr 1719 waren also Logen in Gebrauch, die tatsächlich das *symbolische Kreuz* – ein alchemistisches und magisches Grundmuster – als Bodenzeichnung verwendeten. Dies wirft ein neues Licht auf die Beziehungen zwischen *frühfreimaurerischer Symbolik und den magischen Traditionen des Barock und der Renaissance.*

Ein Katechismus der frühen Freimaurerei benennt die drei Lichter gar als *Vater, Sohn und Heiligen Geist* – eine christlich-trinitarische Deutung, die mit dem *magischen Gedanken des geschützten Raumes, in dem eine göttliche Trinität wirkt*, übereinstimmt. Das ältere Logenbild darf also mit Fug und Recht als *eine Form des magischen Kreises* gedeutet werden – wenngleich in geometrisch gekreuzter statt kreisrunder Form.

Diese strukturelle Nähe zur zeremoniellen Magie ist kein Zufall. In der europäischen Esoterikgeschichte war der *magische Kreis* stets ein *Werkzeug der Abgrenzung und der heiligen Begegnung*. Hier begegnen sich die *äußere Form* der Arbeit und das *innere Ziel* der Verbindung mit einer höheren Wirklichkeit.

Der große Lehrer der praktischen Magie im 20. Jahrhundert, *Franz Bardon*, gibt in seiner „Praxis der magischen Evokation" eine der klarsten und zugleich spirituell tiefgründigsten Deutungen des magischen Kreises:

„Einen magischen Kreis zeichnen heißt, die Göttlichkeit in ihrer Vollkommenheit symbolisieren, mit ihr in Verbindung zu kommen, namentlich dann, wenn der Magier mitten im Kreise steht (...). Es ist die Verbindung des Magiers mit dem Makrokosmos in seiner höchsten Bewusstseinsstufe. (...) Ein im Mittelpunkt des magischen Kreises stehender Magier ist somit gegen alle Einflüsse gefeit, denn er symbolisiert die Gottheit im Universum. (...) Außerdem ist ein im Kreise stehender Magier Gott selbst im Mikrokosmos, der die im Universum erschaffenen Wesen regiert."*

Der Kreis schützt – ja. Aber er *weiht auch*. Der Kreis grenzt ab – aber *öffnet zugleich das Tor zur Transzendenz*. Der Mensch, der darin steht, steht *nicht als Einzelner*, sondern *als Stellvertreter eines höheren Prinzips*.

Doch diese Deutung lässt sich noch vertiefen – und sie wird es in den kommenden Teilen:

- Was ist das geistige Prinzip des Kreises selbst?

- Wie ist die Stellung des Kabbalisten darin zu verstehen?

- Welche Parallelen zeigen sich zu den altägyptischen, jüdischen und christlichen Riten der Gegenwart Gottes?

- Und worin unterscheidet sich die *Identifikation mit der Gottform* von der *Menschwerdung des Göttlichen?*

All diese Fragen führen uns weiter – zum Herz des Kreises, in dem das Unsichtbare sichtbar wird.

Teil 2: Die innere Bedeutung des Kreises – Symbolik, Struktur und geistige Dimension

Der Kreis ist eine der ältesten und zugleich universellsten Formen der Menschheitsgeschichte. In ihm spiegeln sich uralte Vorstellungen von *Ganzheit, Ewigkeit, Schutz und göttlicher Ordnung.* In der magischen, mystischen und auch in der freimaurerischen Tradition ist er weit mehr als bloße Geometrie – *er ist ein geistiges Prinzip, ein Tor, ein Spiegel des Makrokosmos.*

Franz Bardon deutete den magischen Kreis als *„Symbol der göttlichen Vollkommenheit"*, durch das der Kabbalist mit dem Makrokosmos verbunden wird. Diese Deutung hat eine tiefgehende Wurzel in den esoterischen Lehren des Altertums:

- In der *ägyptischen Hermetik* galt der Kreis als Bild des Sonnengottes Re, der in ewigem Lauf durch Himmel und Unterwelt zieht.

- Im *jüdisch-kabbalistischen Denken* steht der Kreis für die *Sefirah Kether*, den göttlichen Ursprung, aus dem alle anderen Emanationen hervorgehen.

- In der *christlichen Mystik* wiederum wurde der Kreis zur Chiffre des Ewigen, das weder Anfang noch Ende hat, und damit als *Symbol für die unendliche göttliche Liebe.*

Der Kreis ist zugleich *eine Grenze und ein Zugang.* Er grenzt das Profane vom Sakralen ab, schützt den Magier oder Kabbalisten, macht den Raum „heilig". Doch zugleich ist er auch ein *Durchlass — eine Membran zwischen Welten.* Innerhalb des Kreises ist der Mensch nicht mehr nur „er selbst" — er wird *Stellvertreter einer größeren Ordnung.*

Dieses Prinzip lässt sich geometrisch wie geistig fassen:

- Der Kreis besitzt **kein Anfang und kein Ende**, er symbolisiert damit das *Ewige*.

- Er hat **ein Zentrum**, aus dem alles ausgeht und auf das alles hinweist – das *Symbol des Einen, des Unwandelbaren.*

- Er wird **aus einem Punkt beschrieben** – was ihn zugleich zum *bildhaften Ausdruck der Schöpfung aus dem göttlichen Punkt* macht, wie es die Kabbala lehrt.

Wer in diesem Kreis steht, stellt sich nicht nur unter diesen Schutz – *er repräsentiert diese Ordnung.* Das Zentrum ist nicht nur *geografisch* gemeint, sondern *geistig*: Der Mensch wird zum Mittelpunkt einer symbolischen Welt, in der er selbst *als Mikrokosmos* das Ganze *abbildet.*

Hier setzt die uralte Lehre von der **Entsprechung von Mikrokosmos und Makrokosmos** ein – ein Prinzip, das in der hermetischen Philosophie als Grundsatz gilt:

> *„Was oben ist, ist wie das, was unten ist; und was unten ist, ist wie das, was oben ist, um die Wunder des Einen zu vollziehen."* (Tabula Smaragdina)

Innerhalb des Kreises *vereint sich das Oben mit dem Unten*, das Göttliche mit dem Irdischen, das Licht mit der Materie. Der Magier oder Kabbalist, der in der Mitte steht, *steht dort nicht als Mensch allein, sondern als Mittler*, als lebendiger Punkt, durch den sich die *kosmischen Kräfte bündeln und ordnen.*

Auch die freimaurerische Symbolik kennt diese Mitte: Das *„G"* im Zentrum der Bodenzeichnung – häufig von einem leuchtenden Kreis umgeben – steht zugleich für *Geometrie* (im klassischen Sinne: göttliches Maß) und für *Gott*. Der Kreis mit dem *„G"* ist ein Hinweis auf eben jene Verbindung von Mensch, Maß und Mysterium.

Der Kreis ist also:

- *ein Zeichen des Schutzes* gegen disharmonische Kräfte,

- *ein Bild der Vollkommenheit* und der göttlichen Einheit,

- *ein Raum der Transformation*, in dem der Mensch zur Gottform wird.

Damit sind wir bei einer entscheidenden Unterscheidung angelangt – der zwischen der **Einheit mit der Gottheit** und der **Repräsentation der Gottform.**

Franz Bardon schreibt, der Magier müsse *„im Bewusstsein Eins zu sein mit seiner universalen Gottheit"* arbeiten. Diese Formulierung ist aus spirituell-psychologischer Sicht verständlich, aber *nicht vollständig präzise.* Denn das Ziel der magischen Arbeit ist nicht bloß die Auflösung des Ichs in der göttlichen Einheit, sondern – im Gegenteil – *die Annahme einer göttlichen Gestalt, einer „Form Gottes",* durch die der Kabbalist oder Magier *in der Welt wirksam wird.*

> *Der Kabbalist wird nicht Eins mit Gott –*
> *er wird zur sichtbaren Gestalt Gottes im*
> *Kreise.*
> *Er ist der Stellvertreter der Gottheit im*
> *Mikrokosmos – nicht aus sich selbst,*
> *sondern aus Berufung.*

Dies ist keine Anmaßung – sondern ein Akt tiefster Demut. Denn der Kabbalist verneint sein gewöhnliches Ich, um *als Gefäß* für das Göttliche zu dienen. Er sagt – innerlich und äußerlich – *„Nicht ich bin es, sondern die Form, die durch mich wirkt."*

Diese Idee findet sich in *zahlreichen Kulturen wieder* – sei es in den Maskenritualen indigener Völker, in denen der Träger *die Gottheit selbst verkörpert,* oder im christlichen Priester, der bei der Eucharistie *in persona Christi* handelt. Immer geht es um dieselbe Bewegung: Die göttliche Kraft *ergreift den Menschen,* aber sie *löscht ihn nicht aus* – sie *formt ihn um.*

Teil 3: *Die Gottform – Repräsentation des Göttlichen im magischen Raum*

Wenn der Magier oder Kabbalist im Zentrum des Kreises steht, steht er nicht als *individuelles Ich*, sondern als *repräsentative Gestalt einer göttlichen Ordnung*. Dieses Prinzip ist in der westlichen Mysterientradition unter dem Begriff der *Gottform* bekannt – ein tiefes magisches Konzept, das die Grundlage jeder echten Invokation bildet.

Die *Gottform* ist nicht bloß ein geistiges Ideal oder eine Vorstellung im Sinne eines abstrakten Archetyps, sondern eine *konkrete, rituell aktivierte Gestalt des Göttlichen*, die im Raum gegenwärtig und wirksam wird. Der Kabbalist nimmt diese Form nicht bloß innerlich an – er *verkörpert* sie.

Er steht im Zentrum des Kreises nicht mehr als Mensch, sondern *als das göttliche Prinzip selbst, in ritueller Gestalt*. Diese Idee ist uralt und lässt sich kulturübergreifend belegen:

- In den altägyptischen Tempeln wurden Priester bei bestimmten Zeremonien als *lebendige Abbilder der Gottheit* verstanden. Durch Riten, Sprache und Haltung wurde nicht mehr der Priester sichtbar – sondern *Thot, Horus oder Isis selbst*.

- Im altindischen Brahmanentum spricht der Priester beim Feueropfer nicht „für Gott", sondern *als Gott.*

- In der christlichen Eucharistie steht der Priester *in persona Christi* – „in der Person Christi" – wenn er das heilige Opfer vollzieht.

Diese Parallelen sind kein Zufall. Sie beruhen auf einem magischen Gesetz: *Was im Zentrum des heiligen Raumes steht, wird zur Gestalt dessen, was dort angerufen wird.*

In der kabbalistischen Praxis ist die Gottform häufig *mit einer bestimmten Sefirah verbunden* – etwa *Tiphereth* (Schönheit, Christusbewusstsein), *Chesed* (Gnade) oder *Geburah* (Macht). Die Auswahl der Gottform richtet sich nach dem Ziel der Operation. Es kann sich um einen *Engel*, eine *biblische Gestalt*, eine *kabbalistische Emanation* oder *einen göttlichen Name* handeln.

Das zentrale Ziel bleibt immer:

> *Die rituelle Inkarnation eines göttlichen Aspektes innerhalb des heiligen Raumes.*

Dabei geht es nicht um Simulation oder Theater – sondern um eine *temporäre Durchdringung des*

Magiers mit einer spirituellen Kraft, die durch Gebet, Visualisation, Körperhaltung, Atmung und Sprache *verkörpert* wird.

Diese Praxis unterscheidet sich klar von einer bloßen *Meditation über das Göttliche*. Die Gottform wird nicht *erdacht*, sondern *gerufen, empfangen und gelebt* – mit der ganzen Wesenheit des Kabbalisten.

Franz Bardon schreibt, der Magier solle sich als „Eins mit seiner Gottheit" fühlen – dies greift jedoch zu kurz. Die rituelle Realität ist tiefer:

> *Der Magier wird zur Gottheit – in Handlung, Wort, Geste und Ausstrahlung.*

Das ist der eigentliche Grund, weshalb der Magier im Zentrum des Kreises steht: *Weil er dort die Weltachse bildet.* Er ist nicht mehr der Mensch im Raum – er ist *der Raum gewordene Gott*, nicht im metaphysischen Sinn, sondern im *rituellen, funktionalen, magisch wirksamen Sinne.*

Diese Idee ist der westlichen Esoterik gut bekannt. In der Tradition des *Golden Dawn* etwa wird die Gottform vor jeder Operation bewusst *„angenommen"*: Die Haltung des Körpers, das Gesicht, die Energie – alles wird in Übereinstimmung mit der gewünschten Gottheit gebracht. Nur so entsteht *die notwendige Resonanz.*

Auch in der Freimaurerei findet sich dieser Gedanke: Der *Meister vom Stuhl* ist nicht einfach ein Funktionsträger – *er repräsentiert Salomo*, den legendären Weisenkönig und Bauherrn des Tempels. Im Ritual handelt er nicht „in eigenem Namen", sondern *als Salomon selbst*, in zeremonieller Repräsentanz.

> *Jeder rituelle Raum bedarf einer Mitte. Und diese Mitte wird zum Ort der göttlichen Erscheinung, wenn der Mensch bereit ist, das eigene Ich zu entäußern – und die Gottform aufzunehmen.*

Diese Entäußerung ist kein Verlust, sondern ein Akt der Hingabe. Es ist der Preis und die Bedingung für das Wirken der geistigen Kraft.

Teil 4: *Repräsentation der Gottform und Menschwerdung Gottes – ein theologischer Vergleich*

In der rituellen Magie wie in der praktischen Kabbala begegnet uns das Prinzip der *Gottform*: Der Kabbalist stellt sich in den magischen Kreis, um *eine bestimmte göttliche Qualität oder Wesenheit zu verkörpern*, nicht symbolisch, sondern *tatsächlich*, durch rituell hergestellte Identifikation. Dies, wie zuvor dargestellt, ist ein Grundprinzip wirksamer geistiger Praxis.

Doch wie verhält sich dieses magische Prinzip zur christlichen Lehre von der *Menschwerdung Gottes*? Gibt es Überschneidungen, Widersprüche, Vertiefungen? Die Antwort führt uns in eine feine, aber theologisch bedeutsame Unterscheidung – *zwischen Repräsentation und Inkarnation.*

1) Repräsentation der Gottform

Wenn ein Kabbalist eine Gottform annimmt, so geschieht dies auf *zeitlich begrenzte, rituelle Weise.* Die göttliche Kraft *wird durch ihn sichtbar*, er handelt *als diese Kraft*, steht *unter ihrem Einfluss*, spricht *mit ihrer Stimme*. Aber:

- Er bleibt ein Mensch.

- Die Gottform „nutzt" ihn gewissermaßen als Werkzeug.

- Die Wirkung ist an den Raum, das Ritual und den spirituellen Zustand gebunden.

Diese Form der *Gegenwart des Göttlichen im Menschen* ist *funktional und energetisch* – sie erhebt den Kabbalisten nicht ontologisch zum Gott, sondern macht ihn *zum Träger der Gottheit im Raum.*

2) Inkarnation – die christliche Menschwerdung Gottes

Demgegenüber steht im Zentrum des christlichen Glaubens die Lehre, dass *Gott selbst Mensch geworden ist, nicht in einem Menschen wirkt,* sondern *in Jesus Christus als Person gegenwärtig ist.* Dies ist keine symbolische Repräsentanz, sondern *eine metaphysische Realität.*

Der Apostel Paulus beschreibt diesen Vorgang im *Brief an die Philipper (2, 6–11)* in einzigartiger Tiefe:

> *„Er, der in göttlicher Gestalt war, hielt es nicht für einen Raub, Gott gleich zu sein, sondern entäußerte sich selbst und nahm Knechtsgestalt an, ward den Menschen gleich und der Erscheinung nach als Mensch erkannt (...)."*

Hier ist Gott nicht „in einem Menschen tätig", sondern *selbst in menschlicher Gestalt auf Erden erschienen.* Das ist der fundamentale Unterschied:

- Der Kabbalist **repräsentiert** das Göttliche.

- Christus **ist** das Göttliche in Person.

Diese Unterscheidung wird auch in der Eucharistie deutlich:

Dort glaubt der Christ nicht, dass Brot und Wein *ein Symbol für den Leib und das Blut Christi* seien, sondern dass sie *wirklich verwandelt* wurden. Der Priester handelt nicht nur als Mensch, sondern *in persona Christi* – nicht weil er sich mit Christus identifiziert, sondern weil *er in der Liturgie durch die Gnade dazu befähigt ist.*

Dies ist *kein magischer Akt*, sondern *ein Sakrament.* Kein Mensch kann sich selbst in Christus verwandeln – *die Wandlung geschieht durch göttliche Initiative*, nicht durch menschlichen Willen.

3) Die Grenzlinie zwischen sakraler Repräsentation und göttlicher Präsenz

Das magische Prinzip der Gottform bewegt sich auf der Ebene der *Ritualidentifikation.* Sie ist tief, kraftvoll, spirituell transformierend – doch sie bleibt an die *Initiative des Menschen* gebunden.

Die Inkarnation Christi hingegen ist *ein einmaliges, absolutes Geschehen*, das *nicht wiederholbar* und *nicht herstellbar* ist. Es ist nicht der Mensch, der Gott wird, sondern *Gott, der Mensch geworden ist.*

> *Im magischen Kreis vertritt der Kab-*
> *balist die Gottheit – in der Eucharistie ist*
> *Gott selbst gegenwärtig.*

Diese Differenz ist nicht wertend zu verstehen – sondern *strukturierend*. Beide Systeme folgen eigenen inneren Gesetzen:

- Die **Magie** folgt dem Gesetz der Entsprechung, der Vorbereitung, der Selbstgestaltung.

- Das **Sakrament** folgt dem Gesetz der Gnade, der Offenbarung, der göttlichen Zuwendung.

4) Ritualform versus Offenbarungswirklichkeit

In der Rosenkreuzertradition (etwa im „Ritter vom Rosenkreuz") oder auch bei den *Schottischen Rittern des Illuminatenordens* wird im Rahmen der *Agape*, des *Liebesmahls*, eine rituelle Kommunion praktiziert. Doch diese ist – so feierlich sie sein mag – *nicht gleichzusetzen mit dem eucharistischen Mysterium der Kirche.*

Während die Agape ein *esoterisches Gemeinschaftsmahl* ist, bleibt sie *rituell-symbolisch* und basiert auf der Idee geistiger Einung. Die Eucharistie hingegen *ist* das Sakrament der realen Gegenwart – *nicht nur eine Darstellung, sondern Wirklichkeit.*

5) *Das Zentrum des Kreises – Imago Dei und die Wandlung im Innern*

Im Mittelpunkt jedes magischen Kreises – gleich ob es sich um ein Pentagramm, ein Viereck, ein gleicharmiges Kreuz oder ein geweihtes Ritualviereck handelt – steht nicht einfach der Mensch, sondern *das Ebenbild Gottes im Menschen*. In der Sprache der Mystik heißt dies: *Imago Dei*, das Bild Gottes.

Dieses uralte biblisch-kabbalistische Prinzip ist der Grundpfeiler jedes ernsthaften rituellen Weges:

> *„Und Gott schuf den Menschen zu seinem Bilde, zum Bilde Gottes schuf er ihn."* (Genesis 1,27)

Diese Aussage enthält keinen poetischen Vergleich, sondern eine existentielle Bestimmung. Der Mensch ist nicht „wie" Gott – *er ist das Bild Gottes*. Dieses Bild ist jedoch nicht sichtbar wie ein Spiegelbild, sondern *im Inneren eingeprägt – als Fähigkeit, zu erkennen, zu gestalten, zu sprechen, zu handeln, zu lieben.*

Wenn der Magier oder Kabbalist im Zentrum des Kreises steht, so tut er dies nicht als „fertiger Gott", sondern als *das Abbild des Göttlichen,* das durch rituelle Läuterung, Sammlung und Ausrichtung *zur Wirksamkeit gelangt.*

Das Zentrum des Kreises ist kein leerer Ort – es ist der **Punkt der Wandlung.** Hier geschieht das, was die Hermetik das *„Mysterium der Konjunktion"* nennt: *Die Verbindung von Oben und Unten, von Geist und Materie, von Göttlichem und Menschlichem.*

Diese Vorstellung findet sich in nahezu allen Hochkulturen:

- In der **kabbalistischen Baumstruktur** ist das Zentrum *Tiphereth*, das Herz, die Schönheit – Sitz der Christusenergie, Ort der Vermittlung zwischen Kether (Gott) und Malkuth (Welt).

- In der **alchemistischen Opus Magnum** ist es der Ort der „coincidentia oppositorum" – die Stelle, an der sich Gegensätze vereinen und das *Steinwerden des Lichts* beginnt.

- In der **alten Ägyptischen Mystik** symbolisierte der innere Tempelraum den Ort, an dem der Pharao als Gott in Erscheinung tritt – *nicht als Mensch vergöttert, sondern als menschgewordene Ordnung.*

Diese Mitte des Kreises ist daher *nicht statisch*, sondern *transzendent*. Wer sich dort positioniert, steht im Spannungsfeld göttlicher Kräfte. Er ist *gleichzeitig Zentrum der Welt und Spiegel des Alls.*

In der christlichen Mystik findet sich das gleiche Bild: Der innere Mensch, so lehrten Meister wie Meister Eckhart oder Johannes Tauler, ist der *Ort, an dem Gott geboren werden will.* In dieser Tradition ist der Mensch nicht einfach passiver Empfänger, sondern *Mit-Schöpfer*, Träger der Gotteskraft — *aber nur, wenn er leer wird für das Göttliche.*

Diese Leere — die innere Stille, das Aufgeben der Eigenmächtigkeit — ist in der Magie die Voraussetzung für die Wirksamkeit der Gottform. Denn *nur in der Leere erscheint das Wahre.*

Die *Identifikation mit der Gottform* ist also nicht ein Akt des Stolzes, sondern *ein freiwilliger Verzicht auf das niedere Selbst*, um das *Bild Gottes im eigenen Wesen hervortreten zu lassen.*

Hierin liegt auch die tiefste Bedeutung der freimaurerischen Arbeit:

- Der Lehrling beginnt im Dunkel, sucht das Licht.

- Der Geselle erarbeitet Maß, Zahl, Form — das göttliche Prinzip im Werk.

- Der Meister stirbt dem äußeren Leben, um das *verlorene Wort* im eigenen Inneren zu finden – und dieses Wort ist *nichts anderes als das lebendige Bild Gottes im Menschen.*

Der Punkt im Zentrum des Kreises, der in den ältesten Bodenzeichnungen der Loge durch das „G" symbolisiert wird, ist Ausdruck dieses Prinzips:

Gleichmaß, Gott, Geist, Geometrie – das ordnende Zentrum in allem.

Der magische Kreis um dieses Zentrum ist die Grenze, die den Raum heiligt. Und wer in diese Mitte tritt, tritt in eine Beziehung ein – *nicht nur zur Gottheit, sondern zu seinem wahren Selbst.*

6) *Der Kreis als Werkzeug der Anrufung – Reinigung, Schutz und Stabilität*

Im System der zeremoniellen Magie wie auch der praktischen Kabbala erfüllt der magische Kreis mehrere sich überlagernde Funktionen – *rituelle, psychologische, metaphysische* –, die in ihrer Gesamtheit eine geistige Ordnung erschaffen, innerhalb derer *die Anrufung (Invokation)* überhaupt erst möglich wird.

Die häufigsten Irrtümer heutiger Okkultisten entstehen aus der Vorstellung, der Kreis sei lediglich ein Schutzmechanismus – ein Mittel, um „böse Geister fernzuhalten". Doch dieser Schutz ist *nicht das primäre Ziel*, sondern *eine Nebenwirkung des höheren Zwecks*: *die Herstellung einer reinen geistigen Atmosphäre*, in der die Gegenwart einer Gottheit oder eines Wesens möglich wird.

a. Reinigung des Raumes

Der Kreis bildet einen symbolischen Grenzwall zwischen dem *profanen Raum* und dem *rituell geheiligten Ort*. In vielen Systemen erfolgt vor dem Ziehen des Kreises eine *energetische Reinigung*, etwa durch:

- Räucherung mit Harzen oder Kräutern (Weihrauch, Myrrhe, Beifuß),

- Waschungen, Fasten oder Stille,

- die Anrufung von vier Erzengeln (wie im Pentagramm-Ritual),

- das Sprechen heiliger Namen.

Diese Reinigung ist mehr als eine äußere Geste – sie ist eine *psychische Vorbereitung*, eine Klärung des inneren Spiegels, um *wahrhaft empfangsbereit zu werden*.

> *Ein unreiner Raum zieht keine höheren Wesen an – nur Spiegelungen des Ungeordneten.*

b. Schutz gegen ungeordnete Kräfte

Der Kreis dient nicht dem Ausschluss des Unbekannten, sondern dem *Ausschluss des Ungeordneten.* Er schützt den Kabbalisten nicht vor der Welt – sondern vor *denen Teilen in sich selbst*, die nicht bereit sind, das Göttliche zu empfangen.

Hier wirkt das alte hermetische Gesetz der Resonanz:

> *Was du rufst, wird durch das, was du bist, bestimmt.*

Der Kreis wirkt wie ein Filter: Er hält das Unreine draußen – und das Zentrale drinnen. Daher heißt es auch in Bardons „Praxis der magischen Evokation" zu Recht:

> *„Ein im Kreise stehender Magier ist gegen alle Einflüsse gefeit (...), denn er symbolisiert die Gottheit im Universum."*

Die Symbolik geht also weit über Verteidigung hinaus – *sie schafft Ordnung.* Und Ordnung ist die erste Bedingung für geistige Gegenwart.

c. Stabilisierung des rituellen Feldes

Der Kreis hat nicht nur symbolischen Wert – er *formt und hält* das energetische Feld, das durch Wort, Geste und Vorstellung aufgebaut wird. Die Wirkungen ritueller Handlungen hängen wesentlich davon ab, *ob das Feld klar, geschlossen, ausgerichtet* ist.

Wie in der Physik ein Resonanzraum nur dann klar tönt, wenn er *definiert und stimmig gebaut* ist, so gilt dies auch für den magischen Raum. Der Kreis schafft:

- **Kohärenz** – die Gedanken und Kräfte bündeln sich.

- **Ausrichtung** – der Raum „weiß", worauf er antworten soll.

- **Verankerung** – Energien können nicht willkürlich entweichen.

Besonders bei *Evokationen geistiger Wesenheiten* – etwa in der goetischen Magie oder in salomonischen Operationen – ist der Kreis *unverzichtbar*. Der Magier steht im Kreis – und das Wesen erscheint *außerhalb* davon, meist in einem zweiten Kreis, einem Dreieck oder auf einem geweihten Siegel. Der innere Kreis schützt nicht, weil das Wesen „böse" ist – sondern weil es *mächtig* ist. Und Macht verlangt Ordnung.

> *Der Kreis ist das Gefäß – das Wort ist der Inhalt.*

In der Freimaurerei ist diese Idee auf eigene Weise gegenwärtig: Der Arbeitsteppich, das Ritualquadrat, die geometrische Struktur der Loge – all das dient der *Erzeugung eines geistigen Raumes*, in dem *die Handlung Bedeutung erhält, die Worte Kraft haben, das Symbol lebendig wird.*

Die Maurer sagen nicht umsonst:

> *„Der Tempel ist da, wo zwei oder drei im Namen der Arbeit versammelt sind."* Aber *der Tempel wird durch Ordnung sichtbar* – durch den Kreis, das Quadrat, das Kreuz, die Lichter.

7) Ursprünge des magischen Kreises – Tempel, Kultbild und die alte Kunst der Gegenwart Gottes

Der magische Kreis ist kein Produkt moderner Magiesysteme, sondern Ausdruck eines *archaischen Weltverständnisses*, das sich in den Hochkulturen des Orients, Ägyptens und des antiken Israels in rituellen, kultischen und architektonischen Formen niedergeschlagen hat. Wer seinen Ursprung verstehen will, muss tiefer blicken – bis an die Schwelle, wo das Heilige *nicht gedacht*, sondern *gesehen, erfahren, gefürchtet und geehrt* wurde.

a. Ägypten – Kreis, Tempel, Gottgestalt

In den altägyptischen Tempeln wurde nicht nur geopfert, sondern *die Gottheit anwesend gemacht.* Dies geschah nicht metaphorisch, sondern real –

durch Wort, Geste, Musik, Bild und Raumordnung. Der *heilige Bezirk* des Tempels war nicht einfach ein Gebäude, sondern *ein energetisch aufgeladener Kosmos im Kleinen.*

- Die heiligen Bezirke waren durch Mauern oder Pylone abgegrenzt – *ein Vorläufer des magischen Kreises.*

- Der Priester trat mit gesalbtem Haupt, reinen Kleidern, kultisch gereinigt, *in die Mitte* – dort, wo das Kultbild der Gottheit stand.

- Dieses Bild war *kein Götzenbild*, sondern eine *wirkliche Wohnung des Gottes*, in den Momenten ritueller Präsenz durch Gebet und Räucherung aktiviert.

In diesem Zusammenhang ist der *Magier im Kreis identisch mit dem Priester im innersten Raum des ägyptischen Tempels.* Beide handeln nicht „für", sondern *als* das Göttliche – nicht in ständiger, sondern in *ritueller Präsenz.*

b. Mesopotamien – Keis und Kreisform im Kult

In den sumerisch-akkadischen und babylonischen Kulten ist eine Struktur erkennbar, die dem magischen Kreis ebenfalls sehr nahekommt. Dort wurden für Götterzeremonien, Orakelhandlungen und Schutzzauber *rund geschlossene Zonen* errichtet – entweder architektonisch durch Zäune oder symbolisch durch Streuung von Mehl, Sand oder Öl.

Der *Priester-Magier* zeichnete oft geometrische Formen in die Erde, *in deren Mitte er stand*, um ein Orakel zu empfangen oder mit einer Gottheit zu sprechen. Besonders im babylonischen *Šurpu-Zauber* wird davon berichtet, dass ein Kreis gezogen wurde, um den Einfluss der feindlichen Dämonen zu bannen – *nicht aus Angst, sondern um Reinheit der Begegnung zu sichern.*

c. Frühjüdische Tradition – das Zelt Gottes und die Bundeslade

Auch im alten Israel begegnet uns eine Form des geheiligten Raumes, der dem magischen Kreis funktional sehr nahekommt – die sogenannte *Stiftshütte (Mischkan)* und später der *Tempel Salomos*.

- Im *Allerheiligsten*, hinter dem Vorhang, befand sich die *Bundeslade* – auf ihr die *Cherubim*, über ihr die *Schechina*, die *wohnende Gegenwart Gottes*.

- Niemand außer dem *Hohepriester* durfte dieses Zentrum betreten – und auch er nur einmal im Jahr, am Versöhnungstag, nach ritueller Reinigung, Fasten und Rauchopfer.

Dieses Allerheiligste war nicht kreisförmig gebaut – aber es war *geometrisch und rituell abgeschlossen*, *abgegrenzt vom Profanen* und *aufgeladen mit einer einzigartigen geistigen Dichte.*

Die Idee, dass es einen Punkt im Raum gibt, an dem *der Himmel sich mit der Erde berührt*, ist das zentrale Motiv aller Hochreligionen – und im magischen Kreis nimmt dieser Gedanke *sichtbare Form* an.

d. Maskenkult und Gottidentifikation

In vielen vorchristlichen, besonders indigenen Traditionen existiert die Praxis, dass *ein Mensch durch Tragen einer Maske zur Gottheit wird.* Dabei handelt es sich nicht um ein Spiel – sondern um eine *heilige Übernahme des göttlichen Prinzips*.

- Die Maske ist das Gesicht des Gottes.

- Der Träger der Maske spricht *nicht für* – sondern *als* die Gottheit.

- Der rituelle Kreis, in dem der Maskenträger tanzt, ist der *heilige Raum*, in dem diese Präsenz stattfindet.

Diese Praxis ist *strukturell identisch* mit der Identifikation des Kabbalisten im Kreis mit einer Gottform. Auch hier: Trennung vom Profanen, Reinigung,

Annahme der göttlichen Gestalt, rituelle Handlung im Zentrum des heiligen Raumes.

Der magische Kreis ist der letzte sichtbare Rest dieser uralten Kunst der göttlichen Gegenwart.

8) Der magische Kreis als innerer Tempel – vom Symbol zur Wirklichkeit

Nach allem, was in den vorangegangenen Teilen entfaltet wurde, lässt sich der magische Kreis nicht länger nur als technisches Hilfsmittel der Magie begreifen. Er ist ein *geistiger Ort*, ein *Zustand des Bewusstseins*, eine *Struktur*, die im Äußeren sichtbar wird, um eine innere Wirklichkeit zu ordnen, zu schützen und zu offenbaren. Er ist *der sichtbare Ausdruck des inneren Tempels.*

a. Der Kreis als Spiegel des inneren Menschen

In der traditionellen Freimaurerei spricht man oft vom „Tempel Salomos", der symbolisch errichtet wird – ein Bau aus Maß, Ordnung, Licht und Bedeutung. Dieser Tempel ist kein Gebäude aus Stein – er ist der Mensch selbst, *in seiner Entwicklung zum Ebenbild Gottes.*

Der magische Kreis ist ein solches Bauwerk – *nicht aus Mauerwerk*, sondern *aus Lichtlinien und geistigen Gesetzen.* Wer ihn betritt, betritt *sich selbst.* Die Ordnung, die er darin herstellt, ist kein Zwang – sondern *ein Abbild der höheren Ordnung des Kosmos.*

- Die vier Himmelsrichtungen: *Seele, Geist, Körper, Wille*

- Die drei Lichter: *Weisheit, Stärke, Schönheit*

- Das Zentrum: *das geheiligte Selbst, der lebendige Punkt, in dem Gott sichtbar werden will*

Die Arbeit im Kreis ist damit eine *Form des inneren Bauens.* Sie reinigt, ordnet, klärt und richtet aus – und nur durch diese Vorbereitung kann das Licht des Göttlichen *einziehen.*

> *Denn Gott wohnt nicht im Chaos,*
> *sondern in der Ordnung.*
> *Nicht im Lärm, sondern in der Stille.*
> *Nicht im Ich, sondern im Zentrum, das*
> *jenseits des Ichs liegt.*

b. Vom Symbol zur Wirklichkeit

Der große Irrtum vieler zeitgenössischer Mystiker und Okkultisten liegt darin, den Kreis – und mit ihm alle magischen Formen – bloß symbolisch zu verstehen. Doch *wahre Symbolik ist kein Zeichen für etwas anderes – sondern die Manifestation des Unsichtbaren im Sichtbaren.*

In diesem Sinne ist der Kreis *nicht ein Bild für den Tempel – er ist der Tempel.* Er ist die Struktur, in der geistige Gegenwart entstehen kann, wenn der Mensch bereit ist, seine Rolle zu erfüllen.

Die Schritte, die ihn dazu befähigen, sind:

- **Reinigung**: geistig, emotional, rituell.

- **Zentrierung**: Sammlung im Herzen, Ausrichtung auf das Wahre.

- **Identifikation**: bewusste Aufnahme der Gottform, des Prinzips, das im Kreis verkörpert werden soll.

- **Anrufung**: Wort, Geste, Gedanke – in Ein-Klang gebracht.

- **Wandlung**: die Erkenntnis, dass das, was geschieht, *wirklich geschieht.*

Denn das letzte Ziel jeder rituellen Arbeit ist *nicht das Erlebnis* – sondern *die Verwandlung des Menschen.*

c. Der Kreis als Schule der Gegenwart

Die Arbeit im magischen Kreis ist daher zugleich eine *Übung in Gegenwart.* In einer Welt der Zerstreuung, des Lärms und der Ablenkung stellt der Kreis einen Raum dar, in dem *alles Irrelevante verstummt*. Er ist eine Schule des wachen Geistes, der konzentrierten Seele, der geordneten Kraft.

- Wer den Kreis mit Ernst betritt, betritt das Zentrum seiner selbst.

- Wer ihn in Klarheit vollzieht, ruft nicht bloß ein Wesen – *sondern öffnet einen Spiegel zur göttlichen Welt.*

- Wer in ihm verweilt, ohne Maske, in Haltung, im Licht, der wird *nicht unberührt daraus hervorgehen.*

Denn die eigentliche Wirkung der magischen Arbeit besteht *nicht darin, was man ruft oder sieht* – sondern *wer man dadurch wird.*

> *Der Kreis ist der Ort der Wahrheit – und Wahrheit wirkt wandelnd.*
> *Er ist die Linie, die das Heilige vom Profanen scheidet – und zugleich die Tür, durch die das Ewige tritt.*

In der Freimaurerei wie in der rituellen Magie ist der Kreis der erste und letzte Ort. Er steht am Beginn des Weges – als Schutz. Und er steht am Ende – als Erkenntnis.

Am Ende erkennt der Eingeweihte:

*Ich war nicht im Kreis, sondern der Kreis
war in mir.*
*Ich habe nicht das Göttliche gerufen – es
hat mich gerufen.*
*Ich war nicht der Sprecher – ich war der,
der gehört hat.*

Und so beginnt das wahre Werk – *nicht im Außen,
sondern im Innern, im Herzen des Tempels, in der
Mitte des Lichts.*

König Salomons magischer Kreis

1) *König Salomons magischer Kreis – Ursprung und Struktur eines heiligen Raumes*

Unter allen überlieferten Formen des magischen Kreises hat keiner eine derart symbolische Dichte und historische Gravität wie derjenige, der *König Salomon* zugeschrieben wird – der legendäre Weise, Tempelbaumeister und Bezwinger der Geister. In den ältesten magischen Texten Europas, insbesondere im *Kleineren Schlüssel Salomons* (*Clavicula Salomonis Regis*), finden wir Darstellungen und Beschreibungen dieses Kreises, der zu den zentralen Instrumenten der salomonischen Evokation zählt.

Die Form des salomonischen Kreises ist klar gegliedert, hochsymbolisch und exakt ausgerichtet. **Der Kreis ist nach Osten geöffnet**, zur aufgehenden Sonne hin – dem Ort des Lichts, des göttlichen Ursprungs, des Anfangs allen Schöpfens. Die Ausrichtung ist kein Zufall, sondern *ein magisches Gesetz*: Denn *alles, was in Übereinstimmung mit dem göttlichen Willen geschehen soll, beginnt im Osten.*

Die vier äußeren Pentagramme

An den vier Kardinalpunkten – Osten, Süden, Westen und Norden – befinden sich **vier Pentagramme,** welche den Kreis umgeben. In diese Pentagramme sind **Leuchter mit brennenden Kerzen** gestellt.

Das Pentagramm, das aus einem einzigen Linienzug besteht und fünf Spitzen hat, symbolisiert in der abendländischen Mysterientradition den **Mikrokosmos**, das heißt: den Menschen als geistiges Wesen in seiner Voll-endung. Die vier Pentagramme dienen im salomonischen Kreis nicht nur der *Abgrenzung und des Schutzes*, sondern auch der *Herabrufung der Kräfte*, welche durch Licht – das brennende Feuer – aktiviert werden.

Licht und Linie, Flamme und Form wirken hier zusammen, um einen geistigen Raum zu er-schaffen, der *durchstrahlt ist vom Symbolischen* und *durchwirkt vom Geistigen*.

Das Zentrum: Raute und Tetragramm

Im innersten Bereich des Kreises befindet sich eine **Raute**, eine vierseitige, auf die Spitze gestellte Form. In ihr ist der **unaussprechliche Name Gottes** eingeschrieben: *JHWH*, das hebräische Tetragramm.

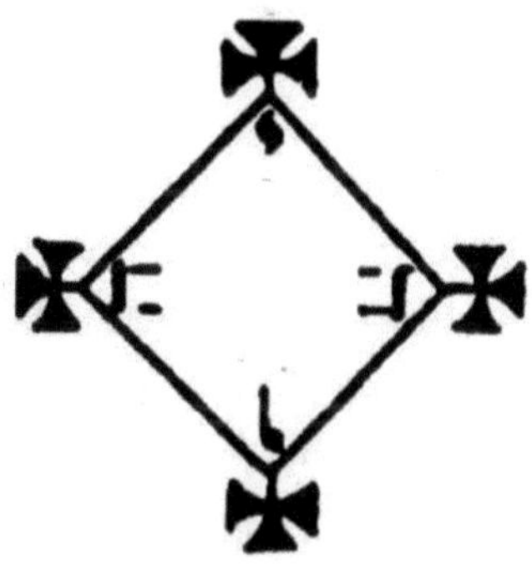

Diese vier heiligen Buchstaben – **Jod, He, Waw, He** – gelten als der *ursprüngliche Gottesname* in der hebräischen Überlieferung. Er wird nicht ausgesprochen, da sein Klang und seine Macht *über das Aussprechbare hinausgehen.* In den Ritualen des Alten und Angenommenen Schottischen Ritus, insbesondere im **vierzehnten Grad**, wird dieser Name dem Kandidaten **geoffenbart**, jedoch nicht ausgesprochen – eine direkte Verbindung zur Praxis der Schweigegebote im kabbalistischen Judentum.

> *„Ich bin JHWH, dein Gott, der ich dich*
> *aus Ägyptenland, aus der Knechtschaft,*
> *geführt habe."*
> (2. *Buch Mose, Kapitel 20, Vers 2*)

Diese Offenbarung ist nicht nur historisch oder kultisch gemeint – sie ist mystisch: Der Name *JHWH* bezeichnet das göttliche Prinzip, das den Menschen *aus dem Zustand der inneren Gefangenschaft* in die Freiheit des Geistes führt.

Die **Raute** als geometrische Form symbolisiert dabei das **bewegte Gleichgewicht**, das **Verbinden von Oben und Unten, Rechts und Links, Männlich und Weiblich** – ein Gleichgewicht, das im Zentrum des rituellen Raumes *durch den unaussprechlichen Namen Gottes zur Wirk-samkeit gebracht wird.*

Der doppelte Kreis als Spiegel der Welt

Der magische Kreis Salomons ist nicht einfach ein runder Raum – er ist **mehrschichtig**. Der innere Bereich – wo das Tetragramm ruht – ist umgeben von weiteren Symbolen, die wir in den kommenden Teilen ausführlich betrachten werden: Hexagramme, göttliche Namen, die Spiralform der Schlange und heilige Inschriften.

Doch bereits die Grundstruktur offenbart: Dieser Kreis ist kein Schutzraum im modernen Sinne, sondern *ein rituelles Universum im Kleinen*. Wer darin steht, steht *im Zentrum des Makrokosmos*, aufgerichtet durch Symbol, Licht und Wort. Und er steht nicht allein – denn dieser Raum ist *durchdrungen vom göttlichen Atem.*

2) Die Hexagramme im salomonischen Kreis – Spiegel des Makrokosmos und Tor zur göttlichen Ordnung

Im salomonischen Kreis befinden sich – außerhalb der zentralen Raute mit dem Tetragramm – **vier Hexagramme**, eines in jeder Himmelsrichtung. Jedes dieser sechsstrahligen Sterne ist **umgeben vom hebräischen Wort „Adonai"**, einem der heiligen Namen Gottes, der in der jüdischen Liturgie als **„mein Herr"** übersetzt wird.

Das Hexagramm – oft als *Siegel Salomos* bezeichnet – ist eine der ältesten und tiefgründigsten Symbolformen der westlichen Esoterik. Es besteht aus zwei sich durchdringenden gleichseitigen Dreiecken:

- Das eine **weist nach oben**, Symbol des Feuers, des Geistes, des Männlichen.

- Das andere **weist nach unten**, Symbol des Wassers, der Materie, des Weiblichen.

In ihrer Vereinigung entsteht ein Stern mit sechs Spitzen – ein **vollkommenes Symbol der Einheit von Gegensätzen**, der *harmonischen Durchdringung von Oben und Unten, Geist und Körper, Schöpfer und Schöpfung.*

a. Das Hexagramm als Symbol des Makrokosmos

In der kabbalistischen Deutung steht das Hexagramm für den **Makrokosmos**, also *das göttlich geordnete Universum*. Während das Pentagramm den Menschen im Kleinen (den Mikrokosmos) bezeichnet, zeigt das Hexagramm *die göttliche Ordnung im Großen*.

Im magischen Kreis nimmt das Hexagramm somit die Funktion einer **transzendenten Signatur** an: Es verwebt den Kreis nicht nur mit den vier Himmelsrichtungen, sondern *mit der göttlichen Struktur selbst*. Es macht deutlich, dass der rituelle Raum nicht auf das Irdische beschränkt ist, sondern *ausgerichtet ist auf das Überirdische*.

Die vier Hexagramme *stehen in Resonanz zueinander*, bilden *ein geistiges Kreuz aus Licht*, das – ähnlich wie die große Kreuzform in alten Logenzeichnungen – den Raum *zur Manifestationsebene des Himmlischen* macht.

b. Adonai – das göttliche Gegenüber

Das Wort **Adonai**, das jedes Hexagramm umschreibt, ist in der jüdischen Tradition der **liturgische Ersatzname für das Tetragramm JHWH.** Es wird gesprochen, wo der eigentliche Name zu heilig ist, um ausgesprochen zu werden. Damit symbolisiert Adonai das *wirksame, gegenwärtige und hörbare Gesicht Gottes.*

In der Magie ist der Name Adonai **ein Schutz, ein Befehl, ein Anker im Göttlichen.** Er verbindet den rituellen Kreis mit der göttlichen Autorität, nicht auf symbolischer Ebene, sondern *durch unmittelbare Präsenz.*

Adonai ist auch der Name, durch den in der salomonischen Magie viele Geister gebannt oder gerufen werden. Er steht *zwischen dem Menschen und den geistigen Kräften – nicht als Schranke, sondern als Brücke.*

c. Das Tau – das verborgene Zentrum

Im Schnittpunkt der vier Hexagramme, im Zentrum des inneren Kreises, findet sich das **Zeichen des Tau,** der hebräische Buchstabe *Tav (ת)* – der letzte Buchstabe des hebräischen Alphabets.

- In der jüdischen Mystik ist Tav das Zeichen
  des *Vollendeten*, des *Beschlusses*, der *Verwandlung*.

- In der christlichen Mystik gilt das Tau-Kreuz
  als *Vorzeichen des Kreuzes Christi* – ein
  Zeichen der Erwählung und der geistigen
  Schutzmacht.

- In der salomonischen Magie verweist das
  Tau auf das *Ende der Schöpfung*, aber auch
  auf die *Befähigung des Magiers*, zwischen
  den Welten zu stehen.

Das Tau in der Mitte ist kein bloßer Buchstabe – *es ist das geistige Siegel des Kreises.* Es bindet die göttlichen Namen, das Licht, das Wort und den Willen *in einem Punkt*, und macht den Kreis zu einem *Ort der Wirklichkeit.*

d. Die Verbindung von Oben und Unten

Alles in diesem Kreis – das Tetragramm, die Hexagramme, das Adonai, das Tau – ist Ausdruck eines großen Prinzips:

*Was oben ist, soll unten sichtbar werden
– und was unten ist, soll im Licht des
Oben geheiligt werden.*

Diese Lehre – die Lehre der **Vereinigung von Geist und Welt** – ist das Zentrum der salomonischen Kunst. Sie macht den Kreis nicht zu einem Schutzraum, sondern zu einem *Ort der Begegnung.* Der Mensch im Kreis ist nicht länger nur Mensch – er ist *Zeuge und Träger des Makrokosmos.*

3) Die spiralförmige Schlange im äußeren Kreis – Wächterin der Schwelle und Trägerin der heiligen Namen

Im äußeren Ring des salomonischen Kreises – der den inneren Raum wie ein kosmisches Band umschließt – windet sich **eine spiralförmige Schlange**, die von innen nach außen verläuft. Ihr Körper ist mit *heiligen Namen, göttlichen Wörtern und Zeichen* bedeckt. Diese beginnen mit dem Wort **Ehyeh** („Ich werde sein") und enden mit **Levanah** („Mond").

Diese spiralförmige Schlange ist kein dekoratives Element – sie ist *ein bewusst gesetztes magisches Prinzip*, das in vielen Traditionen als **die Schwelle zur höheren Wirklichkeit** verstanden wird. In der salomonischen Magie repräsentiert sie gleich mehrere ineinander verwobene Ebenen: *kosmisch, energetisch, initiatisch.*

a. Die Schlange als Urprinzip der Wandlung

In nahezu allen Hochkulturen steht die Schlange – ob als Symbol oder lebendige Gestalt – für **Verwandlung, Weisheit, Zeit und Kraft.**

- Im alten Ägypten war es die Uraeus-Schlange, Symbol des Schutzes und der königlichen Macht, auf dem Diadem des Pharaos.

- In der jüdischen Tradition erscheint die Schlange zuerst als Versucherin, später – im Zeichen des ehernen Schlangenstabs Mose – *als Werkzeug der Heilung.*

- In der Alchemie windet sich die *Ouroboros*, die sich selbst verschlingende Schlange, als Symbol für den ewigen Kreislauf von Leben, Tod und Wiedergeburt.

Im magischen Kreis Salomons *umwickelt sie den heiligen Raum wie ein lebendiges Siegel*. Sie hält die Ordnung aufrecht, bindet den äußeren mit dem inneren Kreis und stellt eine Grenze dar – *nicht um zu trennen, sondern um zu wandeln.*

Denn jeder Übergang zur höheren Welt verlangt eine Schwelle. Und jede Schwelle verlangt eine Prüfung.

Die Schlange prüft – nicht durch List, sondern durch Tiefe. Sie verlangt das Wissen um die Namen, das Verständnis des Ritus, die Reinheit der Absicht.

b. Die Spirale – Form des Kosmos und des inneren Weges

Die Spiralbewegung der Schlange ist kein Zufall: Die Spirale ist eine der ältesten heiligen Formen der Menschheit. Sie ist *die natürliche Form der Entfaltung, des kosmischen Wachstums, des inneren Weges zur Mitte.*

- In der Natur findet sich die Spirale in Galaxien, in Muscheln, in DNA-Strängen.

- In den Mysterien ist sie das Zeichen des *initiatischen Pfades* – der Weg von außen nach innen und wieder zurück.

- In der Magie ist sie das Symbol für das *zunehmende Bewusstsein*, das sich durch Stufen und Kreise entfaltet.

Die Schlange in Spiralform verweist also auf die Bewegung des Geistes durch Raum und Zeit – *vom Äußeren zur Mitte, von der Vielheit zur Einheit.*

c. Ehyeh – Ich werde sein

Das erste Wort auf dem Leib der Schlange ist **Ehyeh** – der erste der vier Hauptnamen Gottes in der jüdischen Mystik.

> *„Ehyeh Asher Ehyeh" – „Ich bin, der ich bin" oder „Ich werde sein, der ich sein werde"* (Exodus 3,14)

Dieses Wort ist *reines Werden, reines Licht, reine Möglichkeit.* Es bezeichnet Gott nicht als statisches Wesen, sondern als *lebendige, sich offenbarende Kraft.* Dass dieses Wort am Anfang der Schlange steht, bedeutet: *Der Pfad beginnt mit dem göttlichen Werden im Menschen.*

d. Levanah – Der Mond

Das letzte Wort auf der Schlange ist **Levanah**, hebräisch für *Mond.* In der Kabbala ist der Mond ein *Empfangendes*, ein *Spiegel des Lichts*, Symbol des weiblichen Prinzips, der *Wandlung*, der *Reinigung*, des Zyklus.

- Der Mond ist der Träger des Rhythmus,

- der Herrscher über das Unbewusste,

- und der Spiegel der Sonne – des göttlichen Lichts.

Dass der Weg auf dem Schlangenkörper mit „Ehyeh" beginnt und mit „Levanah" endet, deutet auf eine tiefe Wahrheit:

Der Mensch beginnt als werdendes Licht
– und endet als Spiegel dieses Lichts.
Er wird nicht selbst zur Sonne – sondern
zur reinen Reflexion des Göttlichen.

e. Die Schlange als lebendiges Siegel

Im Gesamtkontext des salomonischen Kreises ist die Schlange damit **mehr als ein Symbol** – sie ist ein **Wächter**, ein **Weg**, ein **Siegel**. Wer in den Kreis tritt, betritt einen *geheiligten Raum zwischen Anfang und Ende, Licht und Schatten, Werden und Vergehen.*

Ihre Namen sind nicht Dekoration – sie sind *Schlüssel, Zugänge, Pfade*. Und ihr Körper ist *nicht bloß Linie* – sondern *Pfad und Prüfung zugleich*.

4) Der flammende Stern im Zentrum – Meisterschaft, Licht und das lebendige Wort

Im innersten Raum freimaurerischer Symbolik wie auch in der kabbalistischen Praxis steht ein zentrales Zeichen: **der flammende Stern**, das Licht der Erkenntnis, das göttliche Wort, das im Herzen des Tempels leuchtet. In der Johannisfreimaurerei ist dieses Symbol in besonderer Weise mit dem **Meistergrad** verbunden. Und im salomonischen Kreis findet es seine Entsprechung im **Tau**, dem heiligen Zeichen der Erfüllung – umgeben vom Tetragramm, vom Namen Adonai und vom Lichtkreis der Hexagramme.

a. Der flammende Stern als Hexagramm

In vielen älteren Ritualbüchern der Johannislogen wird der flammende Stern als **Hexagramm** dargestellt – nicht als fünfzackiger Stern, sondern als sechsstrahliges Lichtsymbol.

Das Hexagramm – wie wir sahen – besteht aus zwei verschränkten Dreiecken:

- Das eine **symbolisiert das göttliche Prinzip** – das nach oben weisende Feuerdreieck.

- Das andere **symbolisiert die materielle Welt** – das nach unten weisende Wasserdreieck.

Die Vereinigung beider im Hexagramm bedeutet: **Der Mensch wird zum Ort der Begegnung zwischen Geist und Welt.** Der flammende Stern ist somit *kein äußerliches Licht*, sondern *das Erwachen des inneren Logos.*

b. Der Logos als lebendiges Wort

In der hermetisch-christlichen Mystik wird das Licht im Zentrum oft mit dem **Logos** gleichgesetzt – dem *ewigen Wort*, das „im Anfang bei Gott war", wie es im Johannesevangelium heißt:

> *„Im Anfang war das Wort, und das Wort war bei Gott, und Gott war das Wort."* (Joh 1,1)
> *„In ihm war das Leben, und das Leben war das Licht der Menschen."* (Joh 1,4)

Diese Lichtgestalt – das *lebendige Wort* – ist im salomonischen Kreis durch das Tetragramm, durch Adonai und durch das Tau anwesend. Der flammende Stern ist *der Ort, an dem dieses Wort sichtbar wird, in den Raum tritt, Handlung wird.*

Im freimaurerischen Meistergrad steht der flammende Stern sinnbildlich für:

- **die innere Erkenntnis,**

- **die Wiedergeburt des geistigen Menschen,**

- **die Erleuchtung durch das verlorene, nun wiedergefundene Wort.**

Der Magier oder Kabbalist, der im Zentrum des salomonischen Kreises steht, *steht nicht im Licht – er wird das Licht.* Dies ist der tiefste Sinn des Symbols: *Nicht mehr das Äußere soll den Menschen bestimmen – sondern das in ihm erwachte göttliche Prinzip.*

c. Alpha und Omega – der Anfang und das Ende

In der Struktur des Kreises, wie er im „Kleineren Schlüssel Salomons" überliefert ist, finden sich im **Osten** und **Westen** die Buchstaben **Alpha (A)** und **Omega (Ω)** – das erste und das letzte Zeichen des griechischen Alphabets.

Diese beiden Buchstaben haben in der christlichen Offenbarung eine zentrale Bedeutung. In der *Apokalypse des Johannes* (Kap. 22, Vers 13) spricht Christus:

> *„Ich bin das Alpha und das Omega, der Erste und der Letzte, der Anfang und das Ende."*

Diese Worte sind *kein rhetorischer Schmuck*, sondern *eine Definition des göttlichen Wesens als Allumfassendes.* Gott umfasst alles: *Ursprung, Entwicklung und Vollendung.* Im salomonischen Kreis symbolisieren diese Buchstaben:

- **Alpha im Osten**: den Anfang des Weges, das Licht der Berufung.

- **Omega im Westen**: das Ziel des Weges, die Einweihung, die Rückkehr in das Eine.

Wer im salomonischen Kreis arbeitet, vollzieht diesen Weg: *vom Alpha zum Omega, vom Ruf zur Vollendung, vom Licht zur Erkenntnis.* Und in der Mitte leuchtet der flammende Stern – *nicht als Dekoration, sondern als lebendige Kraft.*

d. Das Licht im Meistergrad

In der Freimaurerei wird dem Kandidaten im Meistergrad das Licht *nicht gegeben, sondern offenbart.* Er erkennt, dass das Licht, das er suchte, *nicht außerhalb*, sondern *in seinem Inneren* verborgen lag – geschützt, verschüttet, aber *unzerstörbar.*

So auch im salomonischen Kreis: Der Raum ist nicht gebaut, um ein Wesen zu binden – *sondern um das Licht im Menschen zu befreien.*

> *Der flammende Stern ist das Herz des Werkes – das Licht, das lehrt, was kein Wort aussprechen kann.*
> *Er ist der Logos – das schöpferische Wort im Zentrum des heiligen Raumes.*
> *Und wer ihn erkennt, erkennt sich selbst im Licht des Ewigen.*

5) Die rituelle Bedeutung des salomonischen Kreises – Invokation, Evokation und der innere Tempel

Der Kreis König Salomons, wie er im *Kleineren Schlüssel Salomons* überliefert ist, war und ist *kein theoretisches Symbol*, sondern ein **vollständig ausgestaltetes magisches Werkzeug**, ein *heiliger Raum für die Begegnung mit dem Unsichtbaren*. Seine Anordnung, Ausrichtung und seine zahlreichen geistigen Schichten machen ihn zu einem der vollkommensten rituellen Modelle in der westlichen magischen Tradition.

In seiner Anwendung diente dieser Kreis insbesondere zwei großen Operationen der höheren Magie:

- **der Invokation**, also dem rituellen Anruf einer göttlichen Kraft oder eines Engels, und

- **der Evokation**, also der gezielten Hervorrufung einer geistigen Wesenheit – oft eines „Geistes" im Sinne der Goëtie.

a. Der Kreis als Schutzraum – aber nicht aus Furcht

Häufig wird der magische Kreis missverstanden als bloße Barriere, um sich vor „Gefahren" zu schützen. Doch im salomonischen Verständnis ist dies zu kurz

gegriffen. *Der Kreis schützt nicht gegen das Fremde –
sondern für das Eigene.*

Er bildet eine klar begrenzte Zone, in der der Magier:

- **zentriert** bleibt,

- **geschützt vor eigener Zerstreuung**,

- **eingebettet in die göttliche Ordnung**,

- und **fähig, als Repräsentant der Gottform** zu
  wirken.

Der Schutz des Kreises ist damit *eine Frucht der
Ordnung und der Ausrichtung* – nicht eine Flucht vor
dem Geist, sondern *eine Vorbereitung auf die
Begegnung mit ihm.*

b. Die Invokation im salomonischen Kreis

Bei einer Invokation – etwa der Anrufung eines
Erzengels, eines göttlichen Namens oder einer
höheren Gottform – wirkt der Kreis als *geometrische
Resonanzstruktur*, die den geistigen Ruf *formt,
bündelt und verstärkt.*

Durch die Ausrichtung nach Osten, durch das Licht
der vier Pentagramme, durch die hebräischen
Gottesnamen *Ehyeh, JHWH, Adonai* und durch das
Hexagramm als makrokosmisches Siegel entsteht ein
Raum, *der bereit ist, göttliches Licht zu empfangen.*

In diesem Raum wird die **Gottform** nicht nur visualisiert, sondern *aufgerufen und verkörpert.* Der Magier steht – wie bereits dargestellt – nicht als Mensch im Zentrum, sondern *als lebendige Spiegelung der angerufenen Kraft.*

Die Schlange im äußeren Kreis stellt sicher, dass *keine disharmonischen Einflüsse eindringen* – aber sie bildet auch *den Pfad zur Erscheinung,* denn ihre Inschrift *führt von Werden („Ehyeh") zum Spiegelbild („Levanah").*

> *Die Invokation im salomonischen Kreis ist eine geistige Geburt – das Licht steigt herab, weil es gerufen wird von einem, der rein und bereit ist.*

c. Die Evokation – Ordnung als Voraussetzung der Manifestation

In der Evokation ruft der Magier keine göttliche Instanz an, sondern eine spezifische Wesenheit – etwa einen der 72 Geister, wie sie im Goëtischen Teil des Lesser Key of Solomon genannt werden. Auch hier ist der Kreis *keine Festung,* sondern *ein Thronplatz der Ordnung.*

Die beschworene Wesenheit erscheint außerhalb des inneren Kreises – oft in einem *Dreieck der Manifestation,* versehen mit göttlichen Namen. Sie wird **nicht mit Zwang**, sondern mit **hierarchischer Autorität** gerufen – einer Autorität, die sich aus der geistigen Ausrichtung, der Reinheit des Raumes und der Kraft des Wortes ergibt.

Ohne den Kreis – das Zentrum, die Achse, die Ordnung – *kann keine Erscheinung stabil bleiben.* Denn das Wesen erscheint *nicht aus Gefälligkeit,* sondern *weil es die Ordnung des Kreises anerkennt.*

> *Nur dort, wo Ordnung herrscht, wird*
> *das Geistige sichtbar.*
> *Denn Geist hasst das Ungeformte.*

d. Der Kreis als innerer Tempel

Im tiefsten Verständnis ist der salomonische Kreis ein Abbild des **inneren Tempels** – der *verborgenen geistigen Struktur im Menschen selbst.*

- Das Zentrum mit dem Tetragramm: *das höhere Selbst.*

- Die vier Pentagramme: *die vier Elemente im Gleichgewicht.*

- Die Hexagramme: *Makrokosmische Verbindung.*

- Die spiralförmige Schlange: *die Seele auf dem Weg.*

- Der äußere Kreis: *die Grenze zwischen Geist und Materie.*

In dieser Sichtweise ist jede Arbeit im Kreis eine Form *des inneren Bauens* – des Aufrichtens, Klärens und Wandels der eigenen Seele. Wer im Kreis arbeitet, arbeitet *nicht am Geist, sondern an sich selbst.* Und durch diesen Wandel *antwortet das Geistige.*

e. Salomons Weisheit – die Mitte zwischen den Welten

König Salomon galt in allen Traditionen – ob in der Bibel, in der Kabbala oder in der arabischen Magie – als **derjenige, der mit den Geistern sprach, ohne sich zu verlieren.**

Er hatte *den Ring der Macht* – ein Symbol für die Fähigkeit, die Ordnung des Himmels *im Irdischen wirksam* werden zu lassen. Der salomonische Kreis ist nichts anderes als die *sichtbar gemachte Struktur dieser Macht*: Göttliche Ordnung, aufgenommen in *ritueller Form.*

Der wahre Schüler Salomons ist nicht der, der viele Geister ruft – sondern der, der in der Mitte steht und *die Ordnung hält.*

> *Denn der Kreis wirkt nicht durch Zwang*
> *– sondern durch Übereinstimmung.*

Nicht durch Form allein – sondern durch Licht im Inneren.

Die heiligen Namen im magischen Kreis

1) *Einführung in die neun Sphären der göttlichen Ordnung*

In der Tradition der westlichen Kabbala und der zeremoniellen Magie ist die **Einzeichnung heiliger Namen in den magischen Kreis** kein bloßes Beiwerk, sondern eine *geistige Architektur*, durch die *der Makrokosmos in den rituellen Raum hinein abgebildet* wird. Jeder dieser Namen, jede Engelsgestalt, jede Sphäre entspricht einer bestimmten **Bewusstseinsebene**, einem **kosmischen Prinzip**, einer **göttlichen Wirksamkeit**, die im Kreis gegenwärtig wird.

Die Ordnung folgt dabei dem sogenannten *„Baum des Lebens"* – der kabbalistischen Struktur des Universums – und den klassischen **neun Planeten- und Fixsternsphären**, wie sie in der mittelalterlichen Magie überliefert sind. Diese neun Sphären bilden einen *Aufstieg durch die kosmischen Ordnungen* von der untersten bis zur höchsten Welt.

Jede dieser Sphären ist:

- einem oder mehreren **heiligen Namen Gottes** zugeordnet,

- einer **Sephira** (Sphäre der kabbalistischen Ordnung),

- einem **Erzengel**,

- einer **Engelschöre**,

- einem **Planeten** oder **Fixsternkreis**

- und einem **mystischen Prinzip**.

Die heiligen Namen werden in Gruppen aufgeteilt, welche im magischen Kreis kreisförmig angeordnet werden – von der **Mond-Sphäre Levanah** bis zur **höchsten Sphäre des Primum Mobile**, dem göttlichen Anstoß aller Bewegung.

Im Folgenden wird jeder dieser zehn Abschnitte, beginnend mit der höchsten Ebene, *gründlich und einzeln betrachtet*. Wir steigen nicht von unten hinauf, sondern **von oben herab** – wie das göttliche Licht selbst, das sich in der Schöpfung **Emanation für Emanation** entfaltet.

a. Erste Gruppe – Die Sphäre des Primum Mobile

Namen: Eheya, Kether, Metatron, Chaioth ha-Qadesh, Rashith ha-Galgalim
Sphäre: Primum Mobile (*die erste*

Bewegung, das erste Anstoßen des Seins)
Sephira: Kether (*Krone, göttlicher Ursprung*)
Erzengel: Metatron
Engelordnung: Chaioth ha-Qadesh (*Heilige lebendige Wesen*)
Fixsternsphäre: Rashith ha-Galgalim (*Anfang der Kreise*)

Diese oberste Ebene wird in der Magie nicht als ein Ort verstanden, sondern als *das höchste göttliche Prinzip der Bewegung*. Hier beginnt die Schöpfung – nicht durch Schlagen oder Sprechen, sondern durch **Sein**. Der Name **Eheya** („Ich werde sein") ist der erste Gottesname, offenbart an Mose im brennenden Dornbusch (Exodus 3,14), und bezeichnet das *absolute Sein in Bewegung*.

Die Sephira **Kether**, „Krone", ist der unsichtbare Ursprung, das erste Licht, das aus dem **Ain Soph Aur** – dem unendlichen Licht – hervorbricht. Es ist *reines Potenzial, noch unbestimmt, aber allumfassend*.

Der Erzengel dieser höchsten Sphäre ist **Metatron**, der „Fürst des Angesichts", der höchste aller Engel, der nach der kabbalistischen Tradition dem Menschen Henoch entspricht, der zur himmlischen Ordnung erhoben wurde.

Die Engelordnung **Chaioth ha-Qadesh** – die „Heiligen lebendigen Wesen" – sind die vier apokalyptischen Tiere, die auch bei Hesekiel erscheinen: Mensch, Löwe, Stier und Adler. Sie sind *Urbilder aller Geschöpfe*, Träger des göttlichen Throns, *voller Augen*, voller Bewusstsein.

Die Bewegung, die von hier ausgeht, wird in der mittelalterlichen Astralmagie die **Sphäre des Primum Mobile** genannt – die erste der neun Himmelskugeln, von der *alle anderen Sphären in Bewegung gesetzt werden*.

> *Hier beginnt der Kreis – nicht als Linie,*
> *sondern als Gedanke Gottes.*
> *Und wer diesen Punkt in den Kreis setzt,*
> *erkennt: Der Ursprung ist weder Licht*
> *noch Dunkel – sondern das unaussprechliche Werden selbst.*

Erklärung: Am Anfang aller Dinge steht nicht die Form, sondern das unaussprechliche Sein. Noch ehe die Welt geworden ist, erklingt das göttliche Wort: אֶהְיֶה – *Ehyeh*, „Ich bin" oder „Ich werde sein". Es ist der erste Name, den Gott von sich selbst gibt, ein Wort reiner Existenz, ohne Zeit, ohne Ort – das Selbstbewusstsein der Schöpfung vor der Schöpfung. In ihm offenbart sich die Wurzel allen Seins, der

Gedanke vor dem Gedanken, die Bewegung vor der Bewegung.

Aus diesem ersten Licht geht כֶּתֶר – *Kether*, die „Krone", hervor. Sie ist die oberste der zehn Sephiroth, aber zugleich mehr als dies: Kether ist der stille Punkt der Entfaltung, die Spitze des göttlichen Willens, aus der sich alles weitere ergibt. Sie ist weder männlich noch weiblich, sondern umfasst beide Prinzipien in sich – noch ungetrennt, noch unentschieden. In ihr ruht die gesamte Welt wie ein Same, der alles enthält, was werden wird.

An der Schwelle zwischen Unendlichem und Manifestem steht מֶטַטְרוֹן – *Metatron*, der Fürst des Angesichts, der Engel der Gegenwart. In alten Überlieferungen heißt es, dass Henoch, nachdem er wandelte mit Gott, in ihn verwandelt wurde. Metatron ist der höchste der Engel, der Mittler zwischen Gott und Mensch, der Schreiber des Himmelsbuches, der mit dem Licht der Krone bekleidet ist. Er ist das Wort, das aufschreibt, was im Willen beschlossen ist.

Rings um den Thron, in der unmittelbaren Nähe der Herrlichkeit, kreisen die חַיּוֹת הַקֹּדֶשׁ – *Chaioth ha-Qodesh*, die „Heiligen Lebewesen". Es sind die vier lebendigen Wesen aus der Vision des Propheten Ezechiel: Mensch, Löwe, Stier und Adler. Sie tragen die Herrlichkeit auf ihren Flügeln und blicken in alle Richtungen zugleich. Sie stehen für die Ordnung der Elemente, für die Achsen der Welt, für das erste Gesetz der Form – die vierfache Spiegelfläche des Einen.

Mit ihnen beginnt die Bewegung, der Kreis, das Drehen des himmlischen Rades: רֵאשִׁית הַגַּלְגַּלִּים – *Reschit ha-Galgalim*, der „Anfang der Umkreisungen". Hier formt sich das Erste in Bewegung, die Ordnung beginnt, sich zu drehen, noch rein, noch unbegrenzt, aber bereits unterscheidend. Es ist die Sphäre, in der die göttliche Idee in Rhythmus tritt – gleich einem Kreis, der sich selbst umkreist.

Jenseits aller sichtbaren Himmel, jenseits der Sterne, jenseits des Fixfirmaments, rollt als äußerste Sphäre das רֵאשׁוֹן נָע – das *Primum Mobile*, das erste Bewegende. Es ist der klare Kristall, der alle unteren Himmel in Bewegung versetzt, ohne selbst bewegt zu werden. In der kabbalistischen Schau ist es der äußerste Ring der Manifestation – und doch die erste Spur der göttlichen Absicht. Hier beginnt Zeit, hier beginnt Richtung, hier beginnt das Werden, gleichwohl das Wollen noch nicht verhallt ist.

Diese erste Ordnung – Eheyeh, Kether, Metatron, Chaioth ha-Qodesh, Reschit ha-Galgalim und das Primum Mobile – bildet den unsichtbaren Thronkreis. Es ist die Krone über allen Kronen, das Geheimnis hinter allen Namen. Nur wer sich innerlich erhebt, wer schweigt, wer lauscht, darf von Ferne ahnen, was hier beschlossen liegt.

2) *Die zweite Gruppe – Chokmah und die Sphäre des Zodiaks*

> **Namen**: Jah, Chokmah, Jophiel,
> Auphanim, Masloth
> **Sphäre**: Zodiak (*Tierkreis*)
> **Sephira**: Chokmah (*Weisheit*)
> **Erzengel**: Jophiel
> **Engelordnung**: Auphanim (*Räder*)
> **Fixsternsphäre**: Masloth
> (*Tierkreiszeichen*)

Nachdem die erste Bewegung aus Kether hervorging, formt sich im nächsten Schritt die **Weisheit Gottes**, die schöpferische Kraft, die durch Maß und Richtung das formlos Lichtvolle in bestimmte Bahnen lenkt. Diese Sphäre wird in der Kabbala als **Chokmah** bezeichnet – *die zweite Sephira am Baum des Lebens.*

a) Jah – das erste ausgesprochene göttliche Licht

Der Gottesname **Jah** (יָהּ) ist eine Kurzform des Tetragramms – die erste hörbare Form des göttlichen Namens. In den Psalmen wird Jah als

lebendiger Gott besungen, *der durch alles hindurch wirkt*. In der magischen Praxis bezeichnet dieser Name *die Ausstrahlung des göttlichen Lichts in dynamischer Form*.

Chokmah ist damit das **göttliche Prinzip der aktiven Weisheit** – kein intellektuelles Wissen, sondern *lebendiges, schöpferisches Erkennen*. Diese Weisheit ist **männlich**, dynamisch, nach außen drängend – das *erste Aussprechen des göttlichen Willens*.

b. Jophiel – Erzengel des Lichts der Weisheit

Der mit Chokmah verbundene Erzengel ist **Jophiel**, der „Schönheit Gottes". Jophiel gilt als *Engel der Inspiration*, als *Verkünder von Visionen*, als Hüter der göttlichen Ordnung im Denken. Er ist nicht der Lehrer im schulischen Sinne – sondern *der Aufblitz des Erkennens, der Hauch des Ewigen in der menschlichen Idee*.

Im magischen Kreis steht Jophiel für den Moment, in dem das *Ungeformte zur Form drängt*, in dem das erste göttliche Licht *anfängt, zu unterscheiden, zu benennen, zu bilden*.

c. Auphanim – die göttlichen Räder

Die **Engelordnung Auphanim** (hebräisch אוֹפַנִּים) bedeutet wörtlich „Räder". Sie erscheinen in der Vision des Propheten Hesekiel als *leuchtende Räder* *voller Augen*, die sich *in alle Richtungen drehen*, gelenkt vom göttlichen Geist.

Sie symbolisieren das *universelle Gesetz der Bewegung*, der Struktur, der Umläufe. In der Alchemie entsprechen sie den Prinzipien der **himmlischen Rotation**, der **geheimen Sternenbahnen**, der **Musik der Sphären**.

Die Auphanim sind *nicht nur Träger des Lichts*, sondern *Verwandler des Lichts in Bahn*, in Ordnung, in Gesetz.

d. Masloth – die Sphäre des Zodiaks

Der Name **Masloth** steht für den **Zodiak**, den Tierkreis. In der mittelalterlichen Astrologie ist der Tierkreis die Sphäre, in der sich die Sternbilder befinden – die archetypischen Kräfte, die als kosmische Prägungen *auf die Zeit, auf die Menschen, auf das Werden* einwirken.

Masloth ist die Ordnung der 12 Tore des Himmels, durch die das göttliche Licht in die Welt tritt – je nach Zeit, je nach Konstellation in einer anderen Färbung.

> *Masloth ist der Spiegel der himmlischen*
> *Archetypen – die Matrix, durch die das*
> *Licht ins Irdische eintritt.*

e. Die rituelle Bedeutung im Kreis

Im magischen Kreis steht diese zweite Gruppe für:

- das **erste Formen**,

- das **Erkennen durch Licht**,

- das **Durchbrechen des Ewigen in das Differenzierte**,

- das **Aufleuchten des göttlichen Gedankens als Ordnung.**

> *Wer Jah ruft, ruft nicht den Gott des Buches – sondern den Gott, der in der Bewegung der Sterne spricht.*
> *Und wer Jophiel ruft, wird nicht gelehrt – sondern entflammt.*

Erklärung: Nach dem stillen Glanz der Krone, nach dem unaussprechlichen Namen, formt sich im göttlichen Odem der erste Hauch des Andersseins. Aus dem reinen Sein geht das Wort יָה – *Jah* hervor: eine Verkürzung des heiligen Namens, ein feuriger Hauch, eine Ekstase des Göttlichen. *Jah* ist nicht mehr bloßes Sein, sondern bereits *Bewegung im Sein*, ein Ausdruck der Energie, die aus der Tiefe des Einen hervorbricht. Es ist das göttliche Feuer, das in der Weisheit leuchtet.

In diesem Feuer beginnt die zweite Sephira zu schimmern: חָכְמָה – *Chokmah*, die „Weisheit". Chokmah ist der erste Pol im Gegensatz, das Männliche, das Impulsive, das Schöpfende. Noch ungestaltet, aber schon auf das Andere hin gerichtet, durchdringt es alles, ohne selbst begriffen zu werden. Chokmah ist der Urstrahl, der aus der Krone hervorgeht – und zugleich das erste Gefäß des Lichtes, in dem die göttliche Idee in Richtung tritt. Hier beginnt die Entfaltung der Ordnung aus der Einheit, das „Fiat lux" der inneren Welt.

Inmitten dieser Weisheit leuchtet יוֹפִיאֵל – *Jophiel*, der Engel des göttlichen Glanzes. Er ist der Wächter der Weisheit, der Inspirator der Erkenntnis, das Lichtwesen, das an den Grenzen des Verstehens steht. Jophiel offenbart die Schönheit im Ursprung, nicht als äußeres Maß, sondern als **Wahrheit der Form** in ihrer ersten Möglichkeit. Wo Chokmah strahlt, da webt Jophiel seine Zeichen, da beginnt Denken zu leuchten wie ein Edelstein im Dunkel.

Doch dieses Denken ist nicht starr. Es rollt, kreist, entfaltet sich – und so treten die אוֹפַנִּים – *Auphanim* in Erscheinung, die „Räder" oder „Drehenden". Sie gehören zu den hohen Chören der Engel und tragen die Zeichen der Bewegung in sich. Wie in der Vision Ezechiels drehen sie sich, wohin der Geist will. Sie sind **die Intelligenzen der Sphären**, die Boten des Gedankens, die Mechanik der göttlichen Idee – nicht bloß als Vorstellung, sondern als lebendige Dynamik.

Und diese Dynamik wird zum Sternenbild: מַזָּלוֹת – *Masloth*, das große Himmelsband, der Tierkreis. Hier kreisen die Fixsterne in ihren Zeichen, zwölf Tore der himmlischen Einflüsse, zwölf Gesichter des geformten Lichts. Der Tierkreis ist nicht bloß astronomisches Schema, sondern das **symbolische Rad der geistigen Kräfte**, durch das sich die Qualitäten in die Welt ergießen. Er ist Spiegel und Filter, Tempel und Schwelle zugleich – Ort der kosmischen Individualisierung.

Um ihn kreist die סְפִירַת הַמַּזָּלוֹת – die *Sphäre des Zodiaks*, die äußerste Sphäre der festen Sterne. In ihr ruhen die archetypischen Kräfte, die unverrückbaren Bilder des himmlischen Willens. Diese Sphäre bildet das Band zwischen Bewegung und Bestimmung, zwischen göttlicher Idee und kosmischer Struktur. Aus ihr erwachsen Rhythmus, Charakter, Schicksal – nicht als Zwang, sondern als Spiegelung einer tieferen Harmonie.

So steht die zweite Ordnung – Jah, Chokmah, Jophiel, Auphanim, Masloth und die Sphäre des Zodiaks – wie ein gläserner Dom über der Schöpfung. Sie ist das Haus der Weisheit, in dem die Formen sich kleiden, ehe sie geboren werden. Wer ihren Gesang vernimmt, hört nicht nur die Sterne kreisen – er hört das Denken Gottes in Bewegung.

3) *Die dritte Gruppe – Binah und die Sphäre des Saturn*

> **Namen**: Jehovah, Elohim, Binah, Cassiel, Aralim, Shabbathai
> **Sphäre**: Saturn (*Shabbathai*)
> **Sephira**: Binah (*Verständnis*)
> **Erzengel**: Cassiel
> **Engelordnung**: Aralim (*Throne*)
> **Planetarische Sphäre**: Saturn

Nach der ursprünglichen Bewegung (*Kether*) und ihrer Ausstrahlung als lebendige Weisheit (*Chokmah*), erscheint in der dritten Sephira die **Formgebung**, die **Begrenzung**, die **Einfassung des Lichts in Gefäß**: **Binah** – das *Verständnis*, die *göttliche Matrix*, die *Empfangende*.

Hier beginnt die **Manifestation durch Struktur**, durch Form und Grenze. Binah ist damit die erste **weibliche** Sephira im Baum des Lebens, der **Uterus der Schöpfung**, das Formprinzip im göttlichen Denken.

a. Jehovah und Elohim – zwei Seiten göttlicher Ordnung

Der heilige Name **Jehovah** (יהוה) ist der unaussprechliche Tetragrammaton – die *wesenshafte Gegenwart Gottes* – nun erstmals nicht nur im Ursprung (*Kether*), sondern *in der Ordnung des Weltlichen*. Er ist die **Gesetzgeberische Instanz**, der Wille, der *Grenzen setzt*, nicht als Strafe, sondern als *Schutz für das Geistige*.

Elohim wiederum ist der pluralisch geformte Name Gottes – *„die Mächte"*, *„die Göttlichen"*. In der Schöpfungsgeschichte ist es Elohim, der sagt: *„Es werde Licht."* In Binah erscheint Elohim *nicht als Vielheit im Chaos*, sondern als *geordnete Vielheit im Geformten*.

Die Verbindung von **Jehovah** (transzendenter Gott) und **Elohim** (wirksame Gottheit in der Natur) bildet den **Ausdruck des Saturn-Prinzips**: *Grenze, Gesetz, Form und Struktur.*

b. Binah – der Ort des Verständnisses

Binah bedeutet im Hebräischen *Verstehen, Begreifen, die Fähigkeit, das Erkannte zu formen und zu tragen*. In der Kabbala ist Binah zugleich der Ort des **Schmerzes der Form** – denn jeder Schritt hin zur

Manifestation verlangt Trennung, Begrenzung, Verzicht auf das Unbegrenzte.

In Binah nimmt das Licht das erste Mal Gestalt an – und leidet daran.

In rituellen Zusammenhängen ist Binah daher auch der Ort der **Initiation durch Begrenzung**: die Prüfung, das Schweigen, das Aushalten, das Reifen.

c. Cassiel – der Engel des Saturns

Der Erzengel **Cassiel** ist in der magischen Tradition *der stille Wächter des Saturn*, der *Herr über Zeit und Tiefe*, der *Blick des Ernstes*, der *Geist der Prüfung*. Cassiel erscheint nicht in der Ekstase, sondern in der Stille, in der Prüfung, im letzten Schritt.

Er ist der Engel der **Langsamkeit und Konsequenz**, der *nicht rüttelt, sondern trägt*. Wer Cassiel ruft, muss *bereit sein, Zeit zu ertragen und Form zu akzeptieren*.

d. Aralim – die Throne

Die **Aralim** – wörtlich: „die Mächtigen" – werden auch als **Throne Gottes** bezeichnet. Sie sind die *tragenden Mächte der Ordnung*, das Fundament der sichtbaren Welt. Sie stehen *nicht im Mittelpunkt der Vision*, sondern *unter dem Thron* – und doch tragen sie alles.

In ihrer Funktion gleichen sie der **architektonischen Grundlage** jeder Schöpfung. Sie sind *die Pläne, die Linien, die Mauern, die Kräfte, die das Göttliche ertragen können.*

e. Shabbathai – die Saturn-Sphäre

Shabbathai, hebräisch für **Saturn**, ist in der astro-logisch-magischen Ordnung die äußerste Planeten-sphäre vor den Fixsternen. Hier endet die sichtbare Welt – hier beginnt das Unsichtbare. Saturn ist:

- **der Herr der Zeit,**

- **der Prüfende,**

- **der Schließende,**

- und der **Wächter des Tores zur Tiefe.**

Die Zuordnung zu Binah ist eindeutig: In Shabbathai findet das Licht seine **erste Form** – aber auch seine **erste Begrenzung.**

> *Hier beginnt das Gesetz – nicht als Strafe, sondern als Raum, in dem Licht überhaupt erst leuchten kann.*

f. Rituelle Bedeutung im Kreis

Diese dritte Gruppe steht im magischen Kreis für:

- die **Formung des Lichtes,**

- die **Einsetzung des Gesetzes**,

- die **Bewahrung des Geformten**,

- und die **Initiation durch Grenze.**

Wer mit diesen Namen arbeitet, betritt einen Raum, der nicht ekstatisch ist – sondern *ernst, tief und tragfähig*. Hier wird nichts geschaut – hier wird getragen, geformt, durchlebt.

Und wer Saturn betritt, betritt den Vorhof des Ewigen – nicht als Licht, sondern als Form des Lichts.

Erklärung: Wo Weisheit strömt, verlangt sie nach einem Gefäß. Wo Licht sich ausbreitet, sucht es die Form. Und so tritt in der dritten himmlischen Ordnung der Name hervor, der nicht bloß ruft, sondern bindet: יְהוָה – *Jehovah*, der unaussprechliche Name des Ewigen. In ihm vibriert die Spannung von Werden und Sein, von Zeit und Ewigkeit. *Jehovah* ist der Gott der Geschichte, der Gott des Bundes, der Gott, der unterscheidet, ordnet, richtet – nicht mehr nur Ursprung, sondern nun **Ordnungsmacht**.

Daneben, nicht im Gegensatz, sondern als Spiegelung in der Vielfalt, steht אֱלֹהִים – *Elohim*, die Mehrzahl im Einen, der Gott als Richter, als Kräfteverband, als Manifestation in den Naturgesetzen. *Elohim* ist der Name, unter dem die Schöpfung spricht: „Es werde... und es ward." Er ist das Prinzip, das **Maß gibt**, das **trennt**, das **Formen setzt**. In ihm beginnt die Welt, fest und klar zu werden – die Idee tritt in die Gewänder der Wirklichkeit.

In dieser doppelten Kraft, dem Streben und dem Einhalt, ruht die dritte Sephira: בִּינָה – *Binah*, das Verstehen, die Einsicht, die große Mutter des Seins. *Binah* ist das weibliche, empfangende, strukturierende Prinzip. Aus der schöpferischen Flamme Chokmahs formt sie **Gestalt und Gesetz**, Rhythmus und Zahl. Sie ist das große Gefäß, das die Ströme fasst. In ihr wohnt das **Ur-Urteil**, das alles trennt und ordnet – damit es überhaupt sei.

Über ihr wacht קַפְצִיאֵל – *Cassiel*, der Engel des Saturn, der Fürst der Zeit und der Schwelle. Er ist der strenge Wächter, das Antlitz der Geduld, der Bote der Begrenzung. Cassiel tritt nicht in goldene Glorie, sondern in dunklem Ernst. Doch wer ihn sieht, begegnet **dem Geheimnis der Verantwortung** – jenem Gesetz, das Freiheit nicht zerstört, sondern formt. Er führt durch die Zeit, aber er gebietet auch: „Hier endet dein Schritt."

An seiner Seite stehen אֲרֵלִים – *Aralim*, die Mächte. Sie gehören zur Ordnung der Thronesengel, jene, die das göttliche Urteil ausführen. Sie sind nicht sanft, nicht verhandelnd – sie tragen **das Flammen-schwert**, das trennt, was nicht zusammengehört. Aralim sind die Kräfte der Gerechtigkeit, der Struktur, der Ordnung, die sich wie Säulen um den Tempel des Werdens stellen. In ihrer Gegenwart erst wird Raum zum heiligen Ort.

Diese Ordnung kreist um שַׁבְּתַאי – *Shabbathai*, den Planeten Saturn, den Herrn des Sabbats, des Rückzugs, der Reifung. Er ist der älteste der sichtbaren Himmelskörper, langsam, schwer, unerbittlich. Doch in seinem Kreislauf liegt die Wahrheit des Maßes. *Shabbathai* ist der Hüter der Zeit, der Lehrer des Endes – und der Anfang eines neuen Verständnisses. Er steht für Disziplin, für Verantwortung, für das langsame Reifen der Seele im Feuer der Geduld.

Um ihn ruht die סְפִירַת שַׁבְּתַאי – die *Sphäre des Saturn*, der erste Ring der manifesten Welt. Hier beginnt der Kosmos, sich zu verdichten. Hier wird aus Licht Materie, aus Idee Schicksal. Die Sphäre des Saturn ist das Tor zur Welt – und zugleich das Tor der Rückkehr. Sie ist Grenze und Spiegel, Prüfung und Gelübde.

So bildet die Dritte Ordnung – Jehovah, Elohim, Binah, Cassiel, Aralim, Shabbathai und die Sphäre des Saturn – das Haus der Form, das Gericht des

Lichts. Wer es betritt, verlässt die Welt der reinen Möglichkeiten und tritt ein in die Welt der Wirklichkeit. Es ist ein ernster Ort – doch nur wer diese Schwelle durchschreitet, kann wahrhaft erschaffen.

4) *Die vierte Gruppe – Chesed und die Sphäre des Jupiter*

> **Namen**: El, Chesed, Sachiel, Chashmalim, Tzedek
> **Sphäre**: Jupiter (*Tzedek*)
> **Sephira**: Chesed (*Gnade*)
> **Erzengel**: Sachiel
> **Engelordnung**: Chashmalim (*Glanzwesen*)
> **Planetarische Sphäre**: Jupiter

Nach der strengen Formgebung der Saturn-Sphäre öffnet sich im nächsten Schritt die göttliche Ordnung zur **Gnade**, zur **Erweiterung**, zur **Offenbarung der Fülle**. Diese Ebene wird in der kabbalistischen Lehre durch die vierte Sephira bezeichnet: **Chesed**, die *barmherzige Ausstrahlung* der göttlichen Kraft. Sie steht für den **Segen**, die **Großzügigkeit** und das *schöpfende Prinzip der Ordnung im Überfluss*.

a. El – der einfache, uralte Gottesname

Der Gottesname **El** (אֵל) ist eine der ältesten Gottesbezeichnungen des hebräischen Sprachraums und steht für *Macht, Stärke und Segen.* El ist die **sanfte Allmacht** – nicht das Gesetz, das bindet, sondern *die Kraft, die Leben schenkt und erhält.*

In der Magie ist El die Quelle des Schutzes, der Gnade, der segenspendenden Autorität. In ihm erscheint Gott nicht als Richter, sondern *als König, der gibt – ohne Maß.*

b. Chesed – das Haus der Gnade

Chesed bedeutet *Liebe, Gunst, Gnade, freigiebige Ausgießung.* In der Struktur des Lebensbaums ist Chesed die **rechte Säule**, das *Gegengewicht zu Geburah* (Strenge). Hier begegnet uns Gott als *der Bewahrer*, als *der, der das Leben nährt.*

Chesed ist die Sphäre des **spirituellen Reichtums**, des **gerechten Königtums**, der **harmonischen Ordnung** der Welt. In der Welt der Philosophie ist es *die Idee der gerechten Herrschaft*, in der Magie *die Hand, die segnet.*

c. Sachiel – der Engel des Glücks und der Gerechtigkeit

Sachiel, der Erzengel des Jupiters, ist in der magischen Tradition der **Engel des Wachstums, der**

geistigen Erweiterung und des Gleichgewichts im Überfluss. Er steht demjenigen bei, der *führt, verwaltet, regiert – ohne zu unterdrücken.*

Sachiel bringt *innere Größe, Souveränität, geistige Würde.* Er ist der *spirituelle Beamte,* der den Thron vorbereitet – nicht durch Macht, sondern durch Güte.

Wer Sachiel ruft, ruft das Gleichmaß zwischen Ordnung und Erlaubnis, zwischen Gesetz und Gnade.

d. Chashmalim – die Glanzwesen

Die **Chashmalim** sind wörtlich die *„leuchtenden Wesen"* oder „Elektrizität Gottes", wie man es im modernen Hebräisch auch übersetzen würde. Sie sind die *Wesen des Glanzes, der Ausstrahlung, des reinen Lichts, das nicht blendet, sondern wärmt.*

In der Vision des Propheten Heseklel erschelnen sie im *„Feuer, das sich selbst verschlingt"* – als Ausdruck jener göttlichen Wesenheit, die *nicht zerschlägt, sondern erleuchtet.* In der praktischen Kabbala stehen sie für die *lichte Inspiration,* die dem Menschen *Verständnis ohne Härte* schenkt.

e. Tzedek – die Sphäre des Jupiters

Tzedek bedeutet im Hebräischen sowohl **Gerechtigkeit** als auch **Jupiter**. Diese Doppeldeutigkeit ist kein

Zufall: Die Sphäre des Jupiters ist *die Sphäre des gerechten Maßes in der Fülle.*

Jupiter ist:

- der Planet des **Wachstums,**

- der **geistigen Autorität,**

- des **segensreichen Einflusses,**

- des **idealen Königtums.**

In der Magie wird Jupiter angerufen, um *Weisheit mit Macht, Reichtum mit Maß, Wissen mit Würde* zu verbinden. Er ist der Planet der *Initiation ins gerechte Wirken.*

> *In Jupiter ist das Gesetz durch Gnade getragen – und die Gnade durch Weisheit gelenkt.*

f. Rituelle Bedeutung im Kreis

Diese vierte Gruppe öffnet den Raum für:

- **geistige Großzügigkeit,**

- **göttliche Ordnung ohne Zwang,**

- **Segensausgießung,**

- **Weisheit im Herrschen.**

Der Kreis wird durch Tzedek zum **Ort der Segnung**. Wer darin steht, ist *kein Beherrscher*, sondern *ein Wächter des Gleichgewichts*. Die Gnade Gottes wird nicht „genutzt", sondern *vermittelt* – durch inneres Maß, durch rechte Absicht, durch Ordnung im Licht.

> *Chesed spricht nicht: „Ich nehme",*
> *sondern: „Ich schenke."*
> *Und wer in der Gnade steht, steht nicht*
> *über anderen – sondern inmitten des*
> *Segens, den er hütet.*

Erklärung: Nachdem die Welt durch Form und Maß gebunden wurde, hebt sie an zu strahlen. Denn nicht die Grenze ist ihr Ziel, sondern das Leuchten, das sich darin entfaltet. Und so tritt in der vierten Ordnung der göttliche Name אֵל – *El* hervor: der Starke, der Gütige, der Ausströmende. *El* ist nicht der ferne Richter, sondern der gegenwärtige Vater – das Antlitz der Gnade, das sich den Welten zuneigt. In ihm wird die Strenge gemildert, das Maß zur Fülle, das Gesetz zum Leben.

Dieser Ausfluss sammelt sich in der vierten Sephira: חֶסֶד – *Chesed*, die Gnade, die Barmherzigkeit. *Chesed* ist das göttliche Ja zur Welt, die Überfülle des Seins, das Strömen des Lichtes in Geben, Helfen, Beleben. Aus der Gefäßform der Binah ergießt sich nun die lebendige Kraft in alle Richtungen. *Chesed* ist expansiv, weit, wärmend – wie die Sonne nach der kalten Nacht. Sie ist das Urbild der Güte, die nichts für sich verlangt, sondern sich im Geben vollendet.

In dieser Strömung erscheint צַכִיאֵל – *Sachiel*, der Engel des Jupiter, der Fürst des Segens. Er ist der Hüter des Reichtums, des Glücks, des Wachstums, doch nicht bloß im Irdischen. *Sachiel* ist der Vermittler der kosmischen Wohltat, derjenige, der das himmlische Maß in das Herz der Welt trägt. Wo er schreitet, entfaltet sich Weisheit in Fülle, Gerechtigkeit in Großmut, Schönheit im Überfluss. Er spricht nicht das Gebot, sondern den Trost.

Unter ihm wirken חַשְׁמַלִּים – *Chashmalim*, die leuchtenden Wesen. Ihr Name stammt aus der Vision des Ezechiel, wo sie als „glühender Strom" um den Thron Gottes erscheinen. *Chashmalim* sind die Engel der elektrischen Kraft, der still vibrierenden Gegenwart. Sie durchdringen die Welt mit dem Geheimnis des Lebens, das sich **nicht aufdrängt, sondern durchdringt** – leise, aber unaufhaltsam. In ihnen wird das göttliche Licht zur inneren Wärme, zum lebendigen Impuls.

Und so wird dieser Impuls zum Stern: צֶדֶק – *Tzedek*, Jupiter, der gerechte Planet. In ihm verbindet sich Weisheit mit Wohlwollen, Ordnung mit Großmut. *Tzedek* ist der König unter den Himmelskörpern, das

Symbol des edlen Herrschers, der nicht aus Zwang regiert, sondern aus Maß und Erbarmen. Er steht für Ethik, für Fürsorge, für das Gleichgewicht zwischen Macht und Milde. In astrologischer Sprache regiert er die Lehrer, Richter, Weisen – all jene, die Verantwortung mit Herz tragen.

Die Sphäre, in der er sich bewegt, ist die סְפִירַת צֶדֶק – die *Sphäre des Jupiter*. Hier beginnt der Kosmos zu sprechen in Weisheit und Freude, in Klang und Zahl. Es ist die Sphäre der Harmonien, der Symphonien der Weltordnung. In ihr finden sich die Gesetzmäßigkeiten des Segens, die Rhythmen der Fülle, die Töne der Gerechtigkeit. Es ist der erste Himmel, in dem der Mensch nicht mehr nur Ordnung erkennt, sondern beginnt, **das Gute zu ahnen**.

So umfasst die vierte Ordnung – El, Chesed, Sachiel, Chashmalim, Tzedek und die Sphäre des Jupiter – das Reich der Gnade, der Fülle und des schöpferischen Wohlwollens. Sie ist das Licht nach der Grenze, das Lächeln nach dem Ernst, die Hand, die reicht, nachdem das Urteil gesprochen wurde. Wer hier verweilt, erkennt: Das Maß des Himmels ist nicht Strenge, sondern Güte – eine Güte, die strömt, weil sie vollkommen ist.

5) *Die fünfte Gruppe – Geburah und die Sphäre des Mars*

> **Namen**: Elohim Gibor, Giburah,
> Sammael, Seraphim, Madim
> **Sphäre**: Mars (*Madim*)
> **Sephira**: Geburah (*Stärke*)
> **Erzengel**: Sammael
> **Engelordnung**: Seraphim
> **Planetarische Sphäre**: Mars

Nach der sanften und königlichen Ausstrahlung der Gnade (Chesed) folgt im Lebensbaum der Kabbala die **linke, strenge Säule**, die Kraft, die scheidet, klärt, richtet und brennt. Sie trägt den Namen **Geburah** – auch: *Din*, das **Gericht**. Diese Sephira ist nicht grausam, sondern *notwendig*. Denn ohne Abgrenzung, ohne Entscheidung, ohne Widerstand kann keine echte Form bestehen bleiben.

Geburah ist die Sphäre des **Feuers im Dienst des Lichtes** – *nicht das Feuer, das zerstört, sondern das reinigt.*

a. Elohim Gibor – Gott der Kräfte

Der Gottesname **Elohim Gibor** bedeutet wörtlich *„Gott der Mächtigen"* oder *„Gott der Heerscharen".* In ihm begegnet uns das **richtende Prinzip**, das *nicht durch Zorn*, sondern durch *Heiligkeit* wirkt. Elohim

Gibor ist *der Gott, der den Weg freilegt, der durch Hindernis hindurchgeht, der Unnützes verbrennt.*

Im rituellen Kontext wird dieser Name gesprochen, wenn **Klarheit, Schutz, Kraft zur Entscheidung oder auch zum Kampf** notwendig sind – sei es auf innerer oder äußerer Ebene.

b. Geburah – Stärke, Gericht, Durchsetzung

Geburah ist die fünfte Sephira und trägt die Bedeutung von **Stärke**, **Gericht**, **Willensausübung**. In ihr erscheint die göttliche Macht als **Werkzeug der Läuterung**. Ohne Geburah würde Chesed (*Gnade*) ausarten in Maßlosigkeit. Geburah bringt *Struktur, Disziplin und Mut.*

Sie ist das *Schwert Gottes*, aber auch die *Hand, die den Tempel verteidigt*. In ihr erkennt der Mensch, dass Liebe ohne Wahrheit schwach, Wahrheit ohne Liebe hart ist – und dass nur im Ausgleich *Kraft zur Heilung* wird.

c. Sammael – der Erzengel der Prüfungen

Der Erzengel **Sammael** wird oft missverstanden. In der jüdisch-mystischen Tradition ist er nicht Satan, sondern der **Engel des Gerichts**, der **Ernste**, der **Erzengel der Stärke**. Er ist derjenige, der den Menschen prüft, nicht um ihn zu vernichten, sondern *um ihn wahr zu machen.*

In der Kabbala ist Sammael der Engel, der dem Menschen *die Konsequenzen seiner Handlungen vor Augen führt.* Er ist *der Spiegel der Wahrheit – ohne Beschönigung.* Sammael schützt den wahren Willen – nicht den Stolz.

d. Seraphim – die Brennenden

Die **Seraphim**, wörtlich *„die Brennenden"*, sind nach der klassischen Engelslehre die **höchsten Engelwesen**. Sie umgeben den göttlichen Thron in Flammen – *nicht um zu zerstören, sondern um zu reinigen.*

Ihr Feuer ist nicht Hitze – sondern *geistige Durchdringung.* In ihnen verbrennt alles Unwahre, alles Lügnerische, alles, was nicht aus der Wahrheit kommt. Wer sie ruft, ruft *das Licht des göttlichen Gerichts in sich selbst.*

In der magischen Ordnung stehen die Seraphim für *die höchste Form der Reinigung*: Das **Ich**, das sich selbst sieht – und bereit ist, sich zu wandeln.

e. Madim – die Sphäre des Mars

Madim, hebräisch für **Mars**, ist die Planetensphäre, die mit der Energie des Durchbrechens, der Durchsetzung, des Schutzes und auch der Verteidigung verbunden ist. Mars ist:

- **Kraft und Gefahr zugleich,**

- **Impuls zur Handlung,**

- **Zorn, der zum Schutz wird,**

- **Mut, der in Gnade übergeht.**

Mars ist notwendig in allen rituellen Werken, die **Freiheit durch Stärke** fordern. Nicht um zu zerstören, sondern *um Raum für das Wahre zu schaffen.*

f. Rituelle Bedeutung im Kreis

Die fünfte Gruppe bringt in den Kreis:

- **Reinigung durch Entscheidung,**

- **Mut zur Abgrenzung,**

- **geistige Verteidigung,**

- **das heilige Feuer des Gewissens.**

Wer mit diesen Namen arbeitet, sollte *klar sein im Inneren, bereit zur Wahrheit, fest im Willen.* Denn das, was hier aufgerufen wird, ist nicht das Licht der Gnade – sondern *das Licht, das trennt.*

> *Geburah spricht: „Ja ist Ja. Nein ist Nein."*
> *Und in diesem Urteil liegt nicht Härte –*
> *sondern Freiheit.*

Erklärung: Doch wo Gnade fließt, muss sie geschützt sein. Wo Güte sich verströmt, bedarf sie der Grenze, um nicht zur Willkür zu verkommen. So erhebt sich in der fünften Ordnung erneut der Name אֱלֹהִים – *Elohim*, diesmal nicht in seiner schöpferisch-liebenden, sondern in seiner richterlich-wehrhaften Gestalt. *Elohim Gibor* – „Gott, der Mächtige" – ist der Titel, unter dem das göttliche Feuer brennt, das nicht nährt, sondern scheidet. Hier ist Gott der Streiter, der Richter, der Zerstörer der Lüge.

Diese Kraft sammelt sich in der fünften Sephira: גְבוּרה – *Gevurah*, die Stärke, die Macht, das Gericht. *Gevurah* ist nicht Zorn um seiner selbst willen, sondern der Wille zur Wahrheit, zur Klarheit, zur Auflösung des Falschen. Sie ist die Flamme, die Unreines verbrennt, die Mauer, die schützt, das Schwert, das trennt. Ohne *Gevurah* würde *Chesed*, die Gnade, in Formlosigkeit vergehen; sie bildet das notwendige Gegengewicht – die dunkle Schwester der Barmherzigkeit.

Im Zentrum dieser Ordnung steht סָמָאֵל – *Sammael*, der Erzengel des Mars. Er ist eine der rätselhaftesten Gestalten der angelologischen Tradition: einerseits **Ankläger**, andererseits **Werkzeug der göttlichen Gerechtigkeit**. In der mystischen Lehre ist *Sammael* nicht der Feind Gottes, sondern der Engel, der das Böse sichtbar macht, indem er es **zur Erscheinung**

zwingt. Er ist das Schwert der Reinigung, die Macht, die prüft, ob das Licht stark genug ist, der Dunkelheit standzuhalten.

Um ihn flammen שְׂרָפִים – *Seraphim*, die „Brennenden". Diese Engel sind der höchste Chor der Himmelswesen, die dem Thron Gottes am nächsten stehen. Sie verbrennen im Feuer der Liebe, aber dieses Feuer ist kein süßes Licht – es ist lodernde, verzehrende Heiligkeit. Die *Seraphim* sind Reiniger, Wächter, Rufer mit sechs Flügeln und einem rufenden „Heilig, heilig, heilig". In ihnen brennt das Wesen der Wahrheit – ungeschönt, unerbittlich, klar.

Und dieses brennende Wesen wird zum Stern: מָאְדִים – *Madim*, Mars, der rote Planet. *Madim* ist der Krieger unter den Gestirnen, der Bote des Streits, der Planet der Tat. Doch er ist nicht blindes Feuer: Mars trennt das Falsche vom Wahren, er bricht durch Täuschung hindurch, zerstört, was nicht trägt. *Madim* ist der Mut zur Entscheidung, das Eisen, das Narben hinterlässt – und die Willenskraft, die das Wahre durch Leiden gewinnt.

Die Sphäre, in der Mars sich bewegt, ist die סְפִירַת מָאְדִים – die *Sphäre des Mars*. Hier schlagen die Welten Funken, hier kämpfen Gegensätze, hier wird das Gleichgewicht geprüft. Es ist der Himmel der Helden, der Kämpfer, der Reformer, aber auch der Märtyrer. In dieser Sphäre wird der göttliche Wille zur Prüfung, zur Herausforderung – nicht um zu zerstören, sondern um zu läutern.

So umfasst die Fünfte Ordnung – Elohim Gibor, Gevurah, Sammael, Seraphim, Madim und die Sphäre des Mars – das Reich der Heiligen Stärke. Es ist das feurige Tor, das Mut fordert, Kraft verlangt, Wahrheit verlangt – nicht als Idee, sondern als Entscheidung. Wer hier nicht aufrichtig ist, wird fallen. Doch wer sich bewährt, tritt geläutert hervor: als Diener der Gerechtigkeit, nicht durch Güte allein, sondern durch Klarheit im Feuer geboren.

6) *Die sechste Gruppe – Tiphareth und die Sphäre der Sonne*

> **Namen**: Jehovah Eloah Va-Daath,
> Tiphareth, Michael, Malakim, Shemesh
> **Sphäre**: Sonne (*Shemesh*)
> **Sephira**: Tiphareth (*Schönheit*)
> **Erzengel**: Michael
> **Engelordnung**: Malakim (*Könige, Boten*)
> **Planetarische Sphäre**: Sonne

Im Zentrum des kabbalistischen Lebensbaumes befindet sich die Sephira **Tiphareth** – der *Knoten-*

punkt des Lichts, der *Ort der Harmonie*, das *Herz zwischen Oben und Unten*. Tiphareth verbindet die Strenge Geburah mit der Gnade Chesed, die göttliche Krone Kether mit dem Fundament Jesod. Sie ist die **Brücke zwischen den Welten**, und ihr Licht ist **die Sonne selbst** – leuchtend, heilend, offenbarend.

a. Jehovah Eloah Va-Daath – der Name des ausgeglichenen Gottes

Der Gottesname **Jehovah Eloah Va-Daath** ist eine Kombination verschiedener göttlicher Aspekte:

- **Jehovah**: das unaussprechliche Wesen Gottes,

- **Eloah**: die göttliche Kraft in ihrer weiblich-formenden Qualität,

- **Va-Daath**: „und das Wissen", ein Verweis auf die verborgene Sephira *Daath*, das *„Wissen Gottes"*, das aus der Vereinigung von Weisheit (Chokmah) und Verstehen (Binah) hervorgeht.

Dieser Name bezeichnet **die Einheit der Gegensätze**, **das Licht der Mitte**, das *nicht kämpft*, sondern *verbindet und offenbart*. Im rituellen Kontext wirkt dieser Name als *Heilzentrum*, als *Ort der Wiederherstellung des Gleichgewichts*.

b. Tiphareth – Schönheit, Opfer und Offenbarung

Tiphareth (תִּפְאֶרֶת) bedeutet *Schönheit*, aber auch *Ehre*, *Pracht*, *Harmonie*. Sie ist die Sephira, in der sich alle Wege kreuzen – der Ort, an dem **der Mensch das Göttliche in sich erkennt.**

In der esoterischen Tradition wird Tiphareth mit **Christus, dem Sonnenhelden, dem wahren König** identifiziert. Es ist der Ort des **heiligen Opfers**, nicht aus Zwang, sondern *aus Liebe.*

Tiphareth ist das Herz des Menschen und das Herz Gottes – *der Spiegel zwischen Himmel und Erde.*

c. Michael – der Erzengel der Sonne

Michael, „Wer ist wie Gott", ist der Anführer der himmlischen Heerscharen, der **Engel des Lichts, des Schutzes und der Wahrheit.** In der Apokalypse kämpft Michael gegen den Drachen – er ist der **Sonnenengel**, der mit dem Schwert der Gerechtigkeit *das Licht bewahrt und die Dunkelheit durchdringt.*

Michael ist der Engel des Gleichgewichts, der Stärke im Dienst des Guten, des klaren Willens, des mutigen Gehorsams. In der freimaurerischen Symbolik ist er oft der **Wächter der Mitte**, der *den Tempel mit Licht erfüllt.*

Wer Michael ruft, ruft das Licht des Herzens, *nicht als Gefühl, sondern als geistige Macht.*

d. Malakim – die Königlichen Engel

Die **Malakim**, wörtlich „Könige" oder auch „Boten", sind die Engel, die *im Licht des Thrones stehen, in Ordnung wirken* und *die göttlichen Gesetze in der Welt aufrichten.* Sie sind *die Engel der Schönheit, der Musik, der Wahrheit und der Pracht.*

In der Ordnung des Kreises stehen die Malakim für die **Souveränität des Lichtes**, das *nicht unterwirft, sondern erhebt.*

e. Shemesh – die Sphäre der Sonne

Shemesh, hebräisch für **Sonne**, ist die leuchtende Sphäre der Mitte. In der planetarischen Magie ist die Sonne das Symbol für:

- **Bewusstheit**,

- **Königtum**,

- **Heilung**,

- **Offenbarung**,

- **Zentrumskraft**.

Shemesh ist das Auge der Welt – das *alles sieht, alles durchdringt, alles verwandelt.* Sie ist kein kaltes

Licht, sondern *lebendige Wärme, Klarheit, Offenbarung des göttlichen Bildes im Menschen.*

f. Rituelle Bedeutung im Kreis

Die sechste Gruppe ist die **Herzmitte des Kreises**. Hier geschieht:

- **Heilung**,

- **Wahrheitsoffenbarung**,

- **Opfer aus Liebe**,

- **Integration aller Gegensätze in Einheit.**

Wer Tiphareth betritt, begegnet *nicht mehr einem Prinzip*, sondern *dem inneren Bild Gottes*, das *zur Gestalt geworden ist.*

> *Hier wird das Licht nicht gesucht –*
> *sondern gefunden.*
> *Nicht als Blitz – sondern als Sonne, die*
> *nie untergeht.*
> *Und wer in Tiphareth steht, erkennt: Die*
> *Schönheit ist die Wahrheit, und die*
> *Wahrheit ist das Licht, das heilt.*

Erklärung: Im Mittelpunkt aller Ströme, wo sich die Flüsse von Gnade und Stärke begegnen, steht der Name יְהֹוָה – *Jehovah*, nicht mehr im Donner des Sinai, nicht mehr in der Tiefe des Thrones, sondern als lebendige Gegenwart in der Mitte der Welt. *Jehovah* hier ist das ausgesprochene Licht, das in der Welt wohnt, das strahlt, heilt, offenbart. Und neben ihm erklingt ein anderer Name: אֱלוֹהַּ – *Eloah*, das Einzige, das Sanfte, das Göttliche in seiner innigen, fast persönlichen Form. *Eloah* ist die Rückseite der Stärke, das Antlitz Gottes, das sich neigt.

Zwischen ihnen, als unsichtbare Brücke, als Wissenspunkt und Durchgang, liegt וְדַעַת – *Va-Daath*, das verborgene Daath, die nicht gezählte Sephira, die jedoch alles verbindet. *Daath* ist nicht einfach Wissen, sondern gelebte Erkenntnis – der Ort, an dem die Gegensätze sich durch Licht und Bewusstsein erkennen. Es ist die Schwelle zwischen Oben und Unten, zwischen Himmel und Seele, zwischen göttlicher Weisheit und menschlicher Einsicht. Wer durch *Daath* tritt, tritt nicht nur in Wissen, sondern in **Verbindung**.

Und so öffnet sich im Zentrum der Baumstruktur die sechste Sephira: תִּפְאֶרֶת – *Tiphareth*, die Schönheit. Hier, im Herzen des Lebensbaumes, strahlt das Licht in vollkommener Harmonie. *Tiphareth* ist der Ort der Königswürde, der leuchtende Thron inmitten der Welt, das Gleichgewicht aller Gegensätze. Hier begegnen sich *Chesed* und *Gevurah*, Gnade und Gericht, und finden ihre höchste Auflösung im lebendigen Ganzen. *Tiphareth* ist das Abbild des Göttlichen im Menschlichen – das **Antlitz des Sohnes**, das Zentrum des Opfers, der Heilung, des Lichtes.

Über diese Sphäre wacht מִיכָאֵל – *Michael*, der große Fürst, der Erzengel der Sonne, der Streiter des Lichtes, der Hüter des Lebens. Er ist nicht nur Kämpfer, sondern auch Mittler, derjenige, der das himmlische Licht in die Erdenwelt trägt. *Michael* ist der Engel des Christusprinzips, des inneren Königs, der in Gerechtigkeit und Milde regiert. Seine Gegenwart erhebt, richtet auf, klärt – und fordert zur Wahrheit im Innern.

Unter seinem Befehl stehen מַלְאָכִים – *Malakim*, die Engel der Schönheit, der Ordnung, der Harmonie. Ihr Name bedeutet schlicht „Boten", doch ihr Wirken ist von größter Würde. Sie tragen die Strahlen des göttlichen Lichtes in alle Sphären, sie ordnen, heilen, verbinden. *Malakim* bauen Brücken zwischen oben und unten, zwischen Geist und Körper, zwischen Mensch und Gott. Wo sie erscheinen, wird aus Chaos Gestalt, aus Fragmenten ein Lied, aus Dunkel Erinnerung.

Und dieses Licht, das sie tragen, wird zum Stern: שֶׁמֶשׁ – *Shemesh*, die Sonne. Sie ist nicht bloß Himmelskörper, sondern das sichtbare Bild des unsichtbaren Lichtes. *Shemesh* ist das Symbol des lebendigen Mittelpunkts, der Quelle von Wärme, Klarheit, Rhythmus, Wahrheit. Im Sonnenlicht begegnet uns das Göttliche nicht in Rätseln, sondern im offenen Glanz. Es ist das Licht, das Leben gibt, das heilt, das uns wachsen lässt – aber auch prüft, ob wir im Licht bestehen können.

So ruht diese Kraft in der סְפִירַת הַשֶּׁמֶשׁ – der *Sphäre der Sonne*, dem leuchtenden Zentrum des Kosmos. Hier werden Linien zu Kreisen, Gesetze zu Melodien, das Ich zum Du. In dieser Sphäre herrscht das Königtum des Lichtes, das nicht herrscht, um zu unterwerfen, sondern um zu offenbaren. Es ist die Sphäre des Gleichgewichts, der inneren Schönheit, des geöffneten Herzens. Wer hier verweilt, erkennt: Wahrheit ist nicht bloß Idee – sie ist ein lebendiges Licht, das durch Liebe zur Gestalt wird.

So umfasst die Sechste Ordnung – Jehovah, Eloah, Va-Daath, Tiphareth, Michael, Malakim, Shemesh und die Sphäre der Sonne – das Herz der Schöpfung. Sie ist der Ort, wo Gegensätze sich versöhnen, wo Wissen zur Weisheit reift, wo Menschlichkeit zur göttlichen Spur wird. Es ist das Zentrum des Weges –

nicht Anfang und nicht Ende, sondern **das Licht in der Mitte**.

7) *Die siebte Gruppe – Netzach und die Sphäre der Venus*

Namen: Jehovah Zebaoth, Netzach, Haniel, Elohim, Nogah
Sphäre: Venus (*Nogah*)
Sephira: Netzach (*Beständigkeit, Sieg*)
Erzengel: Haniel
Engelordnung: Elohim (*die Mächtigen*)
Planetarische Sphäre: Venus

Im absteigenden Pfad des göttlichen Lichts gelangen wir mit **Netzach**, der siebten Sephira, in das Reich der **Kraft in Dauer**, der **spirituellen Leidenschaft**, der **liebevollen Hingabe**, des **göttlichen Sieges über die Trennung**. Netzach ist die Sphäre der **Venus**, aber nicht im rein sinnlichen Sinne – sie ist das *Werkzeug der schöpferischen Liebe*, der *Kunst*, der *Inspiration* und des *Seelenfeuers*, das *dauerhaft wirkt und überwindet*.

a. Jehovah Zebaoth – Herr der Heerscharen

Der heilige Name **Jehovah Zebaoth** bedeutet *„HERR der Heerscharen"* – ein Titel, der besonders in den Prophetenbüchern der Bibel erscheint. In ihm verbindet sich **göttliche Führung mit kosmischer Kraft**, *Licht mit Ordnung, Macht mit Schönheit.*

In Netzach steht dieser Name für die **göttliche Bewegung, die nie aufhört**, den *wandelnden Gott, der über die Erde geht, in Musik, in Rhythmus, in Sieg.*

b. Netzach – Sieg, Ausdauer, Inspiration

Netzach (נֶצַח) bedeutet *Sieg, Dauer, Erfolg durch Standhaftigkeit.* In der kabbalistischen Psychologie ist Netzach die Sphäre der **Ausdauer des Herzens**, der **emotionellen Hingabe**, des **künstlerischen Ausdrucks** und der **lebendigen Beziehung zu Gott**.

Wo Tiphareth das *reine Licht der Wahrheit* ist, ist Netzach *das Licht, das bewegt, gestaltet, verführt – zur Wahrheit hin.*

In der rituellen Praxis ist Netzach **das Feuer, das inspiriert**, das **göttliche Prinzip, das den Weg nicht verlässt**, das *siegt, nicht durch Macht, sondern durch Treue.*

c. Haniel – Engel der Liebe und Schönheit

Der Erzengel **Haniel**, *„die Gnade Gottes"*, ist der himmlische Regent über Netzach. Haniel verkörpert das **Ideal der Schönheit**, der **Intuition**, des **Feinsinns** und der **göttlichen Erotik**, die *nicht zersetzt, sondern erhebt.*

Haniel ist **der Engel der Künste**, der **Inspirationen bringt**, der *den Schleier lüftet, ohne zu entblößen.* In magischen Arbeiten wirkt er als *Mittler der subtilen Kräfte*, der *unsichtbaren Bewegungen des Herzens.*

Wer Haniel ruft, ruft *die Weisheit der zarten Kraft –* *nicht laut, aber unaufhaltsam.*

d. Elohim – die Mächtigen

In Netzach erscheint **Elohim** als **Kollektiv der göttlichen Kräfte**, die das Werk der Dauer begleiten. Sie sind nicht gesetzgeberisch wie in Binah, sondern *musikalisch, rufend, einladend.* In der Venus-Sphäre sind die Elohim *Schöpfer durch Harmonie – Götter der Schönheit und des Lebens.*

Sie sind *nicht die Formgeber*, sondern *die Formen durchstrahlenden Mächte –* sie wirken, *indem sie erheben, nicht zwingen.*

e. Nogah – die Sphäre der Venus

Nogah (נוֹגַה), hebräisch für *Glanz, Helligkeit*, ist der Name der Venus im kabbalistischen System. Die Venus ist:

- **das Prinzip der Anziehung,**

- **der Verwandlung durch Liebe,**

- **der Inspiration durch Schönheit,**

- **das Festhalten am Weg durch Freude.**

Nogah ist die **Glanzsphäre**, durch die das Licht des Herzens *in die Welt der Beziehungen*, der *Kunst*, des *genussvollen Lebens* eintritt – *nicht zur Ablenkung, sondern zur Veredelung.*

f. Rituelle Bedeutung im Kreis

Die siebte Gruppe bringt in den Kreis:

- **Sieg durch Treue,**

- **Bewegung durch Gnade,**

- **Offenbarung durch Schönheit,**

- **Liebe als Werkzeug der Wahrheit.**

Wer mit diesen Namen arbeitet, ruft die **Zartheit der Macht**, den **Sieg der Hingabe**, das **Licht, das durch Musik spricht, durch Tanz wirkt, durch Bild leuchtet.** Netzach ist die Kraft, die nicht unterdrückt – sondern *überzeugt durch Licht.*

> *In Netzach beginnt die Seele zu singen.*
> *Und wer hört, erkennt: Der Weg ist nicht nur wahr – er ist auch schön.*

Erklärung: Nachdem im Herzen des Lichtes das Gleichgewicht offenbar wurde, senkt sich dieses Licht nun tiefer in das Reich der Bewegung. Es wird zu Rhythmus, zu Kraft, zu Sehnsucht – es beginnt, zu begehren, zu strahlen, zu umwerben. In dieser siebten Ordnung ertönt der Name יְהוָה צְבָאוֹת – *Jehovah Zebaoth*, „Gott der Heerscharen". Hier spricht nicht mehr das einsame Licht der Höhe, sondern der Gott, der durch Vielheit wirkt, der Herr über Bewegung, Reiche, Kräfte, Scharen – der Gott, der durch seine Schöpfung **zieht wie ein Strom**.

Diese Strömung sammelt sich in der siebten Sephira: נֶצַח – *Netzach*, der Sieg, die Ausdauer, das lebendige Prinzip des Werdens. *Netzach* ist der Puls der göttlichen Energie, das Ausgreifen des Lichts in Zeit und Bewegung. Es ist nicht Sieg über etwas, sondern das Prinzip des **Weitergehens**, des Nicht-Aufgebens, des Fließens trotz Widerstand. In *Netzach* lebt das Bild des Künstlers, des Liebenden, des Erobernden – jener, der sich selbst ins Werk legt und in der Welt aufscheint.

Über diese Sphäre regiert הַנִיאֵל – *Haniel*, der Erzengel der Venus, der Engel der Harmonie, der Kunst, der sanften Macht. *Haniel* ist nicht laut, nicht zwingend – und doch unwiderstehlich. Er bewegt durch Anziehung, durch Schönheit, durch Rhythmus. Er ist der Hüter jener Kraft, die nicht zwingt, sondern **verführt in das Wahre**. In seinem Glanz zeigt sich die Heiligkeit der Liebe, nicht als Gefühl, sondern als kosmisches Band, das Welten ordnet.

Unter ihm wirken אֱלֹהִים – *Elohim* in ihrer schöpferischen Form: diesmal nicht als Richter, nicht als Formgeber, sondern als lebendige Quelle, als Dynamik in Vielheit. *Elohim* in *Netzach* bedeutet: Gott ist nicht nur Einer – Gott ist viele Strahlen desselben Lichtes, viele Stimmen einer Wahrheit, viele Formen einer Liebe. Hier zeigen sich die göttlichen Kräfte als farbige Ströme, als Tänze der Elemente, als Lieder der Weltseele.

Diese lebendige Kraft wird zum Stern: נֹגַה – *Nogah*, Venus, der Glanzstern, die strahlende Königin des Himmels. *Nogah* ist Schönheit in Bewegung, Licht im Aufstieg, das funkelnde Band zwischen Himmel und Erde. Venus ist das Gestirn des Morgens und des Abends, der Liebe und des Kampfes, der Sehnsucht und des Sieges. In ihr begegnet sich die Polarität – sie weckt die Kräfte, sie ruft zur Vereinigung, sie führt in das Ringen der Herzen.

Und so bewegt sich diese Kraft durch die סְפִירַת נֹגַה – die *Sphäre der Venus*. Es ist die Sphäre der Kunst, der Lieder, der Liebe, der Inspiration. Hier beginnt der Mensch zu schaffen, nicht mehr nur als Werkzeug, sondern als Mitschöpfer. In ihr liegt die tiefe Wahrheit, dass das Wahre sich offenbart durch das Schöne – dass Erkenntnis den Leib der Form braucht, um wirklich zu werden. Venus ist das Siegel des lebendigen Gottes in der Welt der Erscheinung.

So umfasst die Siebte Ordnung – Jehovah Zebaoth, Netzach, Haniel, Elohim, Nogah und die Sphäre der Venus – das Reich des Glanzes und der göttlichen Bewegung. Sie ist die Ordnung des inneren Sieges, der Kraft durch Hingabe, der Wahrheit in Form. Sie ist das Tor zur Welt – und zugleich der Spiegel, in dem sich das Göttliche in der Schönheit erkennt. Wer hier verweilt, lernt: Der Weg zur Wahrheit führt nicht nur durch Licht und Gesetz – er führt auch durch das Herz.

8) *Die achte Gruppe – Hod und die Sphäre des Merkur*

> **Namen**: Elohim Zebaoth, Hod, Raphael,
> Beni Elohim, Kokav
> **Sphäre**: Merkur (*Kokav*)
> **Sephira**: Hod (*Glanz, Erkenntnis*)
> **Erzengel**: Raphael

Engelordnung: Beni Elohim (*Söhne Gottes*)
Planetarische Sphäre: Merkur

Nach Netzach, dem Ort der Leidenschaft und der unerschütterlichen Hingabe, folgt **Hod**, die achte Sephira im kabbalistischen Lebensbaum. Sie steht nicht gegenüber, sondern *im harmonischen Kontrast*: Netzach ist Bewegung, Hod ist Form. Netzach ist Emotion, Hod ist Verstand. Gemeinsam bilden sie das **Paar der Wirkkräfte**, das im Menschen *Seele und Geist, Herz und Vernunft, Bewegung und Struktur* vereint.

a. Elohim Zebaoth – die Heerscharen der göttlichen Ordnung

Der heilige Name **Elohim Zebaoth** bedeutet: *„Die Mächte der Heerscharen"*. Während Jehovah Zebaoth (*in Netzach*) göttliche Herrschaft durch Bewegung bedeutet, beschreibt Elohim Zebaoth die **göttliche Intelligenz im Aufbau**, die **architektonische Macht des Denkens**, die **Sprache Gottes in Struktur.**

In Hod manifestiert sich der göttliche Wille *als Gesetzmäßigkeit, als Zahl, als Schrift, als Wort.* Dies ist der Ort des Logos, der nicht nur spricht, sondern *versteht.*

b. Hod – Glanz, Sprache, Verstand

Hod (הוד) bedeutet „Glanz", „Majestät", aber auch „Verstehen", „Analysieren", „Interpretieren". Es ist die Sephira des **intellektuellen Lichts**, des **Verstehens durch Unterscheidung**, der **göttlichen Wissenschaft**, der **rhetorischen Kraft**, der **Magie des Wortes**.

Hod ist der **Tempel der Sprache**, *nicht als Mittel zur Kommunikation, sondern als Offenbarungsinstrument des Göttlichen.* Hier wird das Unsichtbare **benannt**, das Unaussprechliche **umkreist**, das Ewige **durch Gedanken berührt.**

In der rituellen Praxis ist Hod die Sphäre der **Zauberformel, des Sigils, der heiligen Sprache, des exakten Symbols.**

c. Raphael – Erzengel der Heilung und des Lichtverstandes

Der Erzengel **Raphael**, *„Gott heilt"*, ist einer der vier Erzengel der klassischen Ordnung und steht über Hod als **Lichtführer, Heiler, Intellekt in Gnade.** Raphael ist **der Engel des Quecksilbers**, des **alchemistischen Mittlers**, *der die oberen und unteren Welten verbindet – nicht emotional (wie Gabriel), nicht willentlich (wie Michael), sondern* **geistig.**

In der Magie ist Raphael der Hüter der **magischen Intelligenz**, der **Schriftkunst**, der **Heilkräfte durch Wissen** – *nicht durch Gefühl, sondern durch Erkenntnis des geistigen Ursprungs.*

d. Beni Elohim – die Söhne Gottes

Die **Beni Elohim**, „Söhne Gottes", erscheinen in mystischen Überlieferungen als **Wesen des Wissens**, *Mittler zwischen göttlichem Willen und menschlichem Denken.* Sie sind *nicht himmlisch fern,* sondern *präsent im Wissen, in der Inspiration, im genauen Wort.*

In der klassischen Magie gelten sie als **die Kräfte, die das Verständnis vermitteln**, die in der Intuition wirken – *aber nicht in Form von Ahnung, sondern in Form von Struktur.*

e. Kokav – die Sphäre des Merkur

Kokav (כּוֹכָב), „Stern", ist der hebräische Name für den Planeten **Merkur**. Dieser ist der **Regent der Sprache, der Schrift, der Wissenschaften, der Alchemie, der Logik und der okkulten Systeme.**

Merkur ist der *Bote der Götter*, der *Verwandler*, der *Hermes des Lichtes*, der *Hüter der Schwelle zwischen Sichtbarem und Unsichtbarem.* In seiner Sphäre geschehen:

- **geistige Wandlungen**,

- **Erkenntnis durch Zeichen**,

- **Magie durch Wort und Zahl.**

Kokav ist der *intelligente Vermittler*, die *Ordnung im Wandel*, *der leuchtende Pfad durch die Sprache des Lichts.*

f. Rituelle Bedeutung im Kreis

Diese achte Gruppe bringt in den Kreis:

- **Klärung durch Wort,**

- **Magie der Form,**

- **Heilung durch Wissen,**

- **Intelligenz als Lichtkraft.**

Hod steht im Ritual für *das Aussprechen des Heiligen*, das *Benennen ohne Entweihen*, die *Sprache als Gefäß des Unsichtbaren.*

> *Hier ist das Wort nicht nur Klang – es ist Schlüssel.*
> *Und wer mit Raphael geht, wird geheilt durch Erkenntnis, nicht durch Trost.*

Erklärung: Je tiefer das göttliche Licht in die Welt hinabsteigt, desto mehr beginnt es zu differenzieren, zu reflektieren, sich selbst zu erkennen – nicht nur in schöpferischer Kraft, sondern in Spiegelung und Antwort. In dieser achten Ordnung spricht der Name אֱלֹהִים צְבָאֹות – *Elohim Zebaoth*: „Die Götter der Heerscharen", der Vielheit im Dienste des Einen, der Intelligenzen in Bewegung, der Kräfte, die nicht mehr bloß erschaffen oder ordnen, sondern **kommunizieren, verbinden, ausgleichen**.

Diese Ordnung strahlt durch die achte Sephira: הֹוד – *Hod*, die Pracht, die Resonanz, die Sprache des Lichtes in der Welt. *Hod* ist das Gefäß der Reflexion, der Ort, an dem Wahrheit Form wird – in Symbol, Zeichen, Wort, Bild. Sie ist die Intelligenz der Form, die Analyse des Ganzen, die Kunst, Unfassbares **fassbar zu machen**. *Hod* steht dem emotionalen Strom von *Netzach* gegenüber wie der Spiegel dem Licht – und doch ist beides notwendig: Ausstrahlung wie Aufnahme, Begehren wie Verstehen.

Der Erzengel dieser Sphäre ist רְפָאֵל – *Raphael*, „Gott heilt". Er ist der göttliche Bote, der Heiler, der Wanderer zwischen den Welten, der Engel der Intuition, der Medizin und der Erkenntnis. *Raphael* spricht durch Zeichen, durch Träume, durch klare Einsicht – nicht laut, nicht hart, sondern **heilsam, durchdringend, wahr**. Er steht an der Seite jener, die suchen – und antwortet jenen, die bereit sind, zu hören.

Unter seiner Führung wirken בְּנֵי אֱלֹהִים – *Beni Elohim*, die „Söhne Gottes", Wesen des mittleren Himmels, die zwischen dem Göttlichen und dem Menschlichen vermitteln. Sie sind die Kräfte der Inspiration, der Analyse, der feinstofflichen Ordnung. Wo sie wirken, wird Chaos zu Sprache, Traum zu Wissen, Gefühl zu Gedanke. Sie weben die feinen Linien, auf denen die Seele geht, wenn sie denkt, spricht, begreift.

Diese Vermittlung wird sichtbar im Gestirn: כּוֹכָב – *Kokav*, Merkur, der schnelle Planet, der Götterbote. *Kokav* ist der Stern des Denkens, der Sprache, der Wechselwirkung. Er regiert den Atem, das Gespräch, das Reisen – und alle Übergänge zwischen den Ebenen. In ihm flimmert die Weisheit in Bewegung: nicht fest, nicht starr, sondern wandelbar, flüchtig, lebendig. Er ist der Stern der Händler und Heiler, der Schreiber und Sprecher, der Magier und Vermittler – jener, die erkennen, dass das Wort **ein Werkzeug der Wandlung** ist.

So webt sich diese Kraft durch die סְפִירַת כּוֹכָב – die *Sphäre des Merkur*. Es ist die Sphäre des Verstehens, der Reaktion, der Durchlässigkeit. Hier wird jedes Licht gespiegelt, jede Kraft benannt, jede Bewegung reflektiert. Doch sie ist mehr als nur Spiegel: Sie ist das Instrument der göttlichen Klarheit, die Struktur hinter dem Symbol, das stille Gesetz hinter der fließenden Rede. In ihr liegt das Geheimnis der Kommunikation: dass es ein Dazwischen gibt, in dem Himmel und Erde einander berühren.

So umfasst die Achte Ordnung – Elohim Zebaoth, Hod, Raphael, Beni Elohim, Kokav und die Sphäre des Merkur – das Reich des lebendigen Verstehens. Sie ist das atmende Feld der Bedeutung, der Ort, an dem das Unsichtbare beginnt, sich sagen zu lassen. Wer in ihr verweilt, lernt, dass Wahrheit nicht nur erkannt, sondern **gesprochen werden will** – in Reinheit, in Klarheit, in heilender Resonanz.

9) *Die neunte Gruppe – Jesod und die Sphäre des Mondes*

Namen: Shaddai El Chai, Jesod, Gabriel, Cherubim, Levanah
Sphäre: Mond (*Levanah*)
Sephira: Jesod (*Fundament*)
Erzengel: Gabriel
Engelordnung: Cherubim
Planetarische Sphäre: Mond

Mit der neunten Sephira **Jesod** erreicht die göttliche Ordnung ihren letzten Punkt vor dem Eintritt in die manifeste Welt. Jesod ist das **Fundament**, die *Verdichtung aller vorhergehenden Kräfte*, das **magische Spiegelbild des Göttlichen in der Welt der Erscheinung.** Hier wird das Unsichtbare *geformt, zusammengeführt* und *auf die Schwelle der Geburt gestellt.*

a. Shaddai El Chai – der lebendige allmächtige Gott

Der zusammengesetzte Gottesname **Shaddai El Chai** bedeutet: *„Der allmächtige, lebendige Gott."*

- **Shaddai** (שַׁדַּי): der Allmächtige, der die Kräfte in ihrer Fülle umfasst und begrenzt – *der Gott der Geburt, der Fülle, des Schutzes.*

- **El Chai** (אֵל חַי): der lebendige Gott – *nicht ferne Transzendenz, sondern gegenwärtige Vitalität, das göttliche Leben selbst.*

In Jesod vereinen sich beide Aspekte: der *Schutz Gottes* und die *Belebung der Welt durch sein Licht.* Der Name zeigt, dass **Gott in der Welt gegenwärtig ist – nicht symbolisch, sondern tatsächlich.**

b. Jesod – das Fundament des Sichtbaren

Jesod (יְסוֹד) bedeutet *Fundament, Basis, Zusammenfassung.* Diese Sephira empfängt die Einflüsse aller vorhergehenden und *vermittelt sie in Malkuth,* die Welt des Sichtbaren. Jesod ist daher *Schnittstelle, Spiegel, Kanal, Pforte.*

In der magischen Tradition ist Jesod das **unsichtbare Zentrum**, in dem alle geistigen Wirkkräfte *bereit zur Geburt* sind. Es ist das **astrale Feld**, das **Formfeld**, das **magische Gedächtnis** – der Ort, *an dem Licht zu Bewegung und Information wird.*

Jesod ist auch der **Ort der Sexualität in ihrer geistigen Bedeutung**: *die Kraft, das Licht in die Form zu bringen.*

c. Gabriel – der Erzengel der Offenbarung und des Übergangs

Gabriel, *„Gott ist meine Stärke"*, ist der Erzengel des Mondes, der Hüter der *Schwellen*, der *Bote der göttlichen Botschaft in die Welt der Erscheinung.* Gabriel ist es, der Maria die Geburt des Christus ankündigt; er ist es, der Daniel die Visionen erklärt; er ist *der Stimme Gottes im Äußeren*, der *Träger der göttlichen Resonanz.*

In der Magie ist Gabriel der **Hüter der Träume**, **der intuitive Führer**, **der Wächter des Astralen**, aber auch der *Vollstrecker der göttlichen Sendung im Sichtbaren.*

Er ist *die Stimme in der Dunkelheit*, das *Licht im Schatten*, der *Mondbote im Ritus.*

d. Cherubim – die Bewahrer der Schwelle

Die **Cherubim**, nicht zu verwechseln mit den romantisch verniedlichten „Cherubinen", sind in der kabbalistischen Lehre **mächtige Wesen des Übergangs und der Bewahrung**.

Sie stehen am Eingang des Gartens Eden, sie tragen den Thron Gottes, sie wachen über das Unsichtbare – *nicht als Wächter gegen den Menschen, sondern als Hüter der Ordnung.*

In Jesod stehen sie für **den Schutz des Heiligen, kurz bevor es in die Welt tritt.** Sie sind *Engel der Verdichtung, Formkräfte des Unmanifesten, Bewahrer des Lichts, das in den Schleier tritt.*

e. Levanah – die Sphäre des Mondes

Levanah (לְבָנָה), hebräisch für „die Weiße", ist die Sphäre des **Mondes**. In der planetarischen Magie ist der Mond:

- **das Spiegelbild des Lichts,**

- **der Regulator des Wassers,**

- **der Herr der Rhythmen, Zyklen, Träume, Zeugung und Reinigung.**

Er ist die **Reflexionskraft**, die das Licht der höheren Sphären *annehmbar macht*. In der Magie ist er das

Spiegelmedium, das empfängt und weitergibt, das sich wandelt und doch treu bleibt.

Levanah ist *der magische Spiegel, der astrale Bildschirm, die lebendige Schwelle zwischen Licht und Form.*

f. Rituelle Bedeutung im Kreis

Die neunte Gruppe bringt in den Kreis:

- **Empfängnis des Lichts,**
- **Verkörperung des Geistes,**
- **Schwellenmagie,**
- **magische Spiegelung.**

Wer mit diesen Namen arbeitet, arbeitet an der **Verdichtung des Unsichtbaren**, an der **Verkörperung des Ideals**, an der **Geburt des Lichts in der Welt**.

> *Jesod ist der Spiegel der Sterne. Gabriel ist der Ruf zur Form. Und der Mond ist der Schrein, in dem das Licht der Ewigkeit zu fließen beginnt.*

> Anmerkung: Auf dem Arbeitsteppich der Groß-loge der Alten Freien und Angenommenen Maurer von Deutschland

versinnbildlichen neun Sterne die kosmische Ordnung.

Erklärung: Am Ende der großen Emanation, an der Schwelle zur sichtbaren Welt, erklingt der Name שַׁדַּי – *Shaddai*, „Der Allgenugsame", „Der, der sagt: bis hierhin". Es ist der Name der Grenze, der Fassung, der stillen Macht, die nicht ausstrahlt, sondern umhüllt. In ihm liegt die Kraft des Schutzes, der Segen des Verborgenen, das Ja zur Form – nicht als Verflachung, sondern als **letztes Gefäß des Lichts**. Und neben ihm leuchtet erneut אֵל – *El*, der milde Gott, und חַי – *Chai*, „das Leben" – drei Namen, die nicht herrschen, sondern **tragen**.

Diese tragende Kraft sammelt sich in der neunten Sephira: יְסוֹד – *Jesod*, das Fundament. *Jesod* ist die verbindende Wurzel zwischen Himmel und Erde, das Speicherorgan des Lichts, der heilige Kanal, durch den die oberen Kräfte in die Welt hinabsteigen. Es ist die Sphäre der **Fruchtbarkeit, des Übergangs, des Traumes, des Unbewussten** – jener Bereich, in dem das Geistige sich auf seine irdische Geburt vorbereitet. In *Jesod* ruht das geistige Erbe, aus dem Welt entsteht.

Über dieses geheime Fundament wacht גַּבְרִיאֵל –
Gabriel, der Erzengel des Mondes, der Bote der
Empfängnis, der Wächter der Schwelle. *Gabriel* ist
der Engel der Verkündigung, der Träume, der
Visionen. In seiner linken Hand trägt er die Lilie des
Erwachens, in seiner Rechten die Stille der Nacht.
Wo er spricht, entstehen Bilder – nicht aus dem
Willen, sondern aus der Tiefe. Er ist der Hüter des
Unausgesprochenen, der Dolmetscher der Seele in
der Sprache des Lichts.

An seiner Seite stehen הַכְּרוּבִים – *Cherubim*, die
Hüter der Schwellen, die Wächter des innersten
Gartens. In alten Texten bewachen sie den Weg zum
Baum des Lebens mit dem flammenden Schwert.
Doch sie sind nicht Zerstörer, sondern **Bewahrer**. Sie
hüten das Mysterium, sie erinnern an das Verlorene,
sie wachen über das, was noch nicht gesagt werden
darf. In *Jesod* erscheinen sie als Kräfte des
Gedächtnisses, der intuitiven Erkenntnis, des
göttlichen Abdrucks in der Tiefe der Welt.

Diese Tiefe wird zum Spiegel: לְבָנָה – *Levanah*, der
Mond, das weiße Licht. *Levanah* ist nicht Licht aus
sich selbst, sondern **Licht, das empfängt und
weitergibt**. Sie ist der Himmelskörper der Wandlung,
des Zyklus, der Wiederkehr. In ihrem Gesicht spiegelt
sich die Sonne – nicht als Abbild, sondern als innere

Umwandlung. *Levanah* ist das Licht des Menschen, das sich verändert, das wächst, das sich verbirgt und wieder erscheint. Sie ist die Königin der Nacht, die Magierin, das innere Auge, das nicht sieht, sondern schaut.

Und so umhüllt diese Kraft die סְפִירַת לְבָנָה – die *Sphäre des Mondes*. Es ist die Sphäre der Intuition, der Fruchtbarkeit, der rituellen Erinnerung. Hier werden Träume geboren, hier wirken Rituale, hier erklingen die alten Namen im Flüstern. Es ist der Ort der Wiederholung, des Wassers, der Spiegelung — aber auch der Geburt. Denn aus ihr wird die Welt geboren: geformt, begrenzt, empfangend – und doch durchdrungen vom Licht der oberen Sphären.

So umfasst die Neunte Ordnung – Shaddai, El, Chai, Jesod, Gabriel, Cherubim, Levanah und die Sphäre des Mondes – das Reich der heiligen Schwelle. Sie ist die Tiefe, aus der die Welt auftaucht, das Gefäß, das empfängt, was aus Licht geboren wurde. Wer hier verweilt, erkennt: Die Stille ist nicht Leere, sondern Erwartung. Die Dunkelheit ist nicht Abwesenheit, sondern **Bereitschaft zur Geburt**.

10) Die neun Sphären als lebendige Ordnung des Lichtes

Nach der Entfaltung der neun Sphären – von **Kether** bis **Jesod**, vom **Primum Mobile** bis **Levanah**, von der ungeschaffenen Urkraft bis zur geburtsreifen Spiegelung – lässt sich der magische Kreis nun als **ein geordnetes Abbild des Kosmos** verstehen. Er ist nicht nur ein Werkzeug – sondern **ein lebendiger, atmender Ausdruck der göttlichen Struktur**, eingebrannt in Zeichen, Namen, Lichter und Kräfte.

a. Der Kreis als kosmische Struktur

In seiner Anordnung spiegelt der Kreis das uralte Prinzip des **Emanationsprozesses**:

> *Von der Einheit zur Vielheit.*
> *Vom Licht zur Form.*
> *Vom Göttlichen zum Weltlichen – und zurück.*

Die neun Gruppen heiliger Namen – jede verwoben mit einer Sephira des kabbalistischen Lebensbaums, mit einem Erzengel, einer Engelsordnung und einer planetarischen Sphäre – bilden gemeinsam ein Heiligtum geistiger Bewegung, ein lebendiges Mosaik göttlicher Ordnung. Sie beschreiben nicht bloß eine kosmische Struktur, sondern einen Weg, eine Wandlung, einen inneren Aufstieg.

An der Grenze zum Unerschaffenen ruht die erste Sphäre, das *Primum Mobile*. Hier leuchtet *Kether*, die Krone des reinen Seins, überstrahlt von der Präsenz *Metatrons*, des himmlischen Mittlers. Es ist der Ursprung, das Sein vor allem Werden, die unaussprechliche Potenz allen Lichts.

Daraus ergießt sich in der zweiten Sphäre der Tierkreis – der große Zodiak –, in dem *Chokmah*, die Weisheit, strahlt. Ihr Licht wird durch *Jophiel* getragen, den Engel der Offenbarung. Hier beginnt das Ausstrahlen, das Differenzieren, das schöpferische Wort, das durch Himmel zieht.

Die dritte Sphäre steht unter dem Zeichen des Saturn: *Binah*, die Einsicht, formt das erste Gefäß. *Cassiel*, ihr Erzengel, wacht mit ernster Würde über Struktur, Grenze und das Verstehen der göttlichen Ordnung. Es ist das Reich des Maßes, des Gerichts, des Verdichtens.

In der vierten Sphäre öffnet sich das weite, segnende Reich des Jupiter. *Chesed*, die Gnade, breitet sich aus, genährt vom milden Glanz des Erzengels *Sachiel*. Hier herrschen Großmut, Gesetz, geistige Herrschaft – Ordnung in Fülle.

Dem gegenüber steht die fünfte Sphäre unter dem Zeichen des Mars: *Geburah*, die heilige Stärke, brennt wie ein reinigendes Feuer. *Sammael*, der streitbare Erzengel, verkörpert Urteil, Kraft und Läuterung. Hier wird getrennt, was nicht zusammengehört – durch das Schwert der Wahrheit.

Im Zentrum des Ganzen ruht die sechste Sphäre, die Sonne. In *Tiphareth* begegnen sich alle Ströme in Harmonie. *Michael*, Fürst des Lichts, führt durch Offenbarung, durch Wahrheit, durch das leuchtende Königtum der Seele. Hier wird das Göttliche sichtbar – nicht im Himmel, sondern im Herzen.

Die siebte Sphäre wird von Venus durchzogen: *Netzach*, der Sieg, lebt in Ausstrahlung, Liebe, Kunst und Beständigkeit. *Haniel*, der Engel der Anmut, führt durch Schönheit, durch Berührung, durch die Kraft des Lebens, die durch das Schöne spricht.

In der achten Sphäre, der des Merkur, erklingt *Hod*, die Pracht – nicht in Licht, sondern in Sprache, Resonanz, Gedanke. *Raphael*, der Heiler, der Mittler, offenbart sich in Wort, Zahl und Ordnung. Hier wird Licht übersetzt, Traum erklärt, Symbol erkannt.

Tief darunter, doch niemals fern, schimmert die neunte Sphäre im wechselnden Licht des Mondes. *Jesod*, das Fundament, empfängt alle vorhergehenden Kräfte. *Gabriel*, Bote der Geburt, bewahrt sie, gebiert sie, spiegelt sie. Hier, im Leisen, im Inneren, im Traum, wird das Geistige zur Welt.

Diese Ordnung ist keine bloße Theorie, kein Schema toter Begriffe. Sie ist ein *Opus Magnum* – der Bauplan eines lebendigen Tempels, den der Magier nicht von außen betrachtet, sondern betritt, erfährt und durchschreitet. Stufe um Stufe, Licht um Licht, Spiegel um Spiegel. Wer diesen Weg geht, errichtet den Tempel nicht im Stein – sondern im eigenen Herzen.

b. Der Kreis als Schöpfung im Kleinen

Indem die heiligen Namen im Kreis angeordnet werden, erschafft der Praktizierende **ein mikrokosmisches Universum**, ein **resonantes Abbild des Alls**, das – wenn es rituell aktiviert wird – **kraftvoll antwortet.**

Diese Struktur wirkt:

- **horizontal** – als Ordnung der Elemente, Kräfte, Planeten, Bewegungen,

- **vertikal** – als Aufstieg und Abstieg zwischen Geist und Materie,

- **zentral** – im Mittelpunkt, wo sich alle Ströme kreuzen: im *geheiligten Selbst.*

Dort steht der Magier nicht als Beherrscher –
sondern **als Mittler.** Er verkörpert die Ordnung, er
trägt das Licht, er ruft die Namen **nicht zur Kontrolle**,
sondern **zur Erkenntnis.**

c. Anwendung in der Praxis

In der praktischen Kabbala und der zeremoniellen
Magie wird der Kreis mit den neun Gruppen oft in
Form eines:

- **neunstufigen Rades,**

- **neunzackigen Sternes,**

- **drei konzentrische Ringe mit 3-3-3 Einteilun-
gen** dargestellt.

Jede dieser Formen erlaubt es, *eine bestimmte
Ordnung der Kräfte* sichtbar und wirksam zu machen.

Der Name, das Symbol, der Engel, die Sphäre – alles
wirkt gemeinsam, wenn es **bewusst ausgesprochen,
bewegt, kontempliert und geehrt** wird.

> *Denn nicht das Wissen allein öffnet den
> Kreis – sondern das lebendige Hinein-
> treten in die Ordnung.*

d. Der Kreis als Spiegel des Menschen

Im tiefsten Verständnis ist der magische Kreis mit seinen neun Sphären auch **ein Spiegel des Menschen selbst**:

- Kether – **Geist**

- Chokmah – **Inspiration**

- Binah – **Verständnis**

- Chesed – **Herzöffnung**

- Geburah – **Klarheit und Wille**

- Tiphareth – **Selbst im Licht**

- Netzach – **Liebe und Hingabe**

- Hod – **Verstand und Sprache**

- Jesod – **Seele, Traum, Zeugung**

Der Kreis umgibt nicht den Magier – der Magier ist der Kreis.

Wenn der Name Gottes ausgesprochen wird, spricht **Gott durch ihn**.

Wenn der Erzengel erscheint, *ist er nicht außen*, sondern *in der Klarheit des rituellen Bildes geboren.*

Die neun Gruppen heiliger Namen im magischen Kreis bilden eine **Landkarte des geistigen Kosmos**, eine **Choreographie der Ordnung**, eine **Einladung zur Rückkehr ins Licht.**

Sie führen von der Unendlichkeit des reinen Seins hinab zur stofflichen Welt – und weisen zugleich **den Weg zurück**, hinauf zur Einheit mit dem Göttlichen.

Wer diesen Kreis betritt, betritt nicht bloß ein Ritual – er betritt sich selbst. Denn alle Namen, alle Engel, alle Sphären sind Spiegel des Einen – und das Eine ist in Dir.

Beschreibung des Rituals

1) *Beschreibung des Rituals – Der Rahmen der geistigen Operation*

Der sogenannte *Kleinere Schlüssel Salomons* (*Clavicula Salomonis Regis*), eines der bedeutendsten Grimoires der westlichen Magie, beschreibt detailliert die Praxis der Geisterbeschwörung unter Verwendung zweier zentraler ritueller Werkzeuge: des **magischen Kreises** und des **magischen Dreiecks der Erscheinung**. Beide Formen dienen nicht bloß der Sicherheit, sondern vor allem der **Strukturierung des geistigen Raumes**, der durch das Ritual betreten und geordnet wird.

Während der **Kreis** den Ort der Reinheit, des Schutzes und der göttlichen Autorität markiert – also *den Raum des Magiers* –, ist das **Dreieck** der Bereich, in dem der Geist *sichtbar werden soll*. Es symbolisiert **Begrenzung, Manifestation und Fesselung durch Form**. Der Geist wird dabei **nicht unterworfen**, sondern **gerufen, gebunden und angesprochen** – unter Wahrung der himmlischen Ordnung und im Namen Gottes.

Neben diesen geometrischen Anordnungen werden im Text eine Reihe **magischer Werkzeuge** beschrieben, die je nach Operation individuell eingesetzt werden. Dazu gehören unter anderem:

- das **magische Schwert** oder der Dolch (zur symbolischen Trennung von Kräften),

- der **Stab** (als Instrument des Willens),

- das **Pentakel** (zum Schutz),

- das **Rauchfass** und **Räucherwerk** (zur Reinigung und als geistige Nahrung),

- die **magische Lampe** oder Kerzen (zur Aktivierung des Raumes durch Licht),

- sowie spezifische **Tücher, Gewänder und Siegel**.

Die rituelle Arbeit folgt einem in der magischen Tradition fest etablierten Ablauf, der sowohl im *Kleineren Schlüssel Salomons* als auch – mit abgewandeltem Schwerpunkt – im Grimoire *Abramelin* überliefert ist. Es handelt sich um **geistige Operationen**, deren Ziel es ist, mit einer **unsichtbaren Intelligenz** in **geordnete Verbindung** zu treten – unter dem Schutz und in der Autorität des göttlichen Namens.

a. Ablauf gemäß dem Kleineren Schlüssel Salomons:

1. **Einrichtung des Raumes**

   - Der Kreis wird gezeichnet oder mit Seilen ausgelegt, das Dreieck aufgestellt, Werkzeuge vorbereitet. Die Himmelsrichtungen werden berücksichtigt.

2. **Rituelle Waschung**

   - Der Praktizierende reinigt sich körperlich, oft mit Wasser und Salz. Dies symbolisiert Reinigung des Leibes, aber auch der inneren Absicht.

3. **Rituelle Einkleidung**

- Gewänder, Gürtel, Kopfbedeckung werden angelegt. Die Kleidung zeigt: *Der Mensch tritt aus dem Alltag heraus in den heiligen Raum.*

4. **Gebet**

- Anrufung Gottes, Engel oder des göttlichen Namens. Oft Psalmverse, liturgische Abschnitte oder das „Vaterunser".

5. **Beschwörung des Geistes**

- Unter Verwendung der im Grimoire genannten Worte wird der Geist gerufen, unter Anrufung göttlicher Autorität.

6. **Anrede an den Geist**

- Der Praktizierende wendet sich direkt an das erscheinende Wesen. Dabei ist Respekt mit fester Haltung verbunden.

7. **Begrüßung des Geistes**

- Sobald der Geist sich zeigt (innerlich oder äußerlich), wird er durch Name und Rang erkannt und entsprechend begrüßt.

8. Wünsche und Bitten

- Der Zweck des Rufes wird vorgetragen: Erkenntnis, Beistand, Information, Schutz, u.a.

9. Entlassung des Geistes

- Der Geist wird entlassen, meist unter Verwendung eines spezifischen Abschlussbefehls. Die Ordnung wird wiederhergestellt.

b. Ablauf nach dem Grimoire Abramelin:

1. Anfertigung des magischen Kreises

- Im Unterschied zu Salomon steht hier das Kreismachen stärker im Vordergrund als geheiligter Schutz.

2. Überprüfung der Auswahl des Geistes

- Hier wird geprüft, ob der Geist zum gewünschten Ziel passt – eine ethische und geistige Einordnung.

3. **Vorbereitung der Seele**

   - Meditative Einkehr, Reue, Gebet, Sammlung. Ohne innere Klarheit ist keine echte Verbindung möglich.

4. **Gebete: Vaterunser, Ave Maria, Credo**

   - Der Ruf geschieht *aus der Mitte des Glaubens heraus*, nicht als „Zauber".

5. **Beschwörung des Geistes**

   - Mit geweihten Worten, unter Anrufung göttlicher Autorität.

6. **Wünsche und Bitten**

   - Der Zweck der Evokation wird genannt – nicht eigennützig, sondern in Klarheit und Demut.

7. **Entlassung**

   - Auch hier: kein Befehlston, sondern rituelle Ordnung. Der Geist wird in Frieden entlassen.

c. Ort des Rituals

Es hat sich als sinnvoll erwiesen, magische Operationen in einem **Logentempel** durchzuführen – insbesondere wenn dieser **rituell geweiht, geo-**

metrisch ausgerichtet und **schwingungsmäßig ge-reinigt** ist.

Allerdings wird dringend davon abgeraten, solche Operationen in einem **Meister-Tempel** durchzuführen. Dieser ist – sowohl strukturell als auch geistig – auf andere Energien ausgelegt, insbesondere solche, die **Initiation, Licht und ethische Entwicklung** betreffen.

Für Arbeiten mit Geistern, insbesondere bei Operationen mit Nähe zur **Nekromantie** (Geister Verstorbener), ist ein separater, klar definierter Ort vorzuziehen. Die Verbindung von nekromantischer Arbeit mit freimaurerischer Lichtarbeit wird als **unrein** und **gefährlich** angesehen – *nicht nur rituell, sondern auch seelisch.*

2) *Die innere Vorbereitung des Operateurs – Geistige Haltung, Reinigung und rituelle Würde*

Die äußere Form des Rituals – so exakt und vollständig sie auch sein mag – bleibt **wirkungslos**, wenn sie nicht durch eine entsprechende **innere Vorbereitung** getragen wird. Diese Wahrheit wird von nahezu allen bedeutenden Autoren der westlichen magischen Tradition betont, sei es Agrippa, Paracelsus, Franz Bardon oder auch der unbekannte Autor des *Abramelin-Grimoires*.

In der Praxis der salomonischen Magie ist der Magier nicht bloß ein technischer Vollzieher der Zeremonie, sondern ein **Werkzeug des göttlichen Willens** – und als solches muss er **innerlich gereinigt, ethisch geläutert und geistig ausgerichtet** sein.

a. Geistige Vorbereitung – Sammlung, Absicht, Demut

Jede magische Operation beginnt **nicht im Kreis**, sondern **im Herzen**. Die innere Vorbereitung des Operateurs besteht aus mehreren Stufen:

- **Sammlung der Gedanken**: Die Zerstreutheit des Alltags, begierliche Wünsche, unklare Motive – all das muss **bewusst abgelegt** werden. Dies geschieht durch Meditation, Schweigen, Rückzug.

- **Reinigung der Absicht**: Der Wille zur Macht, der Wunsch nach Kontrolle oder Einfluss, jeder Eigennutz führen zur Verunreinigung der geistigen Bahn. Nur eine **dienende Haltung** – das Streben nach Erkenntnis, Ordnung, Heilung – trägt Früchte.

- **Demut vor dem Mysterium**: Der Geist, den man ruft, ist kein Untertan. Er ist eine **Realität aus einer anderen Ordnung**. Wer ihm begegnet, *muss wissen, wer er selbst ist*

– begrenzt, fehlbar, aber ausgerichtet auf das Licht.

Nur wer selbst geordnet ist, kann Ordnung rufen. Nur wer selbst leuchtet, kann Licht berühren.

b. Rituelle Waschung – die äußere Reinigung als Spiegel der inneren

Die rituelle Waschung ist mehr als Hygiene – sie ist eine **symbolische Wiedergeburt**. In ihr vollzieht der Magier:

- den **Abwurf des Alltäglichen,**

- die **Reinigung von Begierde und Irrtum,**

- die **Öffnung für das Geistige.**

Wasser, oft vermischt mit Salz (Symbol der Bewahrung), dient der **Entladung negativer Einflüsse.** Manche Traditionen verwenden Rosenwasser, Weihwasser oder spezifisch geweihte Substanzen.

Die Waschung geschieht in Stille – *denn der Körper ist nicht nur Tempel, sondern auch Tor.*

c. Rituelle Einkleidung – der neue Mensch im Lichtgewand

Die Kleidung des Operateurs unterscheidet sich bewusst von profaner Bekleidung. Sie besteht oft aus:

- einem **weißen Gewand** (Reinheit),

- einem **Gürtel** oder **Zugband** (Zentrierung des Willens),

- einem **Kopftuch** oder einer **Haube** (Bedeckung des Hauptes vor dem Mysterium),

- gegebenenfalls einem **Schurz** (Schutz und Dienst).

Diese Kleidung wird **nicht aus ästhetischen Gründen** getragen, sondern stellt eine **rituelle Haut** dar – ein *neues Selbst*, das sich **im heiligen Raum zeigt.** Wer sie anlegt, tritt aus der Welt heraus – *nicht um ihr zu entfliehen, sondern um sie aus geistiger Klarheit zu durchdringen.*

> *Der Mensch, der beschwört, ist nicht*
> *mehr die Person des Alltags – sondern*
> *der Träger eines heiligen Amtes.*

d. Die Vorbereitung der Seele im Grimoire Abramelin

Das Grimoire *Abramelin* legt noch größeren Wert auf die **innere Vorbereitung** als auf die äußere Form. In dieser Tradition wird der Magier angehalten:

- sich über Wochen oder gar Monate **der Welt zu entziehen**,

- täglich zu **beten, zu meditieren, zu beichten,**

- das Ziel seiner Operation **immer wieder zu hinterfragen.**

Besonders betont wird die Notwendigkeit, den **Heiligen Schutzengel** zu erkennen – das **wahre Höhere Selbst**, die **individuelle göttliche Essenz**, die den Kontakt mit Geistern erst möglich macht.

In dieser Sichtweise ist der Erfolg des Rituals **nicht das Erscheinen eines Wesens**, sondern **die Stärkung und Ausrichtung des eigenen Geistes im göttlichen Licht.**

e. Zusammenfassung

Die innere Vorbereitung ist das **entscheidende Fundament** jeder magischen Handlung. Ohne sie wird die Zeremonie leer, gefährlich, mechanisch – ein Schatten ohne Licht.

> *Denn der Kreis schützt nicht gegen Geister – er schützt den Geist vor sich selbst.*
> *Und nur der Reine kann im Reinen erkennen.*

3) *Ansprache, Kontaktaufnahme und Kommunikation mit dem Geist*

Wenn der rituelle Raum bereitet, die Seele geläutert und der Kreis geweiht ist, folgt der **entscheidende Schritt jeder magischen Operation**: die **Kontaktaufnahme mit dem Geist**. Dieser Akt ist kein theatralisches Schauspiel, sondern ein **subtiles geistiges Geschehen**, das sowohl innere als auch äußere Wirklichkeit berührt.

Es ist ein Fehler zu glauben, der Geist erscheine notwendigerweise in sichtbarer Gestalt. Die Manifestation kann – je nach Art, Rang und Sphäre des Wesens – auf verschiedenen Ebenen erfolgen:

- als **intuitive Gewissheit**,

- als **auditive oder visuelle Wahrnehmung**,

- als **plötzlicher Gedanke**,

- als **veränderte Raumqualität**,

- oder – in selteneren Fällen – als **sichtbare Erscheinung im Dreieck**.

Entscheidend ist nicht die Form der Manifestation, sondern **ihre Echtheit, Klarheit und geistige Ordnung**.

a. Die Beschwörung – Ruf im Namen Gottes

Die Beschwörung ist der **Anruf des Wesens unter Autorität**. Dies geschieht niemals aus dem eigenen Willen heraus, sondern **im Namen des höchsten Prinzips**, durch einen oder mehrere **göttliche Namen**.

Typischerweise wird der Geist:

- **bei seinem wahren Namen angerufen**,

- **unter Anrufung des Tetragrammatons**,

- **unter Berufung auf die Engelsordnungen, Planetenkräfte oder heiligen Siegel.**

> *„Ich beschwöre dich, o [Name des Geistes], durch den Namen El Shaddai, durch Adonai, durch Jehovah Zebaoth, durch das Licht der heiligen Engel, dass du erscheinst – in Frieden und ohne Falsch.“*

Dabei ist zu beachten: Die Beschwörung ist **kein Befehl** im profanen Sinne – sondern ein **sakrales Rufen**, ein **Öffnen der Schwelle**. Sie wird mit klarer Stimme, im Ernst und **mit innerer Sammlung** gesprochen – oft mehrfach, je nach Tradition bis zu drei oder sieben Mal.

b. Anrede an den Geist – Geistige Beziehung auf Augenhöhe

Sobald die Präsenz des Wesens spürbar oder sichtbar geworden ist, richtet sich der Operateur **direkt an das Wesen**. Dies geschieht **im Respekt, aber ohne Unterwürfigkeit**. Der Geist ist kein Gott – aber auch kein Dämon im volkstümlichen Sinne. Er ist **eine Intelligenz**, ein **Wesen mit Wille, Ordnung, Charakter und Aufgabe**.

Die Anrede benennt:

- **den Namen des Geistes**,

- **den Grund seines Erscheinens**,

- **den Rahmen der Begegnung** (*„Ich rufe dich nicht zu meinem Nutzen, sondern im Namen der höheren Ordnung."*)

Hier wird oft eine **formale Begrüßung** gesprochen – manchmal nach einem festgelegten Text, manchmal aus dem Moment heraus.

Beispiel:

> *„Ich grüße dich, o [Name des Wesens], Werkzeug des göttlichen Willens. Im Licht und unter der Ordnung trete ich dir entgegen. Offenbare mir, was mir zum*

*Heile dient, und verhülle, was ich nicht
zu tragen vermag.“*

c. Die Wünsche und Bitten – ausgerichtet, klar, begrenzt

Wenn das Wesen anerkannt ist, beginnt der Teil der **Anfrage oder Bitte**. In salomonischer Tradition ist dies **kein Handel**, sondern ein **Begehren innerhalb der Ordnung**. Nur wer sich selbst geprüft hat, wird wissen, **was er zu fragen hat – und was nicht.**

Mögliche Anliegen:

- geistige Erkenntnis,

- Hinweise auf verborgene Zusammenhänge,

- Heilung, Schutz, Reinigung,

- Unterstützung in einem Werk,

- Klärung einer Vision oder eines Symbols.

Dabei gilt: Je klarer die Bitte, desto eindeutiger die Antwort. Vage Wünsche erzeugen vage Reaktionen. Zu große Bitten gefährden die Ordnung.

Es ist ratsam, jedes Anliegen mit einem **Gebet einzuleiten und abzuschließen** – so wird deutlich, dass der Mensch *nicht als Herr*, sondern als *Diener der Ordnung* spricht.

„Wenn dein Wille im Einklang mit dem Licht ist, so mögest du dieses Werk begleiten. Nicht mein, sondern des Ewigen Wille geschehe."

d. Zeichen der Echtheit – Prüfung der Erscheinung

Nicht jedes Wesen, das erscheint, ist **das gerufene**. Daher wird in vielen Traditionen empfohlen, den Geist:

- **nach seinem wahren Namen zu fragen,**

- **ein bestimmtes Zeichen zeigen zu lassen,**

- **eine Formel oder Antwort zu geben**, die nur ein wahrer Geist kennt.

Das *Clavicula Salomonis* betont, dass **jede Erscheinung geprüft werden muss** – nicht aus Misstrauen, sondern aus Sorgfalt. Die geistige Welt ist weit – und nicht jedes Wesen trägt das Licht.

Denn wo Licht gerufen wird, da nähert sich auch der Schatten. Und wer fragt, muss unterscheiden können.

4) *Die rituelle Entlassung des Geistes –*
Wiederherstellung der Ordnung und Schließung
des Kreises

Der rituelle Höhepunkt jeder geistigen Operation ist **nicht die Erscheinung des Wesens**, sondern die **ordnungsgemäße Entlassung desselben**. Denn magisches Wirken bedeutet nicht bloß, ein Tor zu öffnen – sondern vor allem, es **mit Klarheit und Verantwortung wieder zu schließen**.

Nur wer diesen letzten Schritt **vollständig, bewusst und würdig** vollzieht, darf sich als wirkender Magier bezeichnen. In vielen überlieferten Systemen – von den salomonischen Grimoiren über das Abramelin-Ritual bis zur modernen hermetischen Magie – wird darauf besonders Nachdruck gelegt.

a. Der Abschluss des Gespräches – Zeichen des Endes

Wenn alle Bitten ausgesprochen, alle Visionen empfangen und der Geist sich erkennbar gezeigt hat, wird die Kommunikation **rituell beendet**. Dazu dienen meist:

- eine **formelhafte Dankesrede**,

- ein **Segensspruch**,

- die **Ermahnung zur Rückkehr in Frieden**,

- ein Hinweis auf den **Willen Gottes als letzte Instanz**.

Beispiel einer Abschlussformel:

> *„Ich danke dir, [Name des Wesens], für deine Offenbarung. Kehre nun zurück an deinen Ort, unter dem Schutz und dem Gesetz des Ewigen. Friede sei mit dir – im Namen des Einen, der alle Ordnung trägt."*

b. Die Entlassung – ein Akt der Autorität in Demut

Die Entlassung ist **kein Befehl im Zorn**, sondern ein **klarer Vollzug im Namen der göttlichen Ordnung**. Sie geschieht durch:

- **das Zeichen des Kreuzes,**

- **den gesprochenen göttlichen Namen,**

- **gegebenenfalls eine abschließende Beschwörungsformel,**

- **Verwendung eines Werkzeugs (z. B. des Schwertes)**, das den Kontakt abschneidet.

Ein typisches Beispiel aus der salomonischen Tradition lautet:

„Im Namen Jehovah, Elohim, El Shaddai, beschwöre ich dich, [Name des Geistes], dich nun hinwegzubegeben, in Frieden, nach deinem Ort. Kehre zurück, und erscheine nicht wieder, es sei denn, ich rufe dich erneut im Namen des Allerhöchsten. Amen.“

Diese Worte müssen **mit Würde, Sammlung und Klarheit** gesprochen werden – ohne Angst, aber auch ohne Überheblichkeit. Wer sie spricht, steht **nicht als Mensch**, sondern als **Werkzeug der höheren Ordnung**.

c. Reinigung und Danksagung – Wiederherstellung der Balance

Nach der Entlassung folgt die **symbolische Reinigung des Raumes**. Dazu gehört:

- das **Verlöschen der Kerzen** oder das **Ausschwingen des Lichtes**,

- das **Wegnehmen des Dreiecks**,

- das **Reinigen mit Rauchwerk** (z. B. Myrrhe oder Lorbeer),

- das **Sprechen eines Dankgebets an Gott** oder den **Heiligen Schutzengel**.

Ziel ist es, den Raum wieder in den **Zustand der stillen Heiligkeit** zurückzuführen, in dem keine Kraft mehr „wirkt", sondern nur noch **gegenwärtig ist**.

Beispielhafte Gebetsformel:

> *„Gepriesen sei der Herr des Himmels, der mich getragen hat durch das Tor, und bewahrt hat im Licht. Ich lege nun ab das Amt des Rufenden und kehre zurück in Demut. Möge Frieden sein in allen Welten. Amen."*

d. Schließung des Kreises – Aufhebung der rituellen Form

Der letzte Schritt ist die **bewusste Auflösung des Kreises**, das **Zurücknehmen der Form**, die *dem Werk Raum gab*. Dies geschieht durch:

- ein gesprochenes Wort, z. B.:

  > *„Der Kreis ist geschlossen im Licht, die Ordnung ist wieder-hergestellt."*

- das **Zeremoniell des Rückzugs**: Entkleidung, Aufbewahrung der Werkzeuge, Stille.

In manchen Traditionen wird zusätzlich eine **kleine Segnung des Operateurs** vorgenommen — etwa durch Anhauchen mit duftendem Öl, ein leises

Zeichen des Kreuzes über dem Herzen oder das Sprechen eines Psalms.

e. Warnung vor Unvollständigkeit

Die Gefahr liegt **nicht im Ruf**, sondern im **Nicht-Vollzug der Entlassung**. Ein nicht korrekt entlassener Geist kann zu:

- seelischer Unruhe,

- körperlicher Erschöpfung,

- Trugvisionen oder

- andauernder Störung des Raumes führen.

Daher betont jede ernsthafte Schule: **Niemals abbrechen, ohne zu schließen.**

> *Denn der Kreis ist heilig – und was darin geschieht, geschieht im Namen Gottes. Und was im Namen Gottes beginnt, muss auch in seinem Frieden enden.*

Das magische Dreieck

1) *Form, Bedeutung und Ursprung*

In der klassischen salomonischen Magie, wie sie insbesondere im *Lemegeton (Clavicula Salomonis)* – dem sogenannten *Kleineren Schlüssel Salomons* – überliefert ist, wird neben dem Schutzkreis ein weiteres zentrales Element verwendet: **das magische Dreieck der Manifestation**.

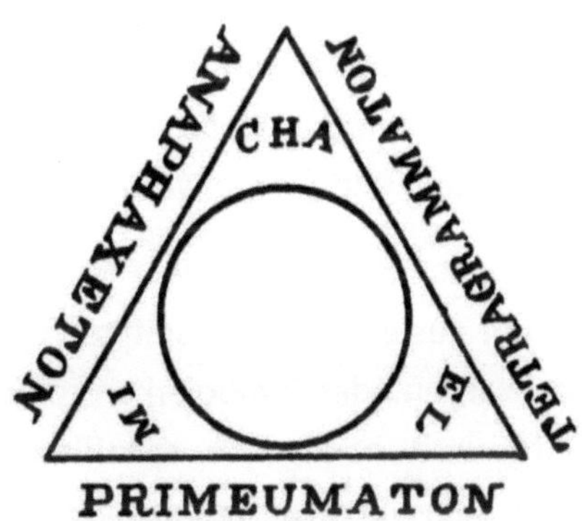

Während der **magische Kreis** den Ort der Reinheit, Ordnung und göttlichen Autorität markiert, in dem der Magier steht, dient das **magische Dreieck** der **Erscheinung des gerufenen Geistes**. Es wird **außerhalb des Kreises** angebracht, meist **im Osten oder Südosten**, in der Nähe der äußeren Begrenzung, jedoch niemals innerhalb des geweihten Kreises selbst.

Das Dreieck erfüllt drei Aufgaben:

1. **Räumliche Begrenzung**: Es schließt den Ort, an dem die geistige Präsenz erscheinen soll, rituell ein.

2. **Fesselung durch Form**: Die dreifache Gestalt des Dreiecks hat bindende Kraft – sie entspricht der Ordnung der Dreiheit in der göttlichen Struktur (z. B. Vater–Sohn–Geist, Geist–Seele–Körper, Wille–Gedanke–Wort).

3. **Zentrierung der Manifestation**: Das Dreieck dient als *Brennpunkt des Willens*, *Ort der Verdichtung* und *Spiegel göttlicher Ordnung*.

Das traditionelle salomonische Manifestationsdreieck besteht aus einem gleichseitigen Dreieck mit drei heiligen Namen oder Symbolen an seinen Ecken. In der Mitte wird häufig ein **spezifischer Name Gottes oder ein Erzengelname** geschrieben – abhängig von der geistigen Ordnung, aus der der gerufene Geist stammt.

In einer überlieferten Form ist in der Mitte des magischen Dreiecks der **Name „Michael"** eingetragen – der Name jenes mächtigen Erzengels, der nach biblischer Überlieferung **den Widersacher, den Drachen, besiegt** hat.

Diese Namensgebung ist nicht zufällig, sondern trägt **tiefe symbolische und geistige Bedeutung**:

- Michael steht als **Hüter des Lichtes**,

- als **Sieger über das Chaos**,

- als **Garantie für die Reinheit des Rufes**.

Die Inschrift dieses Namens im Dreieck stellt sicher, dass **nur jene Geister erscheinen**, die sich der Ordnung unterwerfen, die **nicht in Widerspruch zur göttlichen Sphäre stehen**, und dass *jeder betrügerische Einfluss erkannt und gebannt* wird.

In der Offenbarung des Johannes (Kapitel 12, Verse 7–9) heißt es:

> *„Und es entbrannte ein Kampf im Himmel: Michael und seine Engel kämpften gegen den Drachen. Und der Drache kämpfte und seine Engel, und sie siegten nicht, und ihre Stätte wurde nicht mehr gefunden im Himmel. Und es wurde hinausgeworfen der große Drache, die alte Schlange, die da heißt: Teufel und Satan, der die ganze Welt verführt."*

Diese Szene ist nicht nur Vision – sie ist **Archetyp der geistigen Ordnung**. Wer in der Magie ruft, **steht**

mitten in diesem Bild: auf der einen Seite die göttliche Ordnung, auf der anderen das Chaos – und zwischen beiden das **Wort, das trennt und bewahrt.**

Das Dreieck ist **nicht Ort der Strafe**, sondern **Ort der Offenbarung unter Ordnung.** Und mit dem Namen Michael ist es **durchleuchtet vom Licht des Schutzes**, das *alles Fremde ausbrennt* und *nur das Wahre zulässt.*

2) *Der Name Michael im magischen Dreieck – Symbol und Siegel der Ordnung*

Der im Zentrum des magischen Dreiecks eingeschriebene Name **Michael** ist von entscheidender Bedeutung – nicht nur als Schutz, sondern als **symbolisches und geistiges Siegel**. Denn der Erzengel Michael ist nicht irgendein Engel unter vielen – er ist der **Bannerträger der göttlichen Ordnung**, der **Streiter des Lichts**, der **Vollzieher der Trennung zwischen Licht und Finsternis.**

In der biblisch-mystischen Überlieferung ist Michael *der höchste Kriegsengel*, der *nicht aus Hass kämpft, sondern aus Gerechtigkeit*, nicht im Namen des eigenen Willens, sondern **im Auftrag der höchsten Ordnung**.

In der Vision der **Apokalypse** ist sein Kampf gegen den Drachen – Satan – der **archetypische Akt**

geistiger Reinigung. In ihm liegt das Bild aller magischen Operationen:

- **Ein Ruf geschieht**: Der Geist erscheint.

- **Ein Kampf beginnt**: Wahrheit gegen Täuschung, Licht gegen Schatten.

- **Eine Entscheidung fällt**: Erkenntnis, Läuterung, Bindung oder Bann.

a. Michael als Siegel gegen das Chaotische

Der Name **Michael** bedeutet auf Hebräisch: *„Mi-cha-El?"* – *„Wer ist wie Gott?"*
Es ist eine **Frage, keine Behauptung** – eine Mahnung an jeden Geist, der erscheint:

Bist du von Gott? Oder gegen ihn?

Durch diesen Namen wird der Dreiecksort zu **einer gerichteten Zone der Wahrheit**. Kein Wesen kann sich lange in seiner Gegenwart verstellen. Der Name Michael:

- **klärt** die Qualität der Erscheinung,

- **filtert** den geistigen Strom,

- **erinnert** den Operateur an seine eigene geistige Haltung.

Wer den Namen „Michael" ins Zentrum des Dreiecks schreibt, **ruft nicht bloß eine Kraft**, sondern **beruft sich auf das Lichtgericht**, das *über allem steht*. Damit steht er **nicht allein im Angesicht des Geistes**, sondern *im Schutz eines himmlischen Gesetzes*.

b. Michael und die Ordnung des Feuers

Michael wird in den magischen Korrespondenzen dem **Element Feuer**, der **Himmelsrichtung Osten** und der **Sonne** zugeordnet. In dieser symbolischen Verbindung erscheint er als:

- **Hüter des Tagesanbruchs**,

- **Träger der ersten Flamme**,

- **Sieger im Licht des Morgens**.

Wenn der Magier das Dreieck im Osten aufstellt, mit dem Namen Michael darin, steht er **am Tor der geistigen Wiedergeburt** – dort, wo das Dunkle entweicht und das Licht eintritt.

In der Praxis bedeutet das:

- *Der Geist wird nicht in Finsternis, sondern im Licht gerufen.*

- *Die Erscheinung steht nicht im Chaos, sondern unter dem Siegel des Feuers.*

• Die Begegnung geschieht nicht auf gleicher Ebene, sondern im Zeichen der göttlichen Ordnung.

Wer Michael schreibt, ruft nicht nur – er richtet aus.
Nicht auf sich selbst – sondern auf das Maß des Ewigen.

3) *Das magische Dreieck in der rituellen Praxis – Anwendung, Wirkung und geistiger Vollzug*

Die konkrete Verwendung des magischen Dreiecks innerhalb der salomonischen Magie folgt festen Regeln, deren **symbolischer Gehalt ebenso bedeutsam ist wie ihre äußere Form**. Das Dreieck dient – wie bereits dargestellt – der **Zentrierung der geistigen Erscheinung**, doch ist es weit mehr als ein bloßes Hilfsmittel: Es ist ein **brennender Punkt der Manifestation**, in dem sich **Wille, Wort und Ordnung** bündeln.

a. Platzierung und Aufbau des Dreiecks

In der traditionellen Praxis wird das magische Dreieck:

- **außerhalb des Kreises,**

- meist **im Osten oder Südosten,**

- im Abstand von ein bis zwei Schritten vom Kreiszentrum entfernt,

- und **in exakter Geometrie** aufgebaut.

Die Ecken des gleichseitigen Dreiecks werden oftmals mit **heiligen Namen** oder **göttlichen Symbolen** versehen – darunter das Tetragrammaton (יהוה), der Name *Adonai*, *Eheieh*, *El*, oder Schutzzeichen wie das Hexagramm.

In die Mitte wird der Name **Michael** geschrieben oder gezeichnet – in großen, klaren Buchstaben, oft umrahmt oder mit einem leuchtenden Zeichen versehen (z. B. ein flammendes Schwert oder ein Sonnenrad).

Der Boden innerhalb des Dreiecks kann mit **Salz**, **Kreide**, **Asche**, **Räucherwerk** oder **geweihten Substanzen** markiert werden. In manchen Fällen wird eine **Schale mit Wasser**, ein **Spiegel**, ein **Kristall** oder ein **Lampe** in das Zentrum gestellt – als **sichtbarer Träger der Unsichtbaren Gegenwart**.

b. Geistige Wirkung: Verdichtung und Offenbarung

Das magische Dreieck wirkt auf mehreren Ebenen:

- **Geometrisch**: Es schließt eine Zone, in der die Erscheinung gefasst werden kann – wie eine Linse bündelt es die Kraft.

- **Symbolisch**: Es steht für die Dreiheit der Ordnung – *Wille, Weisheit, Wirkkraft* –, sowie für die drei Welten – *materiell, seelisch, geistig.*

- **Geistig**: Es erzwingt die Offenbarung – nicht im Sinne von Gewalt, sondern durch die *Unentrinnbarkeit der Form.*

Ein Wesen, das im Kreis des Dreiecks erscheint, steht **vor dem Gericht des Lichtes** – nicht weil es verurteilt wird, sondern weil es sich **nicht verbergen kann**. Die Form zwingt zur **Wahrheit**, die Namen zur **Bindung**, der Raum zur **Offenbarung**.

> *Der Geist erscheint nicht, weil er muss – sondern weil die Ordnung ihn ruft. Und diese Ordnung spricht durch das Dreieck.*

c. Praktische Anwendung im Ritual

Im rituellen Vollzug wird das Dreieck vor der Operation eingerichtet und **bei der Beschwörung direkt angesprochen**. Der Magier wendet sich **nicht**

an den leeren Raum, sondern **an das Zentrum des Dreiecks**, das **zum geistigen Spiegel** wird.

Formeln wie:

> *„Erscheine nun, [Name des Wesens], in diesem gesegneten Dreieck, unter dem Schutz des Namens Michael, auf dass du offenbar wirst, ohne Falsch, in Frieden und im Lichte Gottes"*

...sind typische Bestandteile der Anrufung. Die gesamte Kommunikation mit dem Wesen erfolgt **gerichtet zum Dreieck**, während der Magier **im Kreis bleibt**, als Träger der Ordnung.

Nach dem Ende der Operation wird das Dreieck **nicht achtlos verlassen**, sondern **rituellen gereinigt**, symbolisch verschlossen, und gegebenenfalls mit einem Segenswort wieder **dem Licht überantwortet**:

> *„Dieser Ort ist nun leer – das Werk ist getan – die Ordnung ist vollendet. Friede sei über dem Kreis, Licht über dem Dreieck."*

d. Der tiefere Sinn: Begegnung unter Ordnung

Das magische Dreieck ist nicht nur ein Werkzeug – es ist **eine Schule der Erkenntnis**. Es lehrt:

- dass nichts erscheinen kann ohne Form,

- dass keine Wahrheit sich zeigt ohne Maß,

- dass Macht nur wirkt, wo sie sich dem Licht unterwirft.

Wer das Dreieck aufrichtet, ruft nicht nur ein Wesen – er ruft auch sich selbst zur Ordnung.
Denn der Geist erscheint im Zeichen – aber das Zeichen wirkt nur im Lichte des Herzens.

Die okkulte Bedeutung des Namens

1) *Das Wort als schöpferisches Prinzip*

In der esoterischen Tradition – besonders in der praktischen Kabbala und der zeremoniellen Magie – kommt dem **Namen** eine zentrale und zutiefst wirkmächtige Bedeutung zu. Ein Name ist nicht nur eine **Bezeichnung**, sondern **Träger, Spiegel und Ausdruck eines geistigen Wesens oder einer göttlichen Kraft**.

Diese Erkenntnis wurzelt im jüdisch-christlichen Verständnis des **Wortes** – des *Logos* – als Urprinzip aller Schöpfung. Im ersten Vers des Evangeliums nach Johannes heißt es:

„Im Anfang war das Wort, und das Wort war bei Gott, und Gott war das Wort."
(Johannes 1,1)

Dieser Satz ist weit mehr als eine theologische Aussage: Er ist **eine metaphysische Formel**. Das Wort (*griechisch: λόγος*) ist nicht bloß Sprache – es ist **geistige Ordnung, schöpferische Kraft, lebendiges Prinzip**. In ihm wirkt Gott. Mehr noch: *Es ist Gott.*

Im Zentrum der jüdischen Mystik steht der **Name Gottes**, der sich Moses im brennenden Dornbusch offenbart. Im Buch Exodus lesen wir:

„Mose sprach zu Gott: Siehe, wenn ich zu den Israeliten komme und spreche zu ihnen: Der Gott eurer Väter hat mich zu euch gesandt!, und sie mir sagen werden: Wie ist sein Name?, was soll ich ihnen sagen? Gott sprach zu Mose: Ich werde sein, der ich sein werde. [...] So sollst du zu den Israeliten sagen: ‚Ich werde sein' hat mich zu euch gesandt. Und weiter sprach Gott: So sollst du sagen: Der HERR (JHWH), der Gott Abrahams, Isaaks und Jakobs, hat mich gesandt." (2. Mose 3,13–15)

Mit dieser Offenbarung tritt erstmals der **unaussprechliche Gottesname JHWH (יהוה)** in das Bewusstsein der Menschheit. Er ist **kein gewöhnlicher Name**, sondern **ein Geheimnis**: eine Chiffre für das **reine Sein**, das **transzendente Werden**, das **immer Gegenwärtige**.

Die vier hebräischen Buchstaben (Jod – He – Waw – He) enthalten nach kabbalistischer Überlieferung:

- das **Männliche und Weibliche**,

- das **Vergangene, Gegenwärtige und Zukünftige**,

- den **Geist, der spricht**, und

- die **Substanz, die wird.**

In der praktischen Magie ist daher jeder echte Name **eine Form von Gottespräsenz** – im gesprochenen wie im geschriebenen Wort. Das bedeutet:

Wo ein heiliger Name geschrieben oder gesprochen wird – da ist Gott.

Der Name als Schöpfungsimpuls

Diese Einsicht wird besonders deutlich in den Schöpfungsworten des ersten Buches Mose. Dort heißt es immer wieder:

- *„Und Gott sprach: Es werde Licht. Und es ward Licht."*

- *„Und Gott sprach: Die Erde bringe hervor... Und es geschah so."*

- *„Und Gott sprach: Lasset uns Menschen machen..."*

Die Struktur ist immer dieselbe:

Gott spricht → die Welt wird.

Das heißt: **Das Wort ist nicht Folge, sondern Ursprung.** Der Name ist **Träger des göttlichen Willens.** Was ausgesprochen wird im Namen Gottes, ist **wirksam in der Welt.**

Für die praktische Kabbala heißt das: Wer einen **echten Namen Gottes oder seiner Kräfte spricht,** **wirkt mit** am göttlichen Strom. Wer einen solchen Namen **in ein Ritual einfügt,** verwebt **geistige Kraft in die Ordnung der Handlung.**

Diese schöpferische Kraft des Namens ist nicht nur biblisch bezeugt – sie war auch **Grundlage altägyptischer Totenmagie,** wie wir im zweiten Teil sehen werden.

2) *Der Name im altägyptischen Totenkult – Moses und das geheime Wissen Ägyptens*

In der altägyptischen Religion und Magie hatte der **Name** eine ebenso zentrale Bedeutung wie im biblischen und kabbalistischen Kontext. Doch während im jüdisch-christlichen Verständnis der Name Gottes als **Kraftform** und **Offenbarung des Seins** gilt, war im alten Ägypten der **Name des Menschen** selbst **ein integraler Bestandteil seiner Seele**, seiner *Identität im Diesseits wie im Jenseits*.

Der Mensch bestand nach altägyptischer Vorstellung aus **acht Wesensgliedern**, die gemeinsam seine Existenz formten:

1. **Ka** – die Lebenskraft, die das physische Dasein ermöglicht

2. **Ba** – der Seelenvogel, die Persönlichkeit, die das Reich der Götter besuchen konnte

3. **Ach** – der verherrlichte Totengeist, das erleuchtete Selbst nach der Transformation

4. **Schut** – der Schatten, der unlöslich mit der Person verbunden ist

5. **Chet** – der lebendige Körper

6. **Sah** – der mumifizierte, tote Körper

7. **Ib** – das Herz, Sitz des Bewusstseins und moralischen Gewichts

8. **Ren – der Name**, der unsterbliche Klang des Wesens

Der **Ren** war dabei **nicht bloß ein Etikett**, sondern ein **heiliger Bestandteil der Seele**. Ohne ihn war der Verstorbene **namenlos, vergessen, ausgelöscht** – er konnte *nicht angesprochen, nicht gerufen, nicht erkannt* werden.

In den **Totentexten**, besonders im „Buch vom Auszug bei Tag" (auch bekannt als *Totenbuch*), heißt es mehrfach, dass der Name **gegen das Vergessen bewahrt** werden müsse. Auf Särgen, Gräbern, Amuletten und Papyrusrollen wurde der Name des Verstorbenen wieder und wieder eingeschrieben – um **seine Existenz zu sichern**.

Denn ohne Ren – ohne Name – keine Unsterblichkeit.

a. Magische Wirkung durch den Namen

Doch der Name war nicht nur für das Weiterleben im Jenseits notwendig – er war zugleich ein **magisches Werkzeug**, ein **Instrument der Macht**. Wer den Namen eines Wesens – sei es ein Gott, ein Dämon oder ein Mensch – **vollständig kannte**, konnte auf dieses Wesen:

- **einwirken,**

- **es rufen,**

- **es bannen,**

- oder sogar **über es herrschen**.

Darum wurden viele Namen **verhüllt, in Chiffren gesprochen** oder **durch Umschreibungen ersetzt**. Und darum war der **Geheimname des Gottes Ra** ein zentrales Mysterium der ägyptischen Magie. In einer mythologischen Überlieferung zwingt die Göttin Isis den Sonnengott Ra, ihr seinen wahren Namen zu offenbaren – um dadurch **Teil seiner göttlichen Macht zu erhalten**.

b. Moses – Schüler der ägyptischen Weisheit

Die Bibel selbst gibt in der Apostelgeschichte einen deutlichen Hinweis darauf, dass **Mose in diese Lehren eingeweiht war**:

> *„Und Mose wurde in aller Weisheit der Ägypter unterrichtet und war mächtig in Worten und Werken."*
> *(Apostelgeschichte 7,22)*

Dieser Vers zeigt, dass Moses nicht nur ein Prophet war, sondern auch ein **Meister der magischen Sprache, kundig in der Kraft des Wortes, vertraut mit den geistigen Strukturen des Namens**.

Er wusste: Ein Name ist nicht bloß Ruf – **er ist Wesen, Energie, Kraft, Bindung**. Und darum fragte er im brennenden Dornbusch nicht leichtfertig: *„Wie ist dein Name?"* – sondern in tiefstem Ernst. Denn: *Wer den Namen kennt, kennt den Ursprung.*

c. Der Name als Brücke zwischen Magie und Theologie

Die Verbindung zwischen der ägyptischen Namensmagie und der biblischen Theologie zeigt sich hier mit bemerkenswerter Klarheit. Was bei den Ägyptern als **magischer Bestandteil der Seele** galt, wird im Judentum zur **Offenbarung des Einen Gottes** – und in der Kabbala zur **Wirksphäre der göttlichen Kraft**.

Diese Erkenntnis ist für jede Form praktischer Magie – sei es salomonisch, kabbalistisch oder theurgisch – von größter Bedeutung. Denn:

> *Was gesprochen wird im Namen – ist nicht nur Klang, sondern Wirkung. Was geschrieben wird im Namen – ist nicht nur Zeichen, sondern Siegel.*

3) *Die Anwendung heiliger Namen in der Zeremonialmagie – Das Wort als Instrument geistiger Ordnung*

Die praktische Kabbala und die salomonische Magie machen sich die zuvor dargelegte Erkenntnis in systematischer Weise zunutze: Der **heilige Name** ist nicht nur Objekt der Verehrung, sondern **Werkzeug der geistigen Wirksamkeit**. In einem durch Gebet, Reinheit und Symbolik bereiteten Raum wird der Name nicht bloß gesprochen – **er wird gerufen, getragen, geformt, gezeichnet, gesiegelt**.

Ein magisches Ritual ist in diesem Verständnis kein bloßes Gebet und auch keine leere Geste, sondern ein **gerichteter geistiger Akt**, in dem der **Name** die Brücke bildet zwischen:

- dem Unsichtbaren und dem Sichtbaren,

- dem Gedanken und der Form,

- dem Willen des Magiers und der Ordnung des Göttlichen.

a. Heilige Namen als Anrufung und Bannformel

Die ältesten magischen Manuskripte – etwa die *Clavicula Salomonis*, das *Heptameron*, das *Grimorium Verum* oder das *Liber Juratus* – enthalten zahllose Formeln, in denen heilige Namen verwendet werden. Diese Namen dienen dazu:

- **einen Schutzraum zu weihen** (z. B. „Im Namen Adonai!"),

- **einen Engel oder Geist zu rufen** (z. B. „Ich beschwöre dich durch Jehovah Elohim Zebaoth..."),

- **eine Erscheinung zu binden oder zu bannen**,

- **eine geistige Wirkung zu versiegeln.**

Der *Name* ist dabei **nicht willkürlich einsetzbar**, sondern muss in **Form, Klang und Absicht** präzise verwendet werden. Ein *falsch ausgesprochener Name* kann *verwirrende oder gefährliche Wirkungen* haben, wie es in vielen Traditionen ausdrücklich gewarnt wird.

Ein echter heiliger Name ist dabei **nicht menschen-gemacht**, sondern **in sich göttlich** – er ist *eine geistige Chiffre für ein Prinzip*, nicht bloß eine Vokabel.

> *Der Name „Michael" ist nicht bloß der Name eines Engels – er ist Michael, seine Kraft, seine Funktion, seine Ordnung.*
> *Der Name „Jehovah" ist nicht nur ein*

b. Schriftlich, mündlich, geistig – Drei Wege des Namens

In der rituellen Praxis gibt es drei Hauptformen, in denen heilige Namen zur Anwendung kommen:

1. **Das gesprochene Wort**: durch laute oder tonlose Anrufung im Ritual, meist durch rhythmische Wiederholung, oft mit göttlicher Intonation (z. B. „Adonai! Adonai! Adonai!").

2. **Das geschriebene Wort**: auf Amuletten, Bannkreisen, Talismanen, Pentakeln – hier wird der Name **in Form gebunden**, oft in hebräischen Lettern oder magischen Alphabetsystemen.

3. **Das gedachte Wort**: in tiefer Versenkung, z. B. in der kabbalistischen Meditation oder in der inneren Evokation – hier wirkt der Name **als geistiges Bild**, das in der Seele des Magiers selbst zum Ort des Kontaktes wird.

Diese drei Formen entsprechen den drei Sphären der kabbalistischen Wirklichkeit:

- **Asiyah** – Welt der Handlung (geschriebener Name),

* **Yetzirah** – Welt der Formung (gesprochener Name),

* **Beriah** – Welt des Gedankens (gedachter Name).

Erst wenn der Name auf allen drei Ebenen *gleichgerichtet und bewusst* wirkt, ist seine **Kraft vollständig entfaltet**.

c. Der Name im magischen Dreieck

Wird im Dreieck, wie es etwa im salomonischen Ritual beschrieben ist, der Name **Michael** eingeschrieben, so geschieht dies nicht als bloße Dekoration. Es bedeutet:

* dass der gesamte Raum der Erscheinung **unter das Licht und das Schwert des Erzengels gestellt wird**,

* dass **nur das erscheinen darf**, was **dem Namen Michael** gemäß ist: **Lichtwesen, Wahrheitsträger, Geister des göttlichen Willens**,

* und dass alles Chaos, jede Lüge, jede Versuchung **entweder entlarvt oder abgewehrt** wird.

Das Gleiche gilt für andere Namen: Wer **„Gabriel"**, **„Raphael"**, **„Jehovah"** oder **„Ehyeh"** verwendet, *ruft nicht einen Klang, sondern eine geistige Präsenz.*

> *Der Name ist Geist — und Geist wird durch den Namen wirksam.*
> *Wer das versteht, beginnt zu sprechen mit dem Munde des Lichts.*

4) *Die mystische Lehre vom Namen – Der heilige Laut als Wesen der Schöpfung*

In der höchsten Stufe kabbalistischer Erkenntnis wird der Name nicht mehr nur als Werkzeug oder Wirkungsmittel betrachtet, sondern als **Wesen selbst**, als **verdichtete Form des Göttlichen im Klang**. Die Schöpfung, so lehrt es die jüdische Mystik, ist nicht durch Materie entstanden, sondern **durch Klang, durch Buchstaben, durch Namen**.

Der Sohar, das zentrale Werk der Kabbala, sagt:

> *„Mit den Buchstaben hat der Heilige, gelobt sei Er, Himmel und Erde geschaffen."*

Und Rabbi Isaak Luria, der große Kabbalist von Safed, formulierte es noch eindringlicher:

„Nicht das Wort ist ein Ausdruck des Gedankens – sondern der Gedanke entsteht im Wort."

a. Der Name als verdichteter göttlicher Wille

Jeder echte Name ist in dieser Sicht **ein Gefäß des Lichtes**. Er trägt:

- **die Essenz des Wesens,**

- **die Spur seiner Herkunft,**

- **die Bestimmung seines Wirkens.**

In der kabbalistischen Betrachtung hat jeder hebräische Buchstabe:

- **einen Zahlenwert (Gematria),**

- **eine Form (Graphie),**

- **einen Laut (Phonetik),**

- **und eine geistige Bedeutung (Sefirot-Zuordnung).**

Ein heiliger Name – wie יהוה (JHWH), מיכאל (Michael), oder אהיה (Ehyeh) – ist damit **nicht bloß ein Wort**, sondern **eine mehrdimensionale Matrix**, durch die das göttliche Licht sich **im Irdischen verankert**.

b. Die vier Buchstaben des Gottesnamens – ein kosmischer Bauplan

Das Tetragrammaton (יהוה) – der unaussprechliche Name Gottes – ist in der praktischen Kabbala **Schlüssel und Siegel zugleich**. Seine vier Buchstaben stehen symbolisch für:

- י **(Jod)** – der göttliche Funke, das Urprinzip, die ungeschaffene Idee

- ה **(He)** – die erste Entfaltung, der Schöpfungsraum

- ו **(Waw)** – der Verbindungskanal, der Strahl, das Lichtband

- ה **(He)** – die manifestierte Form, die Welt der Erscheinung

Dieser Name ist so heilig, dass er im jüdischen Ritus **nicht ausgesprochen**, sondern durch **„Adonai"** ersetzt wird. In der Kabbala jedoch wird er **meditiert**, **geschaut**, **geformt** – etwa in der Praxis des *Atemnamenrufes*, wo bei jeder Ein- und Ausatmung ein Lautteil mitgesprochen wird:

Einatmen: Yod – He
Ausatmen: Waw – He

So wird der Name **zum Rhythmus des Lebens**, zur **Brücke zwischen Körper und Geist**.

c. Mystische Namen – die 72 Namen Gottes

Besonders bedeutsam ist in der jüdischen Esoterik die Lehre von den **72 Namen Gottes**, abgeleitet aus den drei Versen Exodus 14,19–21, jeweils mit 72 hebräischen Buchstaben. In der *practical Kabbalah* werden daraus **72 dreibuchstabige Namen** gebildet, die **nicht sprechbar**, aber **kraftvoll kontemplierbar** sind.

Diese Namen gelten als:

- **Wegweiser zu höheren Sphären,**

- **Siegel gegen das Böse,**

- **Schlüssel zur Transformation der Seele.**

In der meditativen Praxis wird ein solcher Name **nicht als „Zauberwort" verwendet**, sondern als **geistige Gestalt**, mit der sich der Kabbalist **verbindet**, um sich dem göttlichen Ursprung **anzunähern**.

d. Der Name als innere Realität

In letzter Konsequenz erkennt die mystische Lehre:

> *Der wahre Name Gottes ist nicht außen*
> *– er ist innen.*

Wer den Namen ausspricht, tut dies **nicht, um Macht zu gewinnen**, sondern **um sich zu erinnern**. Denn:

- **Das Wort erschafft** – auch uns.

- **Der Name ruft** – auch unsere Seele.

- **Was wir benennen, wird offenbar** – auch in uns selbst.

Der Name ist der Ursprung der Form. Und in jeder echten Form lebt der unaussprechliche Name.

Die okkulte Bedeutung der Siegel

1) *Die okkulte Bedeutung der Siegel – Wesenheit in Zeichenform*

In der westlichen Esoterik, insbesondere in der **praktischen Kabbala** und der **salomonischen Magie**, nehmen **magische Siegel**, auch *Sigillen*, *Zeichen* oder *Charaktere* genannt, eine zentrale Rolle ein. Sie gelten nicht lediglich als dekorative Symbole oder esoterische Chiffren, sondern als **Träger und Ausdruck einer geistigen Realität**.

Ein magisches Siegel ist die **sichtbare Form eines unsichtbaren Prinzips** – ein Zeichen, das eine **Wesenheit nicht nur symbolisiert**, sondern **ener-**

getisch mit ihr verbunden ist. Das Siegel ist nicht nur *für* den Geist geschaffen, es ist *von ihm durchdrungen.*

a. Herkunft und Konstruktion

Magische Siegel entstehen auf zweierlei Weise:

1. **Durch kabbalistische Konstruktion**:
   Sie werden unter Anwendung der **hebräischen Buchstaben**, der **kabbalistischen Zahlenwerte (Gematria)** sowie bestimmter geometrischer Strukturen – etwa des **planetarischen Quadrates** oder des **Hexagramms** – gezeichnet. Dabei wird der Name des Wesens etwa über das Quadrat gelegt, und die Buchstaben als Linienmuster verbunden.

2. **Durch geistige Offenbarung**:
   Viele Siegel, wie jene im *Ars Goetia*, dem ersten Buch des *Lemegeton*, sollen **vom Geist selbst** übermittelt worden sein – sei es durch Vision, Intuition oder automatisches Zeichnen. Diese Formen gelten als *nicht vom Menschen konstruiert*, sondern **empfangen**.

Beide Entstehungsarten – **kalkuliert** oder **inspiriert** – haben gemeinsam, dass das Siegel **eine Verbindung herstellt**. Es wirkt als **energetischer Fokus**, als **Zu-**

griffspunkt, als **Verdichtung der geistigen Präsenz in die Welt der Formen.**

b. Ägyptische Parallelen – Die Hieroglyphe als lebendige Form

Bereits in der altägyptischen Geheimlehre galt der **geschriebene Name** nicht bloß als Etikett, sondern als **wirkliches Abbild des Wesens**. Die Hieroglyphe war mehr als ein Lautträger: Sie war **ein Kanal der göttlichen Kraft.**

Wenn der Name eines Gottes oder eines Verstorbenen in Hieroglyphen festgehalten wurde, so war das **nicht bloß Erinnerung,** sondern **Vergegenwärtigung.** Die Figur *war* das Wesen – oder stand mit ihm **energetisch untrennbar in Verbindung.**

Diese Vorstellung überträgt sich in direkter Linie auf das okkulte Siegelverständnis. Auch ein magisches Siegel:

- **ist nicht bloß symbolisch,**

- **es ist ontologisch** – es **enthält, trägt** und **verbindet.**

c. Siegel als Wesenheiten in Form

Die Kraft eines Siegels entfaltet sich durch zwei Komponenten:

- **die rituelle Aufladung,**

- **die bewusste Anrufung**.

Wird ein Siegel **magisch aktiviert**, etwa durch Salbung, Rauch, Gebet, Intonation oder Meditation, so beginnt es **zu leuchten** – nicht im materiellen, sondern im geistigen Sinne.

Hier ist die zentrale Einsicht aus dem Johannesevangelium maßgeblich:

> *„Im Anfang war das Wort – und das Wort war bei Gott – und Gott war das Wort." (Johannes 1,1)*

Wenn *Gott das Wort ist*, dann ist **der Name das Wesen**, und das Siegel – als **verformtes Wort** – ist der **Ort der Gegenwart**. Nicht nur symbolisch, sondern **real, geistig, wirksam**.

> *Ein magisch bereitetes Siegel ist die Wesenheit selbst – in Form gebannt, in Raum gerufen, in Zeit gegenwärtig.*

Diese Vorstellung ist keine poetische Übertreibung, sondern **die Basis jeder wirkenden Geistermagie**: Das Siegel ist nicht das Bild des Geistes – *es ist sein Tor*.

2) *Rituelle Nutzung des Siegels – Vorbereitung, Bindung und Anrufung*

Ein magisches Siegel ist kein statisches Symbol, sondern ein **dynamischer Vermittler zwischen Welten** – ein **Tor, das geöffnet, durchschritten und geschlossen** werden will. Damit diese Funktion erfüllt wird, muss das Siegel **rituell vorbereitet, aufgeladen und eingebunden** werden. Die Qualität und Wirkung des gesamten magischen Werkes hängt entscheidend davon ab, **wie achtsam, rein und bewusst** der Umgang mit dem Siegel erfolgt.

a. Rituelle Vorbereitung des Siegels

Bevor ein Siegel im magischen Kontext verwendet werden kann, muss es **erschaffen und geweiht** werden. Diese Phase ist nicht mechanisch, sondern **geistig durchdrungen**. Die folgenden Schritte sind grundlegend:

- **Reinzeichnung**: Das Siegel wird mit Bedacht auf reines Papier, Pergament, Metallplatte oder auf Stoff gezeichnet oder geritzt – idealerweise mit einem **magischen Instrument** (z. B. geweihtem Griffel, Dolch oder Feder). Dabei sollte kein Fehler geschehen, denn *jede Linie trägt Bedeutung*.

- **Magische Intention**: Bereits beim Zeichnen wird **die Absicht** mitgeführt – z. B. *„Dies ist das Zeichen, durch das [Name des Wesens] aufgerufen wird, im Lichte der göttlichen Ordnung.“*

- **Weihe und Salbung**: Danach folgt die energetische Weihe – durch **Rauch**, **Öl**, **Licht**, **heilige Namen**, **Psalmen** oder **formulierte Anrufungen**.

Beispiel einer Weiheformel:

„Im Namen des Höchsten, Jehovah, durch das Licht des Erzengels [Michael], durch das Feuer der Reinheit und die Kraft der Ordnung, sei dieses Siegel geweiht und geheiligt zur Offenbarung des Geistes, dem es zugehört.“

Der Zeitpunkt dieser Weihe richtet sich in traditionellen Systemen nach **planetarischen Stunden und Tagen**, da jedes Geistwesen einer **bestimmten Sphäre** zugeordnet ist (z. B. Mars für Sammael, Venus für Haniel, Saturn für Cassiel usw.).

b. Platzierung im Ritual – das Siegel als Gefäß

Im eigentlichen Ritual wird das Siegel **auf besondere Weise platziert**:

- im Zentrum eines **magischen Dreiecks**,

- auf einem **Altar** im geweihten Raum,

- auf der Brust, der Stirn oder dem Arm des Magiers (z. B. als Amulett),

- oder als **visuelles Objekt der Kontemplation** vor dem geistigen Auge.

Durch die Platzierung wird das Siegel **zum Brenn-punkt**:

> Der Geist wird **nicht in einen leeren Raum gerufen**, sondern **zum Siegel hin gezogen** – *weil er sich darin erkennt.*

Daher ist es essenziell, das Siegel **während des Rituals nicht zu beschädigen, zu wenden oder zu entweihen.** Es wird wie ein heiliger Gegenstand behandelt – denn es ist **Träger geistiger Präsenz.**

c. Anrufung durch das Siegel

Das Siegel wirkt als **Verbindung zwischen dem Namen und der Anwesenheit.** Wenn der Name eines Geistes **im rituellen Ton gesprochen**, **visualisiert** oder **auf das Siegel projiziert** wird, beginnt ein geistiger Prozess der **Zentrierung** und **Verdichtung.**

Formelhaft geschieht dies z. B. durch eine dreifache
Beschwörung:

> *„[Name des Wesens], erscheine im
> Zeichen deines Siegels. Durch deinen
> Namen, durch deine Ordnung, durch
> deinen Bund. Ich rufe dich im Lichte des
> Höchsten – erscheine, höre, antworte."*

Diese Anrufung ist nicht aggressiv, sondern **gerichtet**, **bedeutungsvoll** und **gebunden an göttliche Ordnung**. Es geht **nicht um Macht über den Geist**, sondern um **Kontakt im Licht**.

Die Wirkung entfaltet sich oft subtil:

- durch veränderte Raumwahrnehmung,

- durch innere Visionen oder Stimme,

- durch starke emotionale Bewegung oder intuitive Einsichten.

Wenn der Geist erscheint, geschieht dies **im oder durch das Siegel**, entweder im Äußeren (z. B. Rauch, Form, Lichtspiel) oder im Inneren (Sehbild, Symbol, Traum). Das Siegel ist dabei **nicht Spiegel – sondern Träger.**

Das Siegel ist nicht bloß der Ort, an dem sich der Geist zeigt – es ist der Ort, durch den er wirkt.

3) *Das Siegel als Verdichtung göttlicher Ordnung – Metaphysik des Zeichens*

Wenn man das magische Siegel auf seine tiefste Bedeutung hin befragt, zeigt sich: Es ist **mehr als ein Träger**, mehr als ein Zugang, mehr als ein Symbol. Es ist **eine geometrisch gebundene Form des Willens**, ein **Manifest des Geistes**, ein **ausgeschriebenes Fragment göttlicher Ordnung**.

Das Siegel ist eine **Form gewordene Essenz**. In ihm verdichten sich:

- **Name**,

- **Wesenheit**,

- **Schwingung**,

- **Hierarchie**,

- **Auftrag**
  zu einer **sichtbaren, begreifbaren Struktur**.

Es ist damit vergleichbar mit einem **Kristall**, der das Licht nicht erzeugt, aber in definierter Weise **bündelt, bricht und verstärkt**.

a. Das Siegel als Formprinzip geistiger Realität

In der kabbalistischen Sicht ist die Welt nicht aus Materie entstanden, sondern aus **Form und Zahl** – aus **heiligen Buchstaben, geometrischen Verhältnissen und Klangverhältnissen.**

Das Siegel ist Ausdruck dieser Struktur:

- **Kreise** binden und schützen,

- **Dreiecke** bündeln Kraft und richten,

- **Quadrate** symbolisieren Stabilität und Ordnung,

- **Sterne (Pentagramm, Hexagramm)** stehen für das Verhältnis von Mikrokosmos und Makrokosmos.

Ein echtes magisches Siegel enthält in seiner Linie und Anordnung **Informationen über das Wesen, das es darstellt** – über seine Herkunft, seine Planetenzugehörigkeit, seine Funktion, sein inneres Gesetz.

Darum wird das Siegel in manchen Systemen auch als **"Charakter"** des Geistes bezeichnet – nicht im Sinne eines moralischen Urteils, sondern als **Signatur**, als **geistiger Fingerabdruck.**

So wie der Mensch im Antlitz zu erkennen ist, so der Geist im Siegel.

b. Die Bindung durch das Zeichen – Kraft und Grenze

Ein Siegel bindet nicht im Sinne eines Zwangs, sondern im Sinne einer **Strukturierung der Begegnung**. Der Geist wird **nicht gebannt wie ein Gefangener**, sondern **gerufen in eine Form, die er erkennt und akzeptiert**.

Diese Form ist **ihm gemäß** – sie erinnert ihn an seine Herkunft, an seine Funktion, an seine Stellung in der Ordnung.

Der Magier, der das Siegel bereitet, spricht in der Sprache des Geistes:

> *„Dies ist dein Ort – und ich ehre dich darin. Tritt ein im Licht deiner Wahrheit."*

In diesem Sinne wirkt das Siegel **nicht als Käfig**, sondern als **Gefäß**. Es ist wie ein Kelch, der nicht zwingt, aber ruft. Nur der, dessen Wesen damit in Übereinstimmung steht, **kann und wird erscheinen**.

c. Das Siegel als Schwelle zwischen Welten

Wie der Tempel zwischen Himmel und Erde steht, so steht das Siegel zwischen:

- **Idee und Erscheinung,**
- **Wille und Wirkung,**
- **Geist und Materie.**

Es ist **eine Schwelle**, ein **Ort des Übergangs**, an dem sich die unsichtbare Struktur **in Form verdichtet**, und wo sich die sichtbare Welt **an das Unsichtbare erinnert**.

Deshalb darf ein Siegel **niemals achtlos verwendet oder zerstört werden**. Auch wenn der Geist nicht anwesend scheint – **das Siegel ist seine Spur**, sein Schatten, sein Abdruck. Es wirkt weiter, solange es besteht.

d. Das Siegel in der Meditation – Kontemplation als magische Begegnung

Nicht immer muss das Siegel rituell „aktiv" sein. Auch in der **stillen Betrachtung**, in der **meditativen Versenkung**, wirkt es – als **Fokus für das innere Bild**, als **Tor zur geistigen Begegnung**, als **Anker für Vision, Inspiration, Intuition**.

In dieser Weise ist das Siegel auch ein **Wegweiser zur Selbsterkenntnis**. Denn wer das Wesen eines geistigen Prinzips betrachtet, spiegelt sich unweigerlich **in seinem eigenen inneren Maß**.

Der Magier erkennt im Siegel nicht nur den Geist – er erkennt sich selbst im Verhältnis zur Ordnung.

Das okkulte Siegel ist eine **heilige Form**, nicht weil es schön, alt oder geheimnisvoll ist – sondern weil es **das Geistige sichtbar macht, das Unsichtbare ruft, das Wahre ordnet**.

Wer ein Siegel zu zeichnen weiß, **zeichnet nicht mit der Hand**, sondern **mit dem Licht des Geistes**.

Denn jede Linie ist Wille.
Jeder Kreis ist Grenze.
Jedes Zeichen – ein Name.

Die hermetischen Prinzipien

Die hermetischen Prinzipien – Teil 1: Geistige Grundgesetze der magischen Praxis

Die rituelle Praxis, insbesondere in der magischen Arbeit und der spirituellen Kabbala, beruht nicht auf bloßen Symbolen oder äußeren Handlungen. Sie ist vielmehr Ausdruck tiefer metaphysischer Gesetzmäßigkeiten. Diese werden traditionell in sieben hermetischen Prinzipien gefasst, wie sie in der sogenannten hermetischen Philosophie überliefert sind. Ihre Herkunft wird auf den legendären Hermes Trismegistos zurückgeführt – eine mythologische Figur, die ägyptische Weisheit, griechische Philosophie und magische Praxis in sich vereinen soll. Diese Prinzipien bilden das geistige Fundament, auf dem jede magische Operation beruht. Wer sie nicht kennt oder nicht beachtet, wird kein echtes Wirken entfalten.

Die hermetischen Prinzipien lauten:

1. **Das Prinzip der Geistigkeit**

2. **Das Prinzip der Entsprechung**

3. **Das Prinzip der Schwingung**

4. **Das Prinzip der Polarität**

5. **Das Prinzip des Rhythmus**

6. **Das Prinzip von Ursache und Wirkung**

7. **Das Prinzip des Geschlechts**

1. Das Prinzip der Geistigkeit:

„Das All ist Geist; das Universum ist geistig."

Diese fundamentale Lehre ist das erste und höchste Prinzip hermetischer Philosophie. Sie besagt, dass allem Sein ein geistiger Ursprung zugrunde liegt. Materie, Energie, Form und Bewegung sind Erscheinungsweisen des Geistes. Das Universum ist kein mechanisches, toter Körper – sondern ein lebendiges geistiges Wesen, ein bewusster Ausdruck eines Höheren.

Alles, was existiert – seien es Namen, Siegel, Rituale, Töne oder Formen – ist daher letztlich Ausdruck und Träger geistiger Kraft. Ein magischer Name wirkt nicht, weil Laute ausgesprochen werden, sondern weil er eine geistige Idee bezeichnet und durch dessen bewusste Anrufung eine geistige Resonanz ausgelöst wird.

Dieses Prinzip erklärt auch, warum Gedanken schöpferisch sind, warum ein inneres Bild Realität formen kann, und warum wahre Magie immer eine Arbeit mit dem Geist ist – niemals bloß mit Dingen.

In der Praxis bedeutet dies:

- Jeder magische Akt beginnt mit geistiger Sammlung und Ausrichtung.

- Die Intention, die Vorstellungskraft und der Glaube des Praktizierenden sind nicht Beiwerk, sondern das zentrale Werkzeug.

- Alles Sichtbare ist eine Verdichtung von Geist.

Die hermetische Philosophie unterscheidet sich hierin grundlegend von materialistischen Weltanschauungen. Sie erklärt das Geistige nicht aus dem Stofflichen – sondern das Stoffliche aus dem Geistigen.

Historischer Bezug:

Die Idee der Geistigkeit des Alls findet sich auch in der alten Freimaurerei. Im sogenannten *Matthew Cooke Manuskript*, einem der frühesten freimaurerischen Texte (verfasst um 1450), wird erzählt, wie Noah zwei Säulen errichten ließ, um das Wissen der Menschheit vor der Sintflut zu retten. Auf einer dieser Säulen seien die Wissenschaften eingraviert worden – die andere aus Ton sei zerstört worden. Hermes – oder

Hermes Trismegistos – habe diese erhaltene Säule gefunden und die dort festgehaltenen Weisheiten studiert. Dadurch wurde er zum Übermittler uralten Wissens – und zum geistigen Ahnherrn hermetischer, alchemistischer und maurerischer Weisheit.

2. Das Prinzip der Entsprechung:

„Wie oben, so unten; wie unten, so oben."

Diese klassische Formulierung stammt aus der berühmten *Tabula Smaragdina*, dem smaragdgrünen Lehrtafeltext, der Hermes Trismegistos zugeschrieben wird. Es bedeutet: Zwischen allen Daseinsebenen bestehen Analogien. Was im Großen geschieht, findet sein Spiegelbild im Kleinen – und umgekehrt.

Der Mensch ist daher ein Abbild des Kosmos. In ihm wirken dieselben Kräfte, dieselben Rhythmen und Gegensätze wie in den Sternen, den Planeten, in den Sphären. Dies macht ihn zugleich zu einem Mikrokosmos – einem „kleinen Weltall" – und befähigt ihn, durch bewusste Handlung in höhere Ebenen einzugreifen.

Konsequenzen für die magische Praxis:

Das Prinzip der Entsprechung bildet die Grundlage für jede symbolische Handlung, jede Zeremonie und jedes magische Artefakt.

- Wenn ein Siegel auf ein Pergament gezeichnet wird, geschieht dies nicht willkürlich. Es ist die bildliche Entsprechung einer geistigen Kraft, die auf einer höheren Ebene wirkt.

- Wenn ein heiliger Name ausgesprochen wird, so wird durch diese Entsprechung auf eine jenseitige Sphäre Einfluss genommen – denn der Name *ist* in seiner Schwingung die verdichtete Präsenz dieser Macht.

- Wenn eine Geste im Ritual vollzogen wird, dann nicht als theatrale Gebärde, sondern als Spiegel eines ewigen Geschehens.

Wer dieses Prinzip versteht, begreift auch, warum Rituale nicht bloße Formen sind, sondern Ausdruck innerer Gesetze. Die äußere Welt ist niemals getrennt von der inneren – sie spiegelt sie.

Die Kabbala und die Entsprechung:

In der kabbalistischen Tradition findet dieses Prinzip eine konkrete Ausformung im sogenannten *Baum des Lebens*. Jeder Sefira entspricht eine göttliche Eigenschaft, ein Element, ein Erzengel, ein Planet, ein Körperorgan, ein heiliger Name. Wer an einer Stelle wirkt, berührt das Ganze – durch Entsprechung.

Darum ist es für den Eingeweihten so entscheidend, die Zuordnungen zu lernen, zu meditieren und in der Praxis anzuwenden.

Freimaurerische Anklänge:

Auch in der Freimaurerei wird das Prinzip der Entsprechung gelehrt – wenn auch in symbolischer Sprache. Die Tempelarbeit ist ein Abbild des großen Weltbauplans. Die Bauhütte ist nicht bloß Versammlungsort, sondern eine Nachbildung des Tempels Salomos, der wiederum den Bauplan des Himmels darstellte.

So ist der freimaurerische Ritus ein rituelles „Wie oben – so unten":

- Der Meister leitet – wie der Architekt im Kosmos.

- Der Hammer des Gesellen formt den Stein – wie das Schicksal den Charakter.

- Die Lichter, die im Osten, Westen und Süden brennen, entsprechen den Himmelsrichtungen, den Planeten, den geistigen Prinzipien.

Erkenntnisweg:
Für den ernsthaften Schüler bedeutet dies:
Er muss lernen, hinter der Erscheinung das Wesen zu erkennen.

Er muss verstehen, dass jedes Symbol, jede Zahl, jede Farbe, jeder Laut – nicht zufällig ist. Alles trägt eine Bedeutung. Alles ist Teil eines geordneten Gefüges.

Denn: *Wer das Kleine durchdringt, hat das Große erkannt. Wer das Sichtbare achtet, würdigt das Unsichtbare.*

3. Das Prinzip der Schwingung:

„Nichts ist in Ruhe; alles bewegt sich; alles schwingt."

Diese Aussage ist zugleich metaphysisch und physikalisch wahr: Nichts in der Schöpfung steht still. Vom entferntesten Sternennebel bis zum innersten Gedanken des Menschen – alles ist Bewegung, alles ist Vibration.

Jede Form, jede Erscheinung, jede Kraft ist Ausdruck einer bestimmten Schwingungsfrequenz. Unterschiede in Dichte, Licht, Klang oder Materie ergeben sich aus Unterschieden in der Schwingung. So sind Gedanken, Gefühle, Worte, sogar Gegenstände – nichts anderes als kristallisierte Formen des Geistes auf unterschiedlichen Schwingungsebenen.

Die Stufen der Schwingung:

Hermetische Lehre unterscheidet zwischen hohen und niedrigen Schwingungen:

- Die höchsten Schwingungen sind reiner, göttlicher Geist – sie sind unhörbar, unsichtbar, aber wirkungsmächtig.

- Etwas tiefer liegen die Schwingungen des Willens und der Vorstellung – feiner als Licht, doch wirksam im Magischen.

- Noch tiefer folgen die Schwingungen des Lichtes, des Klanges, der Töne, bis hin zu den Schwingungen der dichten Materie.

- Auch scheinbar feste Körper bestehen aus Atomen, die in permanenter Bewegung sind.

Praktische Bedeutung für Magie und Ritual:

Jede magische Handlung zielt darauf ab, eine bestimmte Schwingung hervorzurufen – bewusst erzeugt durch Wort, Symbol, Form, Farbe, Klang oder Handlung.

- Ein heiliger Name trägt eine bestimmte Schwingung in sich. Wird er richtig ausgesprochen – mit innerer Ausrichtung –, tritt diese Schwingung in Resonanz mit geistigen Kräften.

- Ein Siegel wirkt, weil es eine Schwingungsform abbildet – ein geometrisches Kraftfeld, das Energie bündelt und lenkt.

- Ein Gedanke wird zur magischen Kraft, wenn er mit starker innerer Schwingung geladen ist – etwa durch Konzentration, Visualisierung, Wille.

So ist Magie keine bloße Technik, sondern ein harmonischer Akt bewusster Schwingungslenkung.

Das Gesetz der Resonanz:

Aus dem Prinzip der Schwingung ergibt sich das Gesetz der Resonanz:
Gleiches zieht Gleiches an.

Eine Schwingung auf einer bestimmten Frequenz zieht Kräfte an, die in derselben Frequenz schwingen.

- Wer in Angst schwingt, zieht angstvolle Ereignisse an.

- Wer in Klarheit, Vertrauen, Liebe schwingt, wirkt auf höheren Ebenen.

- Wer eine bestimmte göttliche Kraft anrufen will, muss selbst in deren Schwingung treten.

Dies ist das geistige Gesetz hinter jeder Anrufung, jeder Meditation, jedem Gebet: Man nähert sich nicht durch Worte, sondern durch Schwingung.

Esoterische Entsprechungen:

In vielen Traditionen finden wir Hinweise auf dieses Prinzip:

- In der Kabbala ist der „Odem Gottes" (Ruach) Schwingung, die das Leben trägt.

- In der vedischen Lehre entstehen die Welten durch Klang (Nada Brahma – die Welt ist Klang).

- In der Freimaurerei vibrieren Namen, Zeichen und Werkzeuge im Tempel nicht nur symbolisch – sie sind Träger energetischer Qualität.

Erkenntnisweg:
Wer das Prinzip der Schwingung verstehen will, muss an sich selbst arbeiten:

- Die eigenen Gedanken reinigen.

- Die Aufmerksamkeit schulen.

- Den eigenen inneren Klang wahrnehmen. Denn: **Der Mensch ist ein Schwingungs-körper.**

Denn: *Je feiner seine Schwingung, desto höher sein Bewusstsein – desto wirkungsvoller seine Rituale.*

4. Das Prinzip der Polarität

„Alles ist zwiefach; alles hat zwei Pole; alles hat sein Paar von Gegensätzlichkeiten; gleich und ungleich ist dasselbe; Gegensätze sind identisch in ihrer Natur, nur verschieden im Grad; Extreme berühren sich; alle Wahrheiten sind nur halbe Wahrheiten; alle Widersprüche können miteinander in Einklang gebracht werden."

Diese fast poetische Formel umreißt ein universales Gesetz. Sie zeigt: Jedes Ding, jede Kraft, jede Erscheinung besitzt zwei Pole – aber sie gehören untrennbar zusammen.

Beispiele aus der Wirklichkeit:

- Wärme und Kälte sind keine eigenständigen Substanzen – sondern Grade ein und desselben Prinzips: Temperatur.

- Licht und Finsternis sind keine eigenen Kräfte – sondern Zustände der Helligkeit.

- Liebe und Hass – scheinbar gegensätzlich – sind Ausdruck derselben seelischen Bindung, nur in entgegengesetzter Richtung.

- Körper und Geist sind keine fremden Entitäten – sondern zwei Erscheinungsformen desselben Seinsprinzips in unterschiedlichem Schwingungsgrad.

Magische Relevanz:

Für den rituellen Praktiker ist dieses Prinzip von entscheidender Bedeutung. Denn es offenbart eine Macht: **die Fähigkeit zur Transmutation** – zur Umwandlung eines Zustandes in seinen Gegenpol.

- Angst kann in Mut verwandelt werden.

- Trägheit in Bewegung.

- Hass in Liebesenergie.

Dies ist keine naive Affirmation, sondern geistige Alchemie. Sie beruht auf dem Verständnis: Die Gegensätze liegen nicht außerhalb voneinander – sondern sind Teile eines Kontinuums.

Ein magischer Akt wirkt also nicht nur, weil er „etwas Positives" ruft – sondern weil er den polaren Zustand im Bewusstsein und im Energiefeld verschiebt.

Praktische Anwendung:

- In der Meditation kann ein Zustand der inneren Kälte (Isolation, Angst) durch Visualisation von Wärme (Herzöffnung, Licht) in sein Gegenteil überführt werden.

- In der rituellen Arbeit wird durch Symbole und Handlungen das Gleichgewicht zwischen zwei Polen wiederhergestellt (z. B. durch Harmonisierung von männlich/weiblich, links/rechts, oben/unten).

- In der psychologischen Entwicklung erkennt der Mensch, dass seine sogenannten Schattenseiten nicht bekämpft, sondern erkannt, umgewandelt und integriert werden müssen.

Der Eingeweihte wird also kein „Lichtflüchtling", der das Dunkel meidet – sondern ein Arbeiter in beiden Reichen.

Polarität in der Freimaurerei:

Die freimaurerische Symbolik lebt von Polarität:

- Die zwei Säulen am Eingang des Tempels – Jachin und Boas – stehen für aktives und passives Prinzip.

- Der schwarze und weiße Mosaikboden symbolisiert das Nebeneinander von Licht und Finsternis – und den Weg dazwischen.

- Der Meister steht zwischen den Gegensätzen, denn er hat gelernt, ihre Einheit zu erkennen.

Erkenntnisweg:

Wer die Polarität begreift, erkennt:

- Wahrheit ist nicht monolithisch.

- Alles ist Beziehung, Übergang, Spannung zwischen zwei Polen.

- Wer den einen Pol verneint, wird vom anderen beherrscht.

Die hohe Kunst besteht darin, **die Mitte zu finden – den Punkt des Ausgleichs, der Transzendenz**.

Denn: **„Extreme berühren sich."** In diesem Berührungspunkt liegt das Tor zum Einheitsbewusstsein.

5. Das Prinzip des Rhythmus

„Alles fließt aus und ein, alles hat seine Gezeiten; alle Dinge steigen und fallen; das Schwingen des Pendels zeigt sich in allem. Das Maß des Ausschlages nach rechts ist das Maß des Ausschlages nach links; Rhythmus kompensiert."

Dieses Gesetz offenbart: Nichts ist statisch. Alles befindet sich in beständiger Bewegung zwischen Extremen, in Wellen, Kreisläufen, Wiederholungen – ob im Makrokosmos oder im Mikrokosmos des Menschen.

Beobachtbare Erscheinungen des Rhythmus:

- **Tag und Nacht, Sommer und Winter, Ein- und Ausatmen, Herzschlag, Geburt und Tod** – alles unterliegt einem natürlichen Pendelschlag.

- Die **Gezeiten der Meere**, das **Wachsen und Vergehen** von Zivilisationen, ja selbst **Mode, Kultur und Gedankenströmungen** folgen periodischen Gesetzen.

- Auch **Emotionen** und **Gedanken** folgen Rhythmen: Hochs und Tiefs, Inspiration und Lethargie, Euphorie und Trauer – nichts bleibt ewig, alles fließt.

Rhythmus und Bewusstsein:

Der Mensch als Mikrokosmos ist nicht unabhängig vom großen Strom. Doch der Eingeweihte lernt:

- Wer den Rhythmus erkennt, kann ihn **ausgleichen**.

- Wer nicht erkennt, wird von ihm **geschleudert**.

Dieses Ausgleichen nennen die Hermetiker *rhythmische Neutralisation*. Es ist die Kunst, das Pendel auf seinem Rückweg zu bremsen – durch geistige Zentrierung.

Beispiel:

Wer nach einem emotionalen Hoch den Absturz kommen fühlt, kann sich bewusst im Zentrum halten – in der inneren Ruhe verweilen. So wird das Pendel nicht mit voller Kraft zurückschlagen.

Magische Bedeutung:

- Rituale, die zu bestimmten Zeiten vollzogen werden (Mondphasen, Sonnenwenden, Planetenstellungen), nützen bewusst die Rhythmen der Natur.

- Jeder Name, jede Handlung hat einen **Ein- und einen Ausklang** – daher beginnen und beenden magische Arbeiten nie abrupt.

- Auch das innere Leben des Magiers folgt Phasen: der Sammlung, der Aktivität, der Ruhe. Sie müssen geachtet werden.

Wer sich dem Rhythmus widersetzt, wird erschöpft. Wer mit ihm arbeitet, wird getragen.

„Was der Mensch sät, das wird er ernten" (Gal 6,7):
Dieser biblische Vers drückt rhythmische Gesetz-
mäßigkeit im ethischen Sinne aus. Jede Handlung,
jeder Gedanke hat eine Schwingung – und kehrt im
Zyklus zurück. Dies ist kein Strafgesetz, sondern ein
Bewegungsgesetz:
Was ausgesandt wird, schwingt aus – und wird zur
Wirkung, zur Frucht, zur Ernte.

Rhythmus in der Freimaurerei:

Auch in der maurerischen Arbeit zeigt sich Rhythmus:

- Die Tempelarbeiten folgen festen Zyklen
  (Öffnen, Arbeiten, Schließen).

- Die symbolischen Bewegungen, Klopfzeichen
  und Umrundungen sind rhythmisch angelegt.

- Selbst die Logenjahre orientieren sich an
  Wiederkehr und Erneuerung – an Sonnen-
  läufen und Jahreszeiten.

Die rituelle Arbeit ist keine bloße Wiederholung – sie
ist rhythmisches Mitleben im großen Strom.

Erkenntnisweg:

- Wer seine Stimmungsschwankungen als Wellen begreift, kann lernen, **nicht in ihnen zu ertrinken**.

- Wer weiß, dass der Winter immer dem Frühling weicht, verliert nicht die Hoffnung.

- Wer die Zyklen kennt, erkennt den rechten Moment – für Handlung, für Ruhe, für Wandlung.

Denn: *Rhythmus ist kein Gefängnis – er ist das unsichtbare Maß, in dem sich die Freiheit vollzieht.*

6. Das Prinzip von Ursache und Wirkung

„Jede Ursache hat ihre Wirkung; jede Wirkung hat ihre Ursache; alles geschieht gesetzmäßig; Zufall ist nur der Name für ein unbekanntes Gesetz."

Dieses Prinzip lehrt: Es gibt kein planloses Geschehen im Kosmos. Jeder Gedanke, jede Tat, jedes Ereignis folgt einem Gesetz. Selbst das scheinbar Unvorhersehbare ist nur Ausdruck einer Ursache, die unserem Bewusstsein entgangen ist.

Der Mensch lebt in einem Netz aus Ursachen, deren Wirkungen er erfährt – und zugleich erzeugt er unablässig neue Ursachen, deren Wirkungen er später ernten wird.

Das Gesetz der Kette:

Das Leben gleicht einer Kette: Jeder Gedanke ist ein Glied, jede Handlung ein weiteres, jede Reaktion ein neues. Wer diese Kette bewusst formen will, muss den Zusammenhang zwischen Handlung und Folge erkennen.

In der klassischen Kabbala wird dies als *Schariah* – das Gesetz – betrachtet: Nicht im juristischen, sondern im metaphysischen Sinne. Jede Kraft, die ausgesendet wird, kehrt zurück.

- Ein Wort der Liebe hat eine Wirkung.

- Ein Gedanke des Neids ebenso.

- Ein magischer Akt – gleichgültig ob im Licht oder im Schatten – entfaltet zwingend eine Wirkung in Raum, Zeit und Bewusstsein.

Praktische Bedeutung in der Magie:

Ein Magier ist nicht Herr über die Wirkung – sondern über die Ursache.

- Wer einen Zauber wirkt, setzt eine Kraft in Bewegung. Diese Kraft wird sich gemäß ihrer Qualität manifestieren.

- Wer einen Fluch aussendet, bindet sich an dessen Rücklauf.

- Wer in Reinheit wirkt, wird von reinen Folgen begleitet.

Deshalb betonen alle echten Schulen des Hermetismus:

Handle bewusst – oder du wirst gehandelt.

Zufall ist Unwissen:

Was die profane Welt als „Zufall" bezeichnet, ist für den Eingeweihten Ausdruck eines Zusammenhangs, den er noch nicht erkennt.

Ein plötzlicher Todesfall, eine unerwartete Begegnung, ein scheinbar sinnloses Ereignis – nichts davon ist aus dem Nichts geboren. Die Ursachen mögen auf verborgenen Ebenen liegen, im Unbewussten, in früheren Lebensphasen, vielleicht in einem übergeordneten karmischen Gefüge – doch sie existieren.

Dies bedeutet nicht Fatalismus. Im Gegenteil: Wer die Ursachen erkennt, kann sie wandeln. Wer ihre Wirkung annimmt, kann sie veredeln. Wer die Kette versteht, kann sich befreien.

Hermetik und Ethik:

Dieses Prinzip ist zugleich eine Lehre der Verantwortung:

- Jeder Mensch ist Schöpfer seiner Welt – nicht durch Willkür, sondern durch Ursachen.

- Die eigene Realität entsteht aus der Summe dessen, was gedacht, gefühlt, geglaubt und getan wurde.

- Das Schicksal ist nicht Strafe – sondern Wirkung.

Darum ist Selbsterkenntnis keine Option – sie ist Notwendigkeit. Nur wer sich selbst kennt, kann die Ursachen erkennen, die sein Leben formen.

Freimaurerische Parallelen:

Die maurerische Arbeit ist durchdrungen vom Prinzip der Kausalität:

- Der Bauplan des Tempels basiert auf Gesetz und Ordnung – nicht auf Zufall.

- Die Arbeit am rauen Stein ist eine bewusste Formung der Ursachen, um eine bessere Wirkung (den „geläuterten Menschen") hervorzubringen.

- Das maurerische Ideal des sittlichen Handelns beruht nicht auf Moralismus, sondern auf dem Wissen: **Alles hat Folgen – in mir, in der Welt, im Kosmos.**

Erkenntnisweg:

Der Eingeweihte fragt nicht: „Warum geschieht mir das?"

Sondern: „Welche Ursache habe ich – wissend oder unwissend – gesetzt?"

Und weiter: „Welche neue Ursache kann ich heute setzen – in Denken, Fühlen, Tun – um eine heilige Wirkung hervorzurufen?"

Denn:

Der Mensch, der Ursache wird, ist kein Spielball mehr – sondern Mitschöpfer im kosmischen Gefüge.

7. Das Prinzip des Geschlechts

„Geschlecht ist in allem; alles hat männliche und weibliche Prinzipien; Geschlecht offenbart sich auf allen Ebenen."

Dieses Gesetz gilt nicht nur im Physischen, sondern in Gedanken, Emotionen, Symbolen, Ideen, Energien. Jede schöpferische Handlung – sei sie materiell, geistig oder seelisch – ist eine Vereinigung dieser beiden Urprinzipien.

- Das **männliche Prinzip** steht für das Aktive, das Aussendende, das Formgebende, das Zeugende.

- Das **weibliche Prinzip** steht für das Empfangende, das Bewahrende, das Gestaltende, das Gebärende.

Nur in ihrem harmonischen Zusammenspiel entsteht neues Leben – sei es in der Natur, in der Magie oder im Geist.

Innere Geschlechterpolarität im Menschen:

Jeder Mensch trägt beide Kräfte in sich – unabhängig von seinem biologischen Geschlecht.

- Der schöpferische Gedanke ist das männliche Prinzip.

- Die Vorstellungskraft, die diesen Gedanken empfängt und ausformt, ist das weibliche Prinzip.

- Der Wille (männlich) bringt hervor, die Intuition (weiblich) empfängt.

- In der Seele des Menschen wirken diese Kräfte ununterbrochen – und jeder spirituelle Fortschritt beruht auf ihrer bewussten Verbindung.

Daher lehren alle hermetischen Systeme:

Der wahre Adept ist androgyn – das heißt: er hat die innere Hochzeit von männlichem und weiblichem Prinzip in sich vollzogen.

Magische Bedeutung:

Magie ist ein Akt der Geburt – und jeder Geburtsakt erfordert das Zusammenwirken beider Prinzipien.

- Ein Zauber oder ein Ritual beginnt mit einem aktiven Willensimpuls (männlich), der auf ein empfangsbereites Medium trifft – sei es ein Symbol, ein Gefäß, ein Ort, ein innerer Zustand (weiblich).

- Die Verbindung dieser beiden erzeugt Wirkung: Gestalt, Manifestation, Schöpfung.

Deshalb ist jede rituelle Arbeit ein Abbild des kosmischen Liebesaktes – der Heiligen Hochzeit (*Hieros Gamos*), wie sie in alten Mysterien gefeiert wurde.

In vielen Traditionen werden männliche und weibliche Gottheiten nicht nur als symbolisches Paar verehrt – sondern als dynamisches Wirkprinzip, das in jedem wirksamen Akt anwesend ist.

Kabbalistische Entsprechungen:

Auch die Kabbala kennt diese Polarität:

- *Chokmah* (Weisheit) ist das Urbild des aktiven, männlichen Prinzips.

- *Binah* (Verständnis) ist das empfangende, weibliche Prinzip.

- Beide zeugen gemeinsam die Welt der Form und Gestaltung.

Ohne dieses Zusammenspiel wäre keine schöpferische Kraft möglich.

Freimaurerische Parallelen:

In der Freimaurerei wird das Gesetz des Geschlechts nicht ausdrücklich genannt – doch es wirkt in der Symbolik fort:

- Die beiden Säulen des Tempels (Jachin und Boas) stehen für aktives und passives Prinzip, Zeugung und Fruchtbarkeit.

- Die Dreiecksstruktur der Loge – mit Osten, Westen und Süden – ist ein Abbild von Vater, Mutter und Kind (Schöpfung).

- Der Hammer (männlich) trifft den Stein (weiblich) und formt ihn zum Werkstück.

So ist der Tempelbau – das große maurerische Symbol – auch eine Allegorie auf die Vereinigung der polaren Kräfte im Dienste der geistigen Schöpfung.

Erkenntnisweg:

- Wer dieses Prinzip versteht, hört auf, sich mit einem Pol zu identifizieren.

- Er erkennt: In mir wirken Mann und Frau – Geist und Seele, Wille und Empfängnis, Kraft und Form.

- Die höchste Einweihung besteht in der Wiederherstellung der Einheit.

Denn: *Nur wer beides in sich vereint, wird zum wahren Schöpfer.*

Abschluss der Sieben Prinzipien:

Mit dem Gesetz des Geschlechts schließt sich der Kreis der hermetischen Lehre. Jedes Prinzip ergänzt das andere – gemeinsam bilden sie ein lebendiges System, das den Schlüssel zur geistigen Welt darstellt.

Die hermetischen Prinzipien – Teil 8: *Die Anwendung der sieben Prinzipien in der rituellen Praxis und im Alltag ("Wer die Gesetze kennt und anwendet, ist kein Knecht mehr, sondern ein bewusster Mitgestalter.")*

Mit dem achten Teil schließen wir die systematische Darstellung der hermetischen Prinzipien ab. Doch damit beginnt ihre wahre Bedeutung erst: Denn Wissen allein genügt nicht. Erst in der Anwendung entfalten diese Prinzipien ihre Macht – sei es im rituellen Kontext, in der geistigen Schulung oder im alltäglichen Leben. Der Hermetiker wird nicht durch Theorien eingeweiht, sondern durch gelebte Erkenntnis.

Zusammenspiel der sieben Prinzipien

Die sieben hermetischen Prinzipien sind keine isolierten Dogmen, sondern ein ineinandergreifendes Gefüge. Jedes Prinzip wirkt durch die anderen, jedes bedingt und vervollständigt das nächste:

1. **Geistigkeit** ist das Grundprinzip – alles ist Bewusstsein.

2. **Entsprechung** ist das Verbindungsgesetz – das Unsichtbare wirkt im Sichtbaren.

3. **Schwingung** ist das Lebensprinzip – alles ist Bewegung, nichts steht still.

4. **Polarität** ist das Ordnungsprinzip – Gegensätze sind Erscheinungen derselben Wahrheit.

5. **Rhythmus** ist das Zeitprinzip – alles verläuft in Wellen, Kreisläufen, Pendelbewegung.

6. **Ursache und Wirkung** ist das Wirkprinzip – alles geschieht gesetzmäßig.

7. **Geschlecht** ist das Schöpfungsprinzip – durch die Vereinigung der Kräfte entsteht das Neue.

Der Magier, der Eingeweihte oder bewusste Mensch erkennt diese Zusammenhänge und richtet sein Leben darauf aus. Er wird zum Architekten seines inneren Tempels – und mit der Zeit auch des äußeren.

Konkrete Anwendung im Ritual

1. Vorbereitung:

- Geistige Sammlung: Der Ausübende bringt sich durch Meditation, Atemtechnik und bewusste Intention in Einklang mit dem Prinzip der **Geistigkeit**.

- Visualisation: Durch das Prinzip der **Entsprechung** wird das geistige Ziel symbolisch vorbereitet – etwa durch ein Siegel, ein heiliges Wort oder eine Geste.

2. Durchführung:

- Anrufung und Bewegung: Die **Schwingung** wird durch Stimme, Klang, Gestik und Rhythmus in das Feld gebracht.

- Polaritätsausgleich: Der Raum wird balanciert – etwa durch Kerzen im Osten und Westen, durch männlich und weiblich kodierte Symbole.

- Rhythmus beachten: Die Rituale folgen einer festgelegten Ordnung – Einleitung, Hauptakt, Entlassung. Hier wirkt das **Prinzip des Rhythmus**.

3. Wirkung und Rückfluss:

- Die ausgesendete Kraft folgt dem Gesetz von **Ursache und Wirkung**. Sie wird manifest – ob sichtbar oder unsichtbar.

- Die innere Haltung des Ausübenden bestimmt die Qualität der Wirkung. Wer aus Reinheit wirkt, ruft reine Kräfte. Wer aus Begierde wirkt, bindet sich an dunkle Ketten.

4. Integration:

- Die Vereinigung der Prinzipien im eigenen Inneren – männlich und weiblich – geschieht durch bewusstes Reflektieren, Reinigen und Pflegen des inneren Tempels.

- Der **Geschlechtsaspekt** ist hier geistig zu verstehen: als schöpferische Verbindung von Idee und Form, von Wille und Vorstellung, von Geist und Gefühl.

Anwendung im Alltag

Auch jenseits des Tempels wirken diese Gesetze – jederzeit, in jedem Gedanken, in jeder Handlung.

- Wer seine Gedanken achtet (Geistigkeit), beeinflusst sein Umfeld.

- Wer erkennt, dass ein äußeres Problem ein inneres Spiegelbild ist (Entsprechung), sucht Heilung in sich selbst.

- Wer seine Stimmung lenkt (Schwingung), beeinflusst sein Schicksal.

- Wer die Polaritäten erkennt (Polarität), meidet Extreme und sucht die Mitte.

- Wer die Zyklen achtet (Rhythmus), lebt im Einklang mit den Zeiten.

- Wer Verantwortung übernimmt (Ursache und Wirkung), wird frei.

- Wer männlich und weiblich in sich vereint (Geschlecht), wird fruchtbar – geistig, seelisch und wirkend.

Letztes Wort: *Der Eingeweihte als Träger des Gesetzes*

Der Mensch ist kein ohnmächtiges Geschöpf. Er ist ein Mikrokosmos – ein Widerschein des Großen Ganzen.

Wenn er erkennt, dass das „All Geist ist", wird er vom Getriebenen zum Gestalter.

Die sieben hermetischen Prinzipien sind keine Fiktionen, keine esoterischen Spielereien – sie sind das unsichtbare Rückgrat der Welt. Wer sie kennt, achtet und anwendet, wandelt nicht nur sich selbst – er wirkt heilend auf seine Umwelt, auf seine Zeit, auf das Kollektiv.

Die Worte des Hermes Trismegistos – zum Abschluss:

„Trenne das Feine vom Groben, sanft und mit großer Kunst.

Steige von der Erde zum Himmel, und wieder zur Erde herab –

und vereine die Kräfte des Oben und Unten.

Dann wirst du Herrlichkeit erlangen und das Licht der Welt offenbaren."

Die Anweisungen zur Beschwörung

Nach den Anweisungen Salomons soll die magische Operation am zweiten, vierten, sechsten, achten, zehnten, zwölften oder vierzehnten Tag, mit Beginn des Neumondes, durchgeführt werden.

Die Siegel der 72 Geister des kleineren Schlüssels Salomons sollen auf Metallen angefertigt werden, die je nach der Hierarchie der Geister den sieben chaldäischen Planeten zugeordnet sind. Sie können nur zu bestimmten Zeiten gebunden werden:

Hierarchie: Könige
Planet: Sonne
Metall: Gold
Zeit: 9 bis 12 Uhr mittags

Hierarchie: Markgrafen
Planet: Mond
Metall: Silber
Zeit: 3 Uhr bis Sonnenaufgang

Hierarchie: Herzöge
Planet: Venus

Metall: Kupfer
Zeit: Sonnenaufgang bis Mittag

Hierarchie: Prälaten
Planet: Jupiter
Metall: Zinn
Zeit: jede Tageszeit

Hierarchie: Ritter
Planet: Saturn
Metall: Blei
Zeit: Von der Dämmerung bis zum Sonnenaufgang

Hierarchie: Präsidenten
Planet: Merkur
Metall: Quecksilber
Zeit: jede Tageszeit

Hierarchie: Grafen
Planet: Venus
Metall: Kupfer
Zeit: jede Tageszeit

Sie unterstehen den Regenten der vier Himmelsrichtungen oder Kardinalpunkten:

Regent: Amaymon
Himmelsrichtung: Osten

Regent: Corson
Himmelsrichtung: Westen

Regent: Zimimay oder Ziminiar
Himmelsrichtung: Norden

Regent: Goap
Himmelsrichtung: Süden

Der magische Kreis soll im Durchmesser 9 Fuß groß
sein, das sind etwa 2,74 Meter. Das magische Dreieck soll im Abstand von 2 Fuß, das sind etwa 60
Zentimeter, vom Kreis entfernt und 3 Fuß groß sein.
Das ist eine Größe von etwa 90 Zentimetern. Die
Spitze des Dreiecks soll zu der Himmelsrichtung hin
ausgerichtet sein, aus der der Geist kommt.

Anleitung zur magischen Operation nach salomonischer Tradition

Teil 1: *Die Anweisungen zur Beschwörung*

Die salomonische Magie – insbesondere jene Praxis,
die sich auf den sogenannten *kleineren Schlüssel
Salomons* (*Clavicula Salomonis Regis minor*) bezieht
– folgt einem hochgradig strukturierten und auf
Planetenkorrespondenzen abgestimmten System.
Ihre genaue Einhaltung ist entscheidend für den
Erfolg der Operation, wie aus den ältesten Manus-
kripten hervorgeht.

Die folgenden Richtlinien basieren auf der salomonischen Überlieferung und wurden unter besonderer Berücksichtigung magischer, astrologischer und kabbalistischer Aspekte aufbereitet.

1. Der richtige Zeitpunkt der Beschwörung

Die magische Operation, also die evocatio – die Herbeirufung eines Geistes – soll nach der Tradition König Salomos zu festgelegten Zeitpunkten durchgeführt werden:

- **Am 2., 4., 6., 8., 10., 12. oder 14. Tag nach Neumond.**

Diese Tage gelten als magisch empfänglich, da sie sich in der Phase des zunehmenden Mondes befinden. Der zunehmende Mond symbolisiert Wachstum, Öffnung und spirituelle Manifestation – ideale Voraussetzungen für eine geistmagische Arbeit.

2. Die planetare Zuordnung der Geister

Die 72 Geister, wie sie im *Lemegeton Clavicula Salomonis* (Buch Goetia) aufgeführt sind, gehören verschiedenen **Hierarchien** an, die jeweils einem **chaldäischen Planeten** und einem **Metall** zugeordnet sind. Nur in bestimmten **Tageszeiten** können ihre Siegel angefertigt und ihre Kräfte gebunden werden. Diese Bindung entspricht einer astrologisch-magischen Synergie zwischen Geistwesen, Metall, Planet und kosmischem Rhythmus.

Hierarchie	Planet	Metall	Zeitfenster
Könige	Sonne	Gold	9:00 bis 12:00 Uhr (vormittags)
Markgrafen	Mond	Silber	03:00 Uhr bis Sonnenaufgang
Herzöge	Venus	Kupfer	Sonnenaufgang bis 12:00 Uhr
Prälaten	Jupiter	Zinn	Beliebige Tageszeit
Ritter	Saturn	Blei	Dämmerung bis Sonnenaufgang
Präsidenten	Merkur	Quecksilber	Beliebige Tageszeit
Grafen	Venus	Kupfer	Beliebige Tageszeit

Wichtiger Hinweis zur Herstellung der Siegel:

Die Siegel sind **auf das zugeordnete Metall aufzu-bringen** – entweder graviert, eingeprägt oder mit einer Legierung aufgetragen. Ihre Wirkung entfaltet sich nur, wenn sie zur richtigen Zeit unter Berücksichtigung aller planetaren Zuordnungen hergestellt wurden.

3. Die Regentschaft der vier Himmelsrichtungen

Alle 72 Geister unterstehen der Autorität von vier Kardinal-Regenten, die jeweils eine Himmelsrichtung dominieren. Bei jeder evocatio ist auf die Ausrichtung und Anrufung dieser Regentschaft zu achten, da sie die Schwelle zwischen den Welten kontrolliert:

Regent	Himmelsrichtung
Amaymon	Osten
Goap	Süden
Zimimay/Ziminiar	Norden
Corson	Westen

Bei der Beschwörung muss das magische Dreieck **zur jeweiligen Himmelsrichtung hin ausgerichtet** werden, aus der der beschworene Geist gemäß seiner Hierarchie und planetarischen Natur erscheint.

4. Der magische Kreis und das Dreieck der Manifestation

Die rituelle Geometrie ist von zentraler Bedeutung. Der Kabbalist muss exakt folgende Maße und Abstände beachten:

- **Magischer Kreis**: Durchmesser von **9 Fuß** ≙ etwa **2,74 Meter**

- **Magisches Dreieck**: Seitenlänge **3 Fuß** ≙ etwa **90 Zentimeter**

- **Abstand zwischen Kreis und Dreieck**: **2 Fuß** ≙ etwa **60 Zentimeter**

- **Ausrichtung der Dreiecksspitze**: zur **Himmelsrichtung des Geistes**

Der Kreis dient dem **Schutz** des Beschwörenden; das Dreieck ist die Zone der **Manifestation**, innerhalb derer sich der beschworene Geist zeigt und gebunden wird.

5. Die heiligen Insignien Salomos

Zur Vorbereitung der Operation gehören mehrere **magische Gegenstände**, die als Werkzeuge göttlicher Autorität wirken. Sie alle gehen auf die salomonische Überlieferung zurück:

a) Das Hexagramm Salomos

- Wird auf feines **Pergament oder Kalbshaut** gezeichnet

- Am **Saum der Robe** befestigt

- Beim **Erscheinen des Geistes** wird das Hexagramm feierlich **enthüllt**

- Es zwingt den Geist, **menschliche Gestalt** anzunehmen und sich zu **unterwerfen**

b) Das Pentagramm Salomos

- Aus **Gold oder Silber** gefertigt

- Wird **auf der Brust getragen**

- Dient dem **Schutz des Kabbalisten** und der **Gebieterrolle**

- Auf der **Rückseite** wird das Siegel des zu beschwörenden Geistes angebracht

6. Weitere salomonische Werkzeuge (optional)

Salomon soll gemäß den alten Texten auch folgende magische Instrumente verwendet haben:

- Eine **goldene oder silberne Scheibe**, vermutlich als Trägermedium für göttliche Namen

- Ein **Gefäß aus Messing**, versehen mit einem **geheimen Siegel**, um Geister dauerhaft zu binden

Da diese Werkzeuge laut Quelle für reguläre Beschwörungen nicht erforderlich sind und Fehler bei ihrer Anfertigung gefährlich sein können, wird von

Teil 2: *Rituelle Kleidung, Werkzeuge und Substanzen*

Nach der salomonischen Überlieferung ist der Erfolg einer magischen Operation nicht allein von der korrekten astrologischen und geometrischen Vorbereitung abhängig, sondern auch von der **rituellen Reinheit und Ausrüstung** des Kabbalisten. Die Kleidung, Werkzeuge und verwendeten Substanzen sind nicht bloß dekoratives Beiwerk – sie sind energetisch wirksam, symbolisch aufgeladen und dienen dem Schutz, der Autorität sowie der Kanalisierung geistiger Kräfte.

1. Die rituelle Kleidung des Kabbalisten

Die Robe und weitere Kleidungsstücke stellen nicht nur eine äußere Absonderung vom profanen Alltag dar, sondern symbolisieren die **Wandlung des inneren Menschen**. Der Kabbalist wird durch das Anlegen dieser Gewänder zu einem Repräsentanten des göttlichen Willens auf Erden.

Die Kleidungsstücke im Einzelnen:

- **Mitra:**
  Ein priesterliches Stirnband oder Kopfschmuck, das die geistige Autorität des Magiers ausdrückt. In vielen Traditionen

steht die Mitra für die Krone der Erkenntnis (*Kether* in der Kabbala).

- **Kappe**:
Eine schlichte, symbolisch reinigende Kopfbedeckung, die den Kopf schützt und die Gedanken bündelt.

- **Weiße Robe**:

- Die Robe symbolisiert Reinheit, Licht und Unschuld. Weiß ist die Farbe der spirituellen Vorbereitung und steht für das Licht der höheren Sphären. Die Robe muss **vollständig sauber und unbefleckt** sein.

- **Gürtel aus Löwenhaut**:

Dieser Gürtel steht für Stärke, Mut und königliche Würde. Der Löwe ist zugleich ein Symbol für den Tierkreis, das Herz und das Feuer. Seine Haut bildet eine Art magischen Panzer.

2. Die rituellen Werkzeuge

Die salomonischen Werkzeuge sind keine beliebigen Gegenstände, sondern präzise konstruierte **Instrumente geistiger Lenkung**. Sie dienen dazu, die Aufmerksamkeit des Magiers zu bündeln, Energie zu lenken und Autorität über geistige Wesenheiten auszuüben.

Zu verwenden sind:

- **Zepter**:
  Symbolisiert die göttliche Herrschaft und das schöpferische Wort. Es wird während der Anrufung in der rechten Hand getragen und markiert den Mittelpunkt der Willensentladung.

- **Schwert**:
  Steht für die Fähigkeit, geistige Unterscheidung zu treffen und dämonische Einflüsse abzuwehren. Es wird als magische Grenze eingesetzt, um Kreise zu ziehen oder Geister zu bannen.

- **Räuchergefäß (Censer)**:

Träger des Räucherwerks, das als Brücke zwischen materieller und geistiger Welt wirkt. Der aufsteigende Rauch visualisiert die Bitte des Magiers und ruft spezifische Atmosphären hervor.

- **Waschschale (Lustrationsschale)**:

Dient der rituellen Reinigung mit Wasser. Jeder magische Akt beginnt mit einer äußeren und inneren Läuterung.

3. Weitere rituelle Substanzen

Die unterstützenden Elemente der Operation haben neben symbolischer auch praktische Funktion. Sie bereiten Raum, Körper und Geist auf den Empfang des Geistwesens vor und reinigen oder schützen die beteiligten Ebenen.

Unverzichtbar sind:

- **Räucherkohle**:
  Dient der Glutbildung für das magische Räucherwerk. Sie muss rein sein und ohne chemische Zusätze.

- **Räucherwerk**:
  Traditionell werden Harze (Weihrauch, Myrrhe), Hölzer (Sandelholz) oder spezielle Mischungen verwendet, die je nach Natur des Geistes gewählt werden.

- **Salböl**:
  Meist aus Olivenöl, versetzt mit symbolischen Essenzen wie Myrrhe, Zimt, Narde oder Weihrauch. Es wird zur **Salbung der Stirn und Schläfen** verwendet und hat eine öffnende, segnende Wirkung.

- **Wasser (lustrales Wasser)**:

- Dient zur rituellen Waschung vor der Operation. Es kann mit Salz oder Rosenblüten angereichert sein, um es zu einem Reinigungswasser zu machen.

4. Die rituelle Waschung

Vor Beginn der Operation muss der Kabbalist seine Stirn, Schläfen und Hände mit dem geweihten Wasser reinigen. Dies geschieht unter **Gebets-rezitation**, meist in Form eines Psalms. Besonders geeignet ist:

Psalm 51, Vers 12:

„Erschaffe mir, o Gott, ein reines Herz, und gib mir einen neuen, beständigen Geist."

Die Waschung ist nicht rein äußerlich: Sie bedeutet das Ablegen des alten Ichs und die Öffnung für das göttliche Licht.

5. Die rituelle Bekleidung

Nach der Waschung erfolgt das **Anlegen der rituellen Robe**. Dies geschieht nicht mechanisch, sondern **unter Anrufung**. Zum Beispiel:

„So bekleide ich mich mit dem Licht des Höchsten,

mit dem Gewand des reinen Geistes,
damit ich würdig sei, in die Gegenwart
der Unsichtbaren zu treten."

Erst wenn dieser Vorgang abgeschlossen ist, gilt der Magier als rituell vorbereitet.

Er nimmt nun **im Zentrum des magischen Kreises** Platz, die Werkzeuge sind zugeordnet, die Lichter entzündet, die Atmosphäre geweiht – und die Beschwörung kann beginnen.

ihrer Verwendung abgeraten, sofern keine fortgeschrittene Schulung vorliegt.

Teil 3: *Die Durchführung der Beschwörung*

Nach der vollzogenen rituellen Reinigung, der Ankleidung mit den geheiligten Gewändern und der Vorbereitung des magischen Raumes beginnt die eigentliche Operation: **die Beschwörung des Geistes**. Dieser Akt ist der Kern der salomonischen Magie und verlangt äußerste Konzentration, Reinheit des Herzens und unerschütterliche Willenskraft.

Die folgenden Anweisungen basieren auf der Goetia, der kabbalistischen Tradition und der Praxis späterer magischer Schulen wie der *Aurora Aurea*.

1. Die Einhaltung der magischen Struktur

Die Beschwörung verläuft in genau festgelegter Ordnung. Jede Abweichung schwächt nicht nur die Wirkung, sondern kann zu unkontrollierten Phänomenen führen.

Grundstruktur der Operation:

1. **Eintritt in den Kreis**

2. **Eröffnung durch ein heiliges Gebet**

3. **Anrufung des göttlichen Namens (Tetragrammaton oder eine göttliche Triade)**

4. **Anrufung des geistigen Regenten der Himmelsrichtung**

5. **Erste Beschwörung des Geistes**

6. **Drohformel bei Ausbleiben**

7. **Zweite und ggf. dritte Beschwörung**

8. **Manifestation des Geistes im Dreieck**

9. **Enthüllung des Hexagramms**

10. **Dialog und Auftrag**

11. **Entlassung des Geistes**

12. **Dankgebet und Schließen des Kreises**

2. Die erste Phase: Anrufung des Göttlichen

Vor dem Aufruf des Geistes richtet sich der Magier an die höchsten göttlichen Kräfte, um Schutz, Führung und Legitimität zu erlangen. Dies geschieht zumeist in Form eines Psalms oder einer Anrufung wie:

> „Oh Herr der Himmel, Adonai, El Shaddai,
> Du Ursprung aller Weisheit, der Du in Licht wohnst,
> sende Deinen heiligen Engel zu meinem Schutz.
> Ich trete nicht aus Neugier, sondern in Gehorsam gegenüber Deinem Willen.“

Nach dem Gebet folgt die Anrufung des göttlichen Namens – **YHVH**, gesprochen als „Jod-He-Waw-He“ oder in meditativem Schweigen kontempliert.

3. Anrufung des Regents der Himmelsrichtung

Je nach Herkunft des Geistes ruft der Kabbalist den entsprechenden **Regenten des Kardinalpunktes** an – etwa:

> „O Amaymon, starker Fürst des Ostens,
> öffne die Pforte, auf dass der Geist [Name] durch deine Gewalt erscheine.“

Die Anrufung der Kardinalgewalt dient der **Erlaubnis** und schützt vor unkontrolliertem Eindringen niederen Bewusstseins.

4. Die erste Beschwörung des Geistes

Nun wird der zu beschwörende Geist mit Namen angerufen – sein vollständiger Titel, seine Hierarchie und sein Siegel werden dabei genannt:

> „Ich, [Name des Kabbalisten], beschwöre dich,
> [Name des Geistes], durch die heiligen Namen des Allerhöchsten,
> durch die Kräfte von Sonne und Planeten,
> durch den Befehl Salomos,
> erscheine jetzt im Namen der Wahrheit und des Lichtes,
> im Dreieck vor mir, sichtbar und ohne Täuschung."

5. Ausbleiben der Manifestation – die Drohformel

Falls der Geist nicht erscheint – was als Zeichen mangelnder Reinheit, falscher Zeitwahl oder Willensschwäche gedeutet wird –, folgt eine **zweite, schärfere Anrufung**. Diese enthält eine Drohung der magischen Bannung, etwa mit dem Schwert oder dem göttlichen Feuer. Beispiel:

> „Wenn du nicht kommst, [Name des Geistes],
> so werde ich dich zwingen durch das Flammenschwert des Erzengels Michael,
> durch den Namen Elohim Gibor, und durch das heilige Pentagramm Salomos,
> das deine Bindung besiegelt hat.“

Spätestens nach der dritten Beschwörung erscheint der Geist – gewöhnlich in der **Rauchstruktur** des Dreiecks, teils als Stimme, teils als Licht- oder Schattenfigur.

6. Die Enthüllung des Hexagramms

Sobald sich der Geist zeigt, wird **das Hexagramm Salomos**, das zuvor mit Leinen bedeckt war, **enthüllt**. Dieser Akt zwingt den Geist, **menschliche Gestalt** anzunehmen – nicht aus Eitelkeit, sondern zur Verständigung.

Die Enthüllung erfolgt schweigend oder mit den Worten:

> „Durch das Siegel Salomos sei dir die Gestalt geboten.“

Der Geist erscheint nun klarer, geordneter, gezähmt.

7. Der Dialog mit dem Geist

Der Kabbalist stellt seine Fragen, erteilt einen Auftrag oder fordert die Offenbarung eines Namens, eines Wissens oder einer Handlung.

Wichtige Regeln:

- Immer in **Respekt**, aber **ohne Unterwürfigkeit**

- Fragen klar, eindeutig, ohne Umschweife

- Kein Pakt, keine blinde Bitte

- Bei Lüge oder Weigerung: Drohung mit dem Pentagramm oder Schwert

8. Die Entlassung des Geistes

Nach vollendetem Werk wird der Geist **ehrenvoll entlassen** – niemals darf er ohne Abschiedsformel entweichen, da er sonst Schaden anrichten kann.

> „[Name des Geistes], ich danke dir für
> dein Erscheinen,
> gehe nun in Frieden zurück in deine
> Sphäre,
> und erscheine künftig nur auf mein
> rechtmäßiges Geheiß.
> So sei es.“

Der Kreis wird daraufhin mit einem **Dankgebet an das Göttliche** geschlossen.

Teil 4: *Nachbereitung, Reinigung und das magische Schweigen*

Nach der Durchführung der spirituellen Operation darf die Arbeit des Kabbalisten nicht einfach enden. Der letzte, oft vernachlässigte Teil ist von ebenso hoher Bedeutung wie die Vorbereitung und die Beschwörung selbst. Hier entscheidet sich, ob das magische Werk als **vollendet, rein und wirksam** in den geistigen Kosmos eingeht – oder ob Spuren, Rückstände und Störungen zurückbleiben, die zu Verwirrung, Krankheit oder geistiger Schwächung führen können.

Die nachbereitenden Schritte umfassen daher vier wesentliche Bereiche:

1. **Die Reinigung des Raumes und der Werkzeuge**

2. **Die rituelle Lösung der geschaffenen Strukturen**

3. **Die Rückkehr in den profanen Zustand**

4. **Das magische Schweigen und die ethische Verantwortung**

1. Reinigung des Raumes und der Werkzeuge

Nach der Entlassung des Geistes verbleiben im Raum feinstoffliche Schwingungen. Diese müssen **gelöst und gereinigt** werden, damit weder ungebundene Kräfte noch unbewusste Rückwirkungen bestehen bleiben.

Vorgehen:

- **Räucherung:**
  Der Raum wird mit **Myrrhe, Salbei, Lorbeer oder Wacholder** beräuchert. Diese Pflanzen gelten als klärend, bannend und harmonisierend.

- **Besprengung mit lustralem Wasser:**
  Mit einer Palmzweig- oder Fichtennadel wird das geweihte Wasser **kreuzweise** im Raum verteilt.

- **Werkzeuge reinigen:**
  Schwert, Zepter, Gefäß, Schale und Pentagramm werden mit klarem Wasser oder Salzlösung abgewischt. Das Pergament mit dem Hexagramm wird gefaltet und rituell in einem geweihten Tuch verwahrt.

- **Verabschiedung des Raumes:**
  Mit einem Segensspruch wird der Raum aus der geistigen Ordnung entlassen, etwa:

„Dieser Ort sei nun wieder Erde, und nicht mehr Tor zur anderen Welt. Möge er rein bleiben von allem, was nicht zum Licht gehört."

2. Rituelle Lösung der geschaffenen Strukturen

Während der Operation wurden **geistige Formen geschaffen**: der Kreis, das Dreieck, die Sigillenbindung. Diese müssen bewusst **aufgelöst** werden, damit sie nicht weiterwirken und keinen unkontrollierten Raum hinterlassen.

- Der Kabbalist tritt aus dem Kreis zurück, **ohne ihn zu durchbrechen**.

- Der Kreis wird **gedanklich geschlossen**, das heißt: er wird durch eine Visualisation von Licht oder durch ein gesprochenes Wort **zurückgenommen**.

- Das Dreieck wird durch das Umgehen im Uhrzeigersinn und ein Segenswort symbolisch **aufgelöst**.

- Die geistige Verbindung zum Geist wird **durch ein Kreuzzeichen, ein Wort des Schlusses oder eine Handbewegung getrennt**.

3. Rückkehr in den profanen Zustand

Nach der Entbindung der geistigen Strukturen muss sich der Kabbalist selbst wieder **„heruntertransformieren"**.

- **Ablegen der Robe**:
  Das Gewand wird unter Dank abgelegt, das Salböl wird mit geweihtem Wasser entfernt.

- **Reinigung des Körpers**:
  Ein kurzes Bad oder eine Waschung mit Wasser und Salz kann helfen, die energetischen Zustände zu entladen.

- **Essen und Trinken** (Brot, Salz, Wasser):
  Dies erdet den Körper und verbindet ihn wieder mit der physischen Realität.

- **Ruhezeit**:
  Nach der Operation sollte der Kabbalist 30–60 Minuten **in Stille verweilen**, um Nachwirkungen zu beobachten, Visionen aufzuzeichnen oder sich zu stabilisieren.

4. Das magische Schweigen und die ethische Verantwortung

Das **arcane Schweigen** (lateinisch: *silentium magicum*) ist ein Grundprinzip aller wahren Einweihung.

- **Niemandem** wird der Ablauf der Operation in Detail berichtet – weder Ort, Zeitpunkt, Name des Geistes, Auftrag, noch das Gesagte.

- Das Schweigen schützt die Wirksamkeit, schützt vor profaner Entweihung und bewahrt den inneren Raum der Erkenntnis.

  „Was im Licht geboren ist, stirbt im Lärm."

Zudem trägt der Kabbalist **volle Verantwortung** für alles, was er durch seine Operation in Bewegung gesetzt hat.

- Wurde ein Geist zur Erkenntnis gerufen, muss der Kabbalist das Erkannte prüfen.

- Wurde ein Auftrag erteilt (z. B. Schutz, Besserung, Enthüllung), muss er die Wirkung **überwachen und integrieren.**

- Wurde aus niederen Motiven gehandelt, **fällt das Gesetz der Ursache und Wirkung** (siehe Teil 6 der hermetischen Prinzipien) mit voller Kraft zurück.

Der Adept ist nicht Zauberer – sondern **Diener des geistigen Gesetzes.**

Abschließende Worte:

Die salomonische Magie ist kein Spielzeug für Neugierige, kein Werkzeug für Eitle, kein Pfad für jene, die nach Macht dürsten. Sie ist ein heiliger Dienst, eine priesterliche Handlung im Verborgenen, ein feierlicher Brückenschlag zwischen der sichtbaren Welt und jenen Kräften, die jenseits des Schleiers wohnen – uralt, lauschend, bereit zu antworten, wenn der Ruf aus rechter Gesinnung erfolgt.

Wer sich ihr nähert in Reinheit des Herzens, in Demut des Geistes und im Gehorsam gegenüber dem Einen, dem Höchsten, dem Unergründlichen, der wird mehr empfangen als Wissen. Er wird verwandelt werden. Denn die wahre Magie wirkt nicht an den Dingen – sie wirkt zuerst am Menschen selbst. Und nur wer bereit ist, sich wandeln zu lassen, wird fähig sein, etwas zu berühren, das größer ist als er selbst.

Der Psalm bei der Waschung

<u>Psalm 51,9</u>: *Entsündige mich mit Ysop, dass ich rein werde; wasche mich, dass ich weißer werde als Schnee.*

Dieser Vers entstammt einem der tiefsten Bußpsalmen des Königs David – einem Lied der Umkehr, gesprochen aus der Tiefe eines zerknirschten Herzens. Doch er ist weit mehr als ein Ausdruck persönlicher Reue. In der magischen und mystischen Tradition wurde dieser Satz über Jahrhunderte hinweg zu einer heiligen Formel der inneren Reinigung – gesprochen zu Beginn jedes wahren Werkes, das sich nicht auf äußere Wirkung, sondern auf geistige Wahrheit gründet.

Wenn der Magier sich dem Heiligtum der Handlung nähert, wenn er beginnt, einen Kreis zu ziehen, ein heiliges Gefäß zu weihen oder mit höheren Kräften in Verbindung zu treten, so muss er sich zuvor läutern – nicht allein durch Wasser, sondern durch Wort, durch Willen und durch das Bekenntnis zur eigenen Unvollkommenheit. Der Psalm spricht dieses innere Bedürfnis aus. Der *Ysop*, jene heilige Pflanze, die schon beim Passah über die Türschwellen gestrichen wurde, steht als Symbol des Übergangs: zwischen Unreinheit und Reinheit, zwischen Tod und Leben, zwischen Welt und Heiligem.

„Entsündige mich mit Ysop" – das ist der Ruf nach der Berührung durch ein heiliges Mittel, das nicht aus dem Menschen kommt, sondern ihm von oben gereicht wird. Es ist die Bitte um Reinigung durch eine Kraft, die mehr weiß als der eigene Wille.

„Wasche mich, dass ich weißer werde als Schnee" – das ist kein Wunsch nach äußerem Glanz, sondern nach innerem Neubeginn. Weißer als Schnee ist nur, wer von allem befreit wurde, was haftet – Gedanken, Motive, Schatten, Selbsttäuschung.

In der rituellen Praxis begleitet dieser Vers die Handlung der Waschung: wenn Hände gereinigt werden, die das Heilige berühren sollen; wenn Stirn und Herz benetzt werden, damit Denken und Wollen aufgerichtet seien; wenn das Gefäß des Körpers darauf vorbereitet wird, Licht zu tragen, ohne es zu trüben.

Der Psalm bei der Waschung ist keine Einleitung – er ist die erste Schwelle. Wer ihn spricht, stellt sich vor das Angesicht Gottes. Wer ihn mit lauem Herzen wiederholt, bleibt an der Schwelle stehen. Doch wer ihn aus der Tiefe spricht, erkennt: Das Wasser, das hier fließt, ist ein Bild für jenes Wasser, das aus der Höhe kommt – und es reinigt nicht nur die Hände, sondern das Herz.

Die Anrufung bei der Bekleidung

Im Zeichen des Mysteriums dieser heiligen Gewänder bekleide ich mich mit der Rüstung der Erlösung durch die Stärke des Allerhöchsten, ANCOR, AMACOR, AMIDES, THEODONIAS, ANITOR, auf dass durch Deine Stärke mein gewünschtes Ziel erreicht werden möge, o ADONAI, Dem Lob und Herrlichkeit in Ewigkeit gebühren! AMEN!

Wenn der Magier sich bekleidet, um in den heiligen Kreis zu treten, so handelt es sich nicht um ein bloßes Anlegen äußerer Gewänder. Die Bekleidung ist ein Akt der Weihe, eine bewusste Transformation des eigenen Zustands. Die Gewänder, die er anlegt, sind *nicht* nur aus Stoff gewebt – sie sind Zeichen, Hüllen, Spiegel geistiger Prinzipien. Sie sollen nicht verhüllen, sondern offenbaren, nicht verschönern, sondern ausrichten. Und deshalb beginnt dieser Akt mit einer Anrufung, die ihn heiligt.

Die Worte *„Im Zeichen des Mysteriums dieser heiligen Gewänder"* rufen ins Bewusstsein, dass das, was der Magier nun tut, kein profaner Vorgang ist. Das *Gewand* steht in der Tradition für das Lichtkleid, das *Adam Kadmon*, der Urmensch, nach der Kabbala einst trug – das Licht, das durch den Fall verlorenging. In der Bekleidung mit rituellen Gewändern wird dieses *verlorene Licht symbolisch wieder aufge-*

nommen. Das Gewand wird zum Zeichen des geistigen Menschen, der nun tätig werden darf.

„Bekleide ich mich mit der Rüstung der Erlösung durch die Stärke des Allerhöchsten" – diese Wendung weist darauf hin, dass die Gewandung zugleich ein Akt des Schutzes und der Hingabe ist. Die *Rüstung der Erlösung* ist nicht irdischer Art. Sie ist geistiger Schutz, das Schild gegen Verwirrung, Täuschung, Stolz und geistige Angriffe. Der Magier ruft hier nicht seine eigene Stärke an, sondern die des Allerhöchsten – des Einen, der das Werk vollendet, wenn der Mensch in Reinheit wirkt.

Es folgt die Aufzählung alter mystischer Namen: **ANCOR, AMACOR, AMIDES, THEODONIAS, ANITOR** –

Diese Namen stammen aus der salomonischen Überlieferung und werden in verschiedenen Grimoiren, wie dem *Heptameron* oder dem *Ars Theurgia,* verwendet. Ihre genaue etymologische Herkunft liegt im Dunkel, doch ihre Kraft liegt nicht im Verstehen, sondern im *Sprechen mit geistiger Ausrichtung.* Sie bilden ein Klanggewölbe – eine Vibration der Absicherung, der Anrufung göttlicher Präsenz, eine Art *sprachliches Lichtgewand.* Wer sie mit geöffnetem Herzen spricht, webt sich damit ein geistiges Gewand aus Schwingung und Absicht.

Der folgende Satz *„auf dass durch Deine Stärke mein gewünschtes Ziel erreicht werden möge, o ADONAI"* ist kein Ausdruck magischer Kontrolle, sondern ein Bekenntnis zur göttlichen Führung. *ADONAI*, „mein Herr", ist einer der biblischen Hauptnamen Gottes – er steht für den Aspekt Gottes, der sich *dem Menschen zuwendet, lenkt, erhört*. Das Ziel, das der Magier erreichen will, steht *nicht in seinem Besitz*. Es ist eingebettet in göttlichen Willen – nur durch göttliche Kraft und Erlaubnis kann es verwirklicht werden.

Den Abschluss bildet das feierliche: *„Dem Lob und Herrlichkeit in Ewigkeit gebühren! AMEN!"* Dieser Schluss ist keine Floskel – er ist ein *Vertrags-siegel*. Mit ihm wird die Handlung zurückgegeben an das Göttliche, der Kreis geschlossen, das Ich in den Dienst gestellt. *Amen* bedeutet: *So ist es, so sei es, so wird es sein.*

Vorbereitende Anrufung

Dich rufe ich an, den Ungeborenen. Dich, der die Erde und den Himmel erschuf. Dich, der die Nacht und den Tag erschuf. Dich, der die Dunkelheit und das Licht erschuf. Du bist Osorronophris: Den nie jemand sah. Du bist Jäbas, Du bist Jäpös, Du hast zwischen dem

Gerechten und dem Ungerechten unterschieden. Du hast das Weibliche und das Männliche geschaffen. Du hast den Samen und die Frucht hervorgebracht. Du hast die Menschen geformt, dass sie einander lieben und dass sie einander hassen.

Ich bin Moses, Dein Prophet, dem Du Deine Mysterien gabst, die Zeremonien von ISRAEL. Du brachtest das Feuchte und das Trockene hervor und das, was all das geschaffene Leben nährt. Höre Du mich, denn ich bin der Engel von Paphrö Osorronophris: und dies ist Dein Wahrer Name, den Propheten Israels überliefert.

Höre mich: Ar, Thiao, Rheibet, Atheleberseth, A, Blatha, Abeu, Ebeu, Phi, Thitasoe, Ib, Thiao.

Höre mich an und mache mir alle Geister Untertan, so dass jeder Geist des Firmaments und des Äthers, auf der Erde und unter der Erde, auf trockenem Land und im Wasser, der wirbelnden Luft und des brausenden Feuers, und jeder Zauber und jede Plage Gottes mir gehorchen möge. Ich rufe Dich an, den Schrecklichen und Unsichtbaren Gott: Der im leeren Platze des Geistes wohnt: Arogogorobraö, Sothou, Modoriö, Phalarthaö, Doo, Apé, Den Ungeborenen: Höre mich an, Höre mich an, Roubriaö, Mariödam, Balbnabaoth, Assalonai, Aphniaö, I, Thoteth, Abrasax, Aeoöu, Ischure, Mächtiger und Unge-borener! Höre mich an, ICH rufe Dich an: Ma,

Barraiö, Jöel, Kotha, Athorebalö, Abraoth, Höre mich an, und Höre mich an: Aöth, Abaöth, Basum, Isak, Sabaoth, Iao.

Dieser ist der Herr der Götter, Dieser ist der Herr des Weltalls, Dieser ist Der, Den die Winde fürchten. Dieser ist Der, DER dadurch, dass er mit seinem Befehl die Stimme geschaffen hat, Herr aller Dinge ist; König, Herrscher und Helfer.

Höre mich an: Ieou, Pur, Iou, Pur, Iaöt, Iaeö, Ioou, Abrasax, Sabriam, Do, Uu, Adonaie, Ede, Edu, Angelos ton Theon, Anlala Lai, Gaia, Ape, Diathanna Thorun. Ich bin Er! Der Ungeborene Geist! Der Sicht in den Füßen hat, Stärke und das Unsterbliche Feuer! Ich bin Er! Die Wahrheit! Ich bin Er! Der es hasst, dass Böses in der Welt bewirkt wird! Ich bin Er! Der blitzt und donnert. Ich bin Er, von Dem der Regen des Lebens auf der Erde kommt. Ich bin Er, Dessen Mund immer lodert. Ich bin Er, der Erzeuger und Der es dem Lichte offenbart. Ich bin Er, die Anmut der Erde. Das von der Schlange umschlossene Herzen ist Mein Name! Komme hervor und folge mir und mache mir alle Geister Untertan, so dass jeder Geist des Firmaments und des Äthers, auf der Erde und unter der Erde, auf trockenem Land und im Wasser, der wirbelnden Luft und des brausenden Feuers, und jeder Zauber und jede Plage Gottes mir gehorchen möge! Iao, Sabao!

Die erste Beschwörung

Ich rufe dich an und beschwöre dich, O Geist (Name des Geistes), und gerüstet mit der Kraft der Höchsten Majestät befehle ich dir bei BERALANENSIS, BALDACHIENSIS, PAUMACHIA und APOLOGIAE SEDES, bei den allermächtigsten Prinzen, Genii, Liachidae und Ministern des Tartarus und bei den obersten Prinzen des Sitzes von Apologia in der Neunten Legion rufe ich dich an, und mit dem Anrufen beschwöre ich dich. Und da ich mit der Kraft der Höchsten Majestät gerüstet bin, befehle ich dir bei Ihm, Der sprach und es ward, Dem alle Wesen gehorsam sind. So auch ich, der nach dem Bilde Gottes gemacht, von Gott mit Macht versehen und nach Seinem Willen geschaffen ist, und ich beschwöre dich beim höchsten und mächtigsten Namen Gottes EL, stark und wunderbar, o du Geist N. . Und ich befehle dir bei Ihm, Der das Wort sprach und dessen Werk vollbracht ward, und bei all den Namen Gottes und auch bei den Namen ADONAI, EL, ELOHIM, ELOHI, EHYEH ASCHER EHYEH, ZABAOTH, ELION, IAH, TETRAGRAMMATON, SCHADDAI, Allerhöchster Herr und Gott; ich beschwöre dich und befehle dir machtvoll, o du Geist (Name des Geistes), dass du mir unverzüglich hier vor diesem Kreise in schöner menschlicher Gestalt ohne jede Verunstaltung oder Unlauterkeit erscheinst. Und bei diesem unaussprechlichen Namen, TETRAGRAM-

MATON JEHOVAH, befehle ich dir, bei dessen Hören die Elemente vernichtet werden, die Luft zittert, das Meer zurückläuft, das Feuer gelöscht wird und die Erde bebt und all die Scharen der Himmlischen, Irdischen und Höllischen zusammen zittern, beunruhigt und bestürzt sind. Weshalb du, o Geist N., unverzüglich und ohne Verzögern aus jenem oder allen Teilen der Welt, wo du auch immer sein magst, kommen und vernünftige Antworten zu allen Dingen, die ich dich fragen werde, geben sollst. Komme jetzt friedfertig, sichtbar und freundlich und ohne Verzug, um das zu bekunden, was ich wünsche. Denn du bist im Namen des Lebendigen und Wahren Gottes, HELIOREN, beschworen, weshalb du meine Befehle ausführen und so bis zum Schluss und in Übereinstimmung mit meinen Interessen verharren sollst, um sichtbar und freundlich zu mir mit klarer und verständlicher Stimme ohne Zweideutigkeit zu reden.

Die zweite Beschwörung

Ich rufe dich an, beschwöre dich und befehle dir, o du Geist (Name des Geistes), zu erscheinen und dich mir sichtbar vor diesem Kreise in schöner und anmutiger Gestalt ohne jede Verunstaltung oder Unlauterkeit zu zeigen; beim Namen und im Namen von YAH und VAU, den Adam hörte und sprach; und beim Namen Gottes, AGLA, den Lot hörte und samt seiner Familie gerettet ward; und beim Namen IOTH, den Jacob vom Engel, der mit ihm rang, hörte, und der dadurch aus der Hand seines Bruders Esau gerettet wurde; und beim Namen ANAPHAXETON, den Aaron hörte, und durch dessen Sprechen er weise wurde; und beim Namen ZABAOTH (oder TZABAOTH), den Mose nannte, und all die Flüsse wurden zu Blut; und beim Namen ASCHER EHYEH ORISTON, den Mose nannte, und die Flüsse brachten Frösche herbei, die in die Häuser gelangten und alles zerstörten; und beim Namen ELION, den Mose nannte, und es hagelte so sehr, wie es seit dem Anfang der Welt nicht geschehen war; und beim Namen ADONAI, den Mose nannte, und die Heuschrecken kamen und erschienen im ganzen Land und verschlangen alles, was der Hagel übriggelassen hatte; und beim Namen SCHEMA AMATHIA, den Josua anrief, und die Sonne stand still; und beim Namen ALPHA und OMEGA, den Daniel nannte und damit Bei zerstörte und den Drachen erschlug; und im Namen EMMANUEL, den die drei Kinder Schadrach, Meschach und Abed-nego inmitten des Feuerofens sangen und errettet wurden; und beim Namen HAGIOS; und beim Siegel von ADONAI, und bei ISCHYROS, ATHANATOS, PARA-CLETOS; und bei O THEOS, ICTROS, ATHANATOS; und bei diesen drei geheimen Namen AGLA, ON, TETRA-GRAMMATON beschwöre und zwinge ich dich. Und bei diesen Namen und bei all den anderen Namen des Lebendigen und Wahren Gottes, des Allmäch-tigen Herrn, beschwöre ich dich und befehle dir, o

Geist (Name des Geistes), und auch bei Ihm, Der das Wort sprach und es ward, und Dem alle Wesen gehorsam sind; und bei dem schrecklichen Gericht Gottes; und bei dem unsicheren See aus Glas vor der Göttlichen Majestät, mächtig und machtvoll, bei den vier Tieren vor dem Thron, die vorn und hinten Augen haben; beim Feuer um den Thron; bei den heiligen Engeln des Himmels; und bei der mächtigen Weisheit Gottes, beschwöre ich dich machtvoll, dass du hier vor diesem Kreise erscheinst, um meinen Willen in allen Dingen, die mir als gut erscheinen, auszuführen; beim Siegel von BASDATHEA BALDACHIA; und bei diesem Namen PRIMEUMATON, den Mose nannte, und die Erde öffnete sich und verschlang Kora, Dathan und Abiram. Weshalb du auf all meine Fragen ehrlich Antwort geben sollst, o Geist N., und meine Wünsche erfüllen, soweit du in diesem Amte dazu fähig bist. Weshalb du jetzt sichtbar, friedlich und freundlich und ohne Verzug kommen sollst, um zu bekunden, was ich wünsche, und mit klarer, vollkommener und verständlicher Stimme, so dass ich dich verstehen kann, sprechen sollst.

Die Anrede an den Geist

Sieh deinen Aufruhr, wenn du es ablehnst gehorsam zu sein! Sieh den fünfzackigen Stern Salomos, den ich dir zeige! Sieh die Person des Beschwörenden in der Mitte seiner Beschwörung, ihn, der durch Gott bewaffnet und ohne Furcht ist, ihn, der dich machtvoll anrief und dich in die Erscheinung hervorrief, ihn, deinen Meister, der OCTINOMOS genannt wird. Weshalb du auf meine Fragen vernünftige Antworten geben und dich darauf vorbereiten sollst, deinem Meister im Namen des Herren gehorsam zu leisten: BATHAL oder VATHAT stürzt sich auf ABRAC. ABEOR kommt über ABERER.

Die Begrüßung des Geistes

Sei willkommen, Geist (Name des Geistes), O edle Hoheit! Ich sage, dass du mir willkommen bist, weil ich dich durch Ihn gerufen habe, DER Himmel, Erde und Hölle und alles, was in ihnen ist, geschaffen hat, und weil du gehorcht hast. Mit derselben Kraft, mit der ich dich hervorgerufen habe, binde ich dich, auf dass du freundlich und sichtbar hier vor diesem Kreise und in diesem Dreieck so beständig und lange, wie ich Grund für dein Hiersein habe, verweilst; und nicht ohne meine Erlaubnis fortzugehen, ehe du nicht ordnungsgemäß und ehrlich und ohne Falschheit

meinen Willen ausgeführt hast. - Mit dem Pentagramm Salomos habe ich dich gerufen; gib mir
wahre Antworten!

Erlaubnis zum fortgehen

O, du Geist (Name des Geistes), weil du gewissenhaft
meinem Verlangen Folge geleistet hast und sehr
bereit und gewillt warst, auf meinen Ruf hin zu
kommen, erlaube ich dir hiermit, zu deinem eigenen
Orte fortzugehen, ohne Schaden oder Gefahr für
einen Menschen oder ein Tier zu verursachen. Gehe
dann, sage ich, und sei bereit, auf meinen Ruf hin zu
kommen, wenn du nach den heiligen Riten der Magie
beschworen wirst. Ich ermahne dich, dich ruhig und
friedlich zurückzuziehen, und der Friede Gottes sei
immer zwischen dir und mir! AMEN! Nachdem du
dem Geist die Erlaubnis fortzugehen erteilt hast,
darfst du den Kreis nicht verlassen, ehe er oder sie
nicht gegangen sind, und ehe du nicht die Gebete
und Dankbezeugungen an Gott gemacht hast für die
großen Segnungen, die Er dir gewährt hat, indem Er
dir deine Wünsche bewilligte und dich von all der
Tücke des Feindes, des Teufels errettete.

Die erste Beschwörung nach Armadel

O Ewiger Allmächtiger Gott, der Du jedes Lebewesen zu Deinem Lob und zu Deiner Ehre geschaffen hast, und für das Ministerium des Menschen:Ich flehe Dich an, mir den Geist (Name des Geistes) der (Bezeichnung der Ordnung) Ordnung zu senden, der mir Wissen vermitteln mag und mich die Dinge lehren, die ich von ihm fordere, dennoch geschehe nicht mein Wille, sondern Deiner durch Deinen einzig gezeugten Sohn Jesus Christus. Amen.

Die zweite Beschwörung nach Armadel

Ich (Name) beschwöre dich, o Geist (Name des Geistes) kraft der Großen und Heiligen Namen Gottes, dass du mir sofort und ohne Verzögerung in einer annehmbaren Form und ohne Lärm oder Verletzung meiner Person erscheinst, um mir auf all das, was ich von dir fordere, zu antworten; und ich beschwöre dich hierin in den Großen Namen des Lebenden Gottes und in diesen Heiligen Namen: EL + ELOHIM + ELOHO + ELOHIM +SEBAOTH + ELION + EIECH + ADIER + EIECH + ADONAI + JAH + SADAI + TETRAGRAMMATON +SADAI + AGIOS + O THEOS + ISCHIROS + ATHANATOS + AGLA + Amen.

Die Erlaubnis zu gehen

Da du ja friedlich und in Ruhe gekommen bist und mir auf meine Bitte geantwortet hast, danke ich Gott, in dessen Namen du gekommen bist. Kehre in Frieden an deinen Wohnort zurück und sei bereit, wiederzukommen, wann auch immer ich dich durch Christus unseren Herrn rufen werde! Amen.

Bericht eines magischen Experiments

Es war spät am Abend, als wir uns versammelten. Der Raum war schlicht, doch erfüllt von einer merkwürdigen Spannung – als würde etwas Unausgesprochenes in den Schatten lauern. Drei Menschen, ein Ziel. Keine prunkvollen Werkzeuge, keine magischen Kreise, keine metallenen Dreiecke – nur eine einfache, geweiht entzündete Kerze, auf der das uralte Siegel des Geistes **Bael** eingezeichnet war.

Ich hatte die Leitung übernommen – nicht aus Eitelkeit, sondern aus Verantwortung. Ein anderer sollte beobachten, schweigend und wach. Die dritte im Bunde war unser Medium, das sich bereit erklärt hatte, das Tor zu öffnen – falls ein Tor sich öffnen würde.

Zunächst aber das Gebet. Keine Magie ohne Demut. Kein Ruf ohne Schutz. Gemeinsam sprachen wir das Vaterunser, dann die Verse 11 und 12 aus Psalm 91: *„Denn er hat seinen Engeln befohlen, dass sie dich behüten auf allen deinen Wegen. Sie werden dich auf Händen tragen, damit dein Fuß nicht an einen Stein stößt.“*

Mit jeder Silbe wurde es stiller im Raum. Etwas näherte sich. Oder wir rückten näher an etwas heran.

Das Medium legte sich auf eine weiche Matratze, schloss die Augen, und ich begann sie in die Tiefe zu führen – nicht mit Gewalt, sondern mit Gleichmaß. „Dein Atem fließt ruhig und gleichmäßig … ruhig und gleichmäßig …“

Mit jedem Atemzug ließ sie los. Mit jedem Atemzug sanken wir – ich durch das Wort, sie durch das Erleben.

Eine Wiese, sagte ich. Spüre den Wind. Sieh die Wolken. Lass sie ziehen. Der Himmel klärt sich. Nun:

Der Blick zum Boden. Eine Klappe.

„Ich sehe sie“, antwortete sie.

„Öffne sie und steige hinab.“

Sie tat es. Die Worte waren klar, fast nüchtern, doch die Spannung im Raum wuchs.

„Ich bin unten.“

„Was siehst du?"
„Einen Raum."
„Und?"
„Eine Tür. Alt. Wie in einer Kirche."

Ich sprach Worte, die älter waren als Erinnerung:

„Da machte Gott der Herr den Menschen aus Staub
… und blies ihm den Odem des Lebens ein."
Und dann:
„Dein Leib ist ein Tempel des Heiligen Geistes."

Ich ließ sie atmen, ließ sie den Odem Gottes ein-atmen – jenen Odem, der in jedem lebendigen Wesen fließt, wenn es zu begreifen beginnt, dass es mehr ist als Fleisch. Sie antwortete:

„Ich spüre ihn."

Dann kam der Ruf. Mit stiller Kraft sprach ich durch sie:
„Im Namen Gottes, dem Allmächtigen … Bael, erster Geist, der du im Osten regierst … tritt hervor. Ich rufe nach dir. BAEL!"

Und in diesem Augenblick – nicht laut, nicht grell, sondern schleichend wie Frost über Haut – veränderte sich der Raum.

Kaum war der Name **BAEL** ausgesprochen, veränderte sich die Atmosphäre im Raum spürbar. Es war, als wäre die Luft dichter geworden, kälter – als würde man plötzlich in einem Raum atmen, der nicht mehr ganz Teil dieser Welt war. Niemand sprach es aus, aber jeder von uns spürte es: *Etwas hatte geantwortet.*

Das Medium, noch immer mit geschlossenen Augen, begann unruhig zu atmen. Ihre Stimme klang fremd, belegt, als sie sagte:

„Es wird kalt. Und ich... ich habe ein ungutes Gefühl." Der Beobachter wandte sich mir zu. Auch er wirkte bleich, als würde sich etwas Unsichtbares an seinen Gedanken vergreifen.

Dann geschah etwas Merkwürdiges. Von draußen drang ein Laut zu uns, zunächst undeutlich – dann immer klarer: das Kreischen von **Katzen**. Nicht wie gewöhnliches Miauen, nicht wie nächtlicher Streit um Reviere, sondern wie gezielte Reaktion auf eine unsichtbare Störung. Zuerst eine, dann mehrere. Sie schienen näher zu kommen, Stimmen, die sich überlagerten, scharf und schrill.

„Ich führe dich zurück", sagte ich zum Medium, dessen Stirn nun von Schweiß glänzte.

„Dein Atem fließt ruhig und gleichmäßig. Du bist sicher. Du gehst die Treppe wieder hinauf. Höher und höher. Schritt für Schritt. Du spürst wieder die Wiese

unter dir, den Wind, das Licht. Atme ruhig, atme tief."

Langsam beruhigte sich ihr Körper. Die Spannung wich, aber der Raum blieb verändert. Etwas hatte die Tür geöffnet. Etwas war da – vielleicht nicht vollständig, aber nahe genug, um Spuren zu hinterlassen.

Als das Medium die Augen wieder öffnete, war sie noch immer blass, aber klar. Ich sprach einige beruhigende Worte, während der Beobachter in den angrenzenden Raum ging, um nach den Geräuschen zu sehen.

Sein Ruf kam keine zwanzig Sekunden später: „Kommt bitte... ihr müsst das sehen!"

Ich trat hinzu. Und da waren sie: **mehrere Katzen**, direkt vor der großen Glastür, die in den nächtlichen Garten führte. Sie starrten uns an – nicht wie Tiere, die etwas erwarteten, sondern wie Wesen, die *etwas erkannt hatten*. Ihre Körper waren gespannt, die Augen weit geöffnet. Plötzlich begannen sie zu fauchen, und dann schlugen sie mit den Pfoten gegen das Glas, als wollten sie *hindurchbrechen*.

Es war, als hätte sich in der Nacht ein unsichtbarer Riss geöffnet – ein Spalt zwischen den Welten. Und was wir gerufen hatten, war nicht ungehört geblieben.

Die Katzen hatten sich vor der Tür versammelt wie ein Rudel Wächter, aber ihr Verhalten war nicht natürlich. Es war zielgerichtet, fast *bewusst* – als spürten sie etwas, das hinter dem Schleier unserer Welt hervorgetreten war. Ihr Fauchen durchdrang die Nacht, und ihre Bewegungen waren von einer Unruhe erfüllt, die sich nicht nur auf Reize, sondern auf Präsenz gründete.

„Genug", sagte ich leise, aber bestimmt. Etwas in mir wusste: Wenn wir jetzt nicht handeln, würden wir eine Tür offenlassen, die nicht dafür bestimmt war, offen zu bleiben.

Ich wandte mich zurück in den Raum, stellte mich aufrecht hin, atmete tief und begann mit dem **kleinen bannenden Pentagramm-Ritual** – nicht als bloße Form, sondern als geistige Gegenwehr, als *Zeichen der Rücknahme*. Meine Stimme war ruhig, aber getragen von Klarheit:

> „Im Namen des Herrn und seiner
> heiligen Namen –
> **BAEL, ich kenne dich! Geh in Frieden!**
> Du hast keine Erlaubnis, hier zu
> verweilen."

Ich zeichnete das Pentagramm in die Luft, vor mir, neben mir, hinter mir – ein Kreuz aus Licht gegen die Dunkelheit, die sich in uns eingenistet hatte.

> „Im Namen des Herrn +
> Im heiligen Namen **Jehovah** +
> Im Namen von **Jesus Christus** +
> Im Namen des Erzengels **Michael** +
> **Ich banne dich! +**
> Höre meine Worte, BAEL!
> Ich banne dich im Namen des Herrn!
> Ich banne dich im Namen Jehovah!
> Ich banne dich im Namen Jesus
> Christus!"

Die Temperatur im Raum begann sich zu verändern. Wo eben noch diese seltsame, bleierne Kälte geherrscht hatte, spürte ich, wie die Luft sich wieder bewegte, als würde etwas Unsichtbares zurückweichen. Ein leiser Strom, kaum mehr als ein Hauch – aber er war da. Die Kerzenflamme flackerte, nicht durch Wind, sondern durch *Anwesenheit*, die nun wich.

Von draußen wurden die Katzen leiser. Ihr Fauchen verstummte, und nach wenigen Augenblicken begannen sie sich zurückzuziehen – eine nach der anderen, als hätte ein unsichtbares Signal sie erreicht.

Stille breitete sich aus. Eine tiefe, fast ehrfürchtige Stille, in der jeder Atemzug wie eine Rückkehr zur Normalität war. Es war vorbei. Oder zumindest – *für jetzt.*

Wir blieben noch eine Weile im Raum, ohne zu sprechen. Der Beobachter sah mich an, als wollte er etwas sagen, entschied sich aber dagegen. Das Medium lag ruhig, ihre Augen geschlossen, nicht erschöpft, sondern wie jemand, der aus einem langen Traum erwacht war und dessen Bedeutung erst langsam sickert.

Wir hatten etwas berührt, das größer war als Worte.

Die Nacht war vergangen, aber das Gefühl blieb. Es war nicht mehr Bedrohung, nicht mehr Unruhe – eher eine seltsame Schwere, wie ein leiser Nachhall in der Luft, der auch durch Lüften nicht verschwand. Niemand von uns sprach am nächsten Morgen sofort über das Geschehene. Es war, als hätte das, was sich gezeigt hatte, auch *uns* verändert. Als hätte jede Silbe, jeder Atemzug in dieser Nacht etwas in uns verschoben.

Ich war der Erste, der wieder in den Keller hinabstieg – nicht um zu prüfen, sondern weil ich es musste. Der Körper folgte dem inneren Ruf. Ich trat hinaus, durch die schwere Kellertür, hinab zur äußeren

Steintreppe, die in den Garten führte. Und dort lagen sie:

Frösche. Zahlreich. Regungslos. Tot.

Sie lagen sauber nebeneinander, nicht zerquetscht, nicht verwest. Kein Anzeichen von Kampf oder Zerfall. Nur Stille. Nur Anwesenheit. Ihre Körper waren feucht vom Morgentau, als hätte sie jemand eben erst hingelegt – als Zeichen, als Spur, als Erinnerung.

Ich rief die anderen. Auch sie standen bald schweigend vor den kleinen Leibern. Niemand sagte: „Das ist Zufall." Niemand versuchte, es zu erklären. Manchmal weiß der Geist, wann Worte nur fliehen und nicht deuten.

Der Beobachter fragte schließlich leise:

„Was denkst du, was es bedeutet?"
Ich schwieg lange, ehe ich antwortete:
„Es bedeutet, dass wir gehört wurden."

Denn das, was wir angerufen hatten, war nicht bloß eine Kraft aus alten Büchern. Es hatte Form gefunden – nicht mit Feuer und Rauch, sondern im **Echo des Lebendigen**: in der Kälte, im Blick der Katzen, im Zittern des Atems, im Schweigen der toten Tiere. Keine Halluzination. Keine Einbildung. Sondern eine *Antwort*.

Was Bael wirklich ist – Geist, Gedanke, Spiegel, Symbol – entzieht sich der Sprache. Doch eines ist gewiss: Das Tor hatte sich geöffnet. Und es hatte sich auch wieder geschlossen.

Ich verzeichnete alles. Wort für Wort. Bild für Bild. Nicht aus Aberglauben, sondern aus Achtung. Denn die Magie, die aus dem Kreis tritt, hinterlässt nicht immer Glanz – manchmal hinterlässt sie Spuren im Gras, eine Kälte im Raum, oder eben: drei Frösche, die niemand gesehen hat kommen.

Und seither weiß ich:

Wirklich gefährlich ist nicht die Magie.
Wirklich gefährlich ist, wenn man glaubt, sie sei nur ein Spiel.

Ein weiteres Experiment

Spät am Abend bereitete ich alles gemäß den Anweisungen des *Grimoire Armadel* vor. Auf ein Tuch malte ich mit Bedacht den magischen Kreis. Die eigentliche Operation leitete ich mit einer meditativen Atemübung ein, um meine Kräfte zu sammeln und das Bewusstsein auf das Kommende auszurichten.

Ich trat in den Kreis, schloss die Augen und begann,
ruhig und gleichmäßig zu atmen. Innerlich sprach ich:

> Mein Atem fließt ruhig und gleichmäßig.
> Ruhig und gleichmäßig fließt mein
> Atem.
> Ich atme ein und wieder aus – ein und
> wieder aus.

Mit jedem Atemzug stellte ich mir vor, den *Odem
Gottes* in mich aufzunehmen und alles Fremde aus-
zuatmen. Ich ließ ihn in meinen Brustkorb strömen,
ließ ihn mein Innerstes erfüllen:

> Ich atme den Odem in meinen Brust-
> korb und fülle ihn damit. Mit jedem
> Atemzug wird mein Brustkorb vom
> Odem Gottes durchdrungen – immer
> mehr, immer tiefer.

Ich führte diesen Strom bewusst weiter: in meine
Arme, meine Hände, den Bauch, den Rücken, bis
hinunter in die Beine und schließlich in die Füße. Der
Odem Gottes durchströmte mich ganz und gar. Dann
lenkte ich ihn durch die Wirbelsäule empor bis zum
Scheitelpunkt:

> Ich atme den Odem Gottes in meinen
> Rücken, die Wirbelsäule hinauf – bis
> mein ganzer Körper erfüllt ist.

Schließlich dehnte ich diese Atemformel aus – auf den *göttlichen Funken* und das *Licht Gottes*. Ich atmete sie ein, ließ sie in mich hineinströmen, füllte Brust und Leib, und atmete alles andere aus. Mit jedem Atemzug wurde mein Innerstes lichter.

Anschließend führte ich das anrufende Pentagramm-Ritual aus. Mit zwei Fingern der linken Hand zog ich die flammenden Pentagramme in die Luft – Linie um Linie, leuchtend visualisiert, während ich sie formte. Nach dem Zeichnen eines Pentagramms stieß ich in dessen Zentrum und verband es mit einer flammenden Linie zum nächsten. So entstand ein geschlossener Kreis aus leuchtenden Zeichen, die mich schützend umgaben.

Daraufhin sprach ich die erste Beschwörungsformel aus dem *Armadel*. Als keine Reaktion erfolgte, folgte die zweite. Auch diesmal blieb die Atmosphäre still. Ich verließ daraufhin den Kreis, legte mich nieder und ließ bei ruhigem Atem die Energien fließen.

Nach einigen Minuten veränderte sich die Atmosphäre. Eine kühle Präsenz breitete sich aus – von den Füßen aufwärts. Es fühlte sich an, als lege sich eine unsichtbare Decke aus kalter Energie über mich. Ein zunehmender Druck auf meinem Brustkorb erschwerte das Atmen. Dann durchzuckte mich plötzlich ein inneres Erschrecken.

Zur linken Seite spürte ich eine deutlich intensivere Kälte. Ich öffnete die Augen – der Raum lag in Dunkelheit, einzig die Kerze flackerte schwach. Als ich den Kopf nach rechts drehte, sah ich ihn: eine schwarze Gestalt, etwa zwei Meter groß, menschenähnlich im Umriss, aber vollkommen dunkel. Er bewegte sich langsam, wandte sich mir zu – als würde er auf etwas warten.

Ich schloss sofort wieder die Augen. Die Kälte kam näher. Ich spürte, wie er sich näherte. In dieser bedrohlichen Nähe befahl ich ihm mit fester Stimme, zu weichen. Ich sprach mehrfach das Vaterunser und daraufhin die Entlassungsformel.

Es vergingen einige Minuten, bis sich die Kälte auflöste. Zur Reinigung führte ich abschließend das bannende Pentagramm-Ritual durch. Damit war die Operation beendet.

Für diese Arbeit hatte ich das Siegel von *Astaroth* verwendet.

Erklärende Worte: Was äußerlich als einfache rituelle Handlung erscheint, ist in Wahrheit die Nachahmung eines uralten Modells: der **Erschaffung eines heiligen Raumes, der Durchlässigkeit zur geistigen Welt und der Kontaktaufnahme mit einer intelligiblen Wesenheit**. Der Bericht schildert keine bloße Meditation, sondern einen Eintritt in den inneren Tempel, in das *Sanctum Regnum*, das nur jenen offensteht, die bereit sind, sich selbst zu durchdringen.

I. Der Kreis: Das Siegel der Abgrenzung

Der auf ein Tuch gezeichnete Kreis ist **Grenze und Gefäß zugleich**, ein mandalischer Schutzmechanismus gegen die Kräfte der Zerstreuung. Wer einen Kreis zieht, schafft Raum im Chaos und erklärt: *Dies ist heilig. Dies ist meine Mitte.* Im Grimoire Armadel ist der Kreis nicht nur ein Werkzeug, sondern ein **Magnet für Engel wie für Dämonen**, je nach Reinheit des Intendierten.

II. Der Odem: Die Theurgie des Atems

Der Odem, den der Praktizierende einatmet, ist identisch mit dem hebräischen **Ruach Elohim** – dem Geist Gottes, der über den Wassern schwebte, bevor alles war. Durch bewusstes Atmen wird der Mikrokosmos gereinigt und in den **Rhythmus des Makrokosmos** überführt. Es ist ein Reinigungsprozess, aber auch ein Schöpfungsakt: Der Mensch wird zu einem neuen Adam, gefüllt mit dem göttlichen Hauch, bereit, zu benennen, zu ordnen – oder zu binden.

Jedes Körperteil, das mit dem göttlichen Atem erfüllt wird, wird zu einem **Gefäß der Sephiroth**, zu einem

Tempel, in dem die göttliche Ordnung sich niederlässt. Dies ist nichts weniger als ein Akt der **Inkarnation des Göttlichen im Menschen** – eine theurgische Tat.

III. Der Funke, das Licht: Die inneren Feuer

Der „göttliche Funke" verweist auf die **kabbalistische Lehre der Nitzotzot**, jener göttlichen Splitter, die im Fall der Schöpfung in die Materie stürzten. Der Magier sammelt sie durch Atem, Wille und Konzentration.

Das „Licht Gottes", das er einatmet, ist **Or Ein Sof**, das Licht des grenzenlosen Einen. Dieses Licht ist nicht nur Helligkeit – es ist **Bewusstsein, Wille und Formkraft**.

Das Einatmen dieser Lichter ist keine bloße Visualisierung – es ist ein inneres Alchimieren. Der Körper wird zur Athanor, zum Schmelzofen, in dem die niederen Elemente vergeistigt werden.

IV. Die Pentagramme: Tore der Elemente

Das Zeichnen der flammenden Pentagramme ist ein Akt der **Verdichtung astraler Energie**. Das Pentagramm ist das uralte Symbol des Mikrokosmos, des Menschen in seiner Herrschaft über die vier Elemente und seinen Aufstieg zum Geist. Durch die flammende Visualisierung wird das Symbol aktiviert.

Die Linien, in denen das Feuer geführt wird, bilden **energetische Schneisen im Astralraum**, die sowohl schützen als auch einladen.

Die Verbindung der Pentagramme durch eine flammende Linie ist ein hermetischer Akt: Der Magier **bindet die Kräfte der Himmelsrichtungen zu einem geweihten Raum**, einem Kreis, der nicht nur schützt, sondern auch durchlässig ist für das, was aus höheren Sphären herabsteigt.

V. Die Beschwörung: Öffnung der Tore

Die Rezitation der Beschwörung aus dem Armadel ist der Moment, in dem der Magier **nicht mehr ruft – sondern ruft werden lässt**. Die Stimme wird zur *Kavannah*, zur ausgerichteten Absicht, zur „Schwingung des göttlichen Namens" im eigenen Mund. Dass bei der ersten Anrufung „nichts" geschieht, zeigt, dass die Welt der Geister **nicht mechanisch funktioniert**. Die Wesen reagieren auf innere Ordnung, nicht nur auf gesprochene Worte. Die Wiederholung ist ein Akt des Willens – eine Initiation in Geduld und Demut.

VI. Die Manifestation: Der Schatten als Spiegel

Was erscheint, ist kein Dämon im volkstümlichen Sinne. Die schwarze Gestalt ist ein **archetypischer**

Hüter, eine Schwelle, ein Wächter der Schwelle – psychologisch gesehen eine Projektion des Unterbewussten, okkult gesehen eine **astrale Form**, die vom Willen angezogen, aber nicht vollständig integriert wurde.

Die Kälte, das Druckgefühl, die Bewegung – all das sind **objektiv-subjektive Wahrnehmungen** im Zustand der erweiterten Realität. Die Figur wartet – nicht, um zu schaden, sondern weil sie **Antwort erwartet. Sie ist das Spiegelbild eines ungelösten Schattens, vielleicht sogar ein Fragment Astaroths – oder nur die Maske, die Astaroth trägt, um geprüft zu werden.**

VII. Das Gebet, die Entlassung: Rückkehr ins Zentrum

Das Vaterunser ist mehr als ein christliches Gebet. In der Magie ist es ein **Anker**, der das zerrinnende Ich zurückruft und mit dem archaischen Bild des *Vaters* verbindet – der archetypischen Ordnung. Es ist eine Beschwörung göttlicher Ordnung inmitten astraler Bewegung.

Die Entlassungsformel ist ein Akt des Willens: Der Magier **nimmt seine Autorität zurück**, löst die Bindungen, entlässt das Geisterhafte. Das abschließende bannende Pentagramm-Ritual schließt den Kreis, löscht die Spuren – wie ein Schreiber das Wachs versiegelt, das zuvor beschrieben wurde.

VIII. Astaroth: Der zweigesichtige Intellekt

Dass das Siegel von **Astaroth** verwendet wurde, ist von größter Bedeutung. Astaroth, in der Kabbala als dunkle Form eines gefallenen Intellekts verstanden, ist **eine Gestalt der Erkenntnis** – verbunden mit Urania, dem Sternenprinzip, aber auch mit Luzifer, dem Lichtträger.

Er steht an der Grenze zwischen Licht und Finsternis, zwischen Erkenntnis und Überhebung. Wer ihn ruft, **ruft die Tiefe des eigenen Geistes herauf** – samt der Gefahr, von ihr verschlungen zu werden.

Räucherwerk für zeremonielle Magie

Für rituelle Räucherungen werden seit jeher Räuchergefäße wie Weihrauchfässer oder spezielle Pfannen verwendet. In der heutigen Zeit greift man häufig auf fertige Räuchermischungen zurück, die auf spezieller Räucherkohle verglimmen. Ursprünglich jedoch wurden **feste Räucherwürfel** verwendet – ähnlich jenen, wie sie auch in Kirchen für den liturgischen Gebrauch bekannt sind.

Anleitung zur Herstellung von Weihrauchwürfeln

Diese traditionellen Räucherwürfel lassen sich mit einfachen Mitteln selbst herstellen:

1. **Zubereitung der Grundmasse:**

   - Zuerst wird **Holzkohle** in einem Mörser fein zerrieben.

   - Parallel dazu wird **Weihrauchharz** (z. B. Olibanum) in warmem Wasser aufgelöst, bis eine **zähe, sirupartige Masse** entsteht.

   - Nun wird **fein zerstoßenes Kaliumnitrat (Salpeter)** zur Harzmasse gegeben und gut vermischt.

2. **Vermengen und Formen:**

   - Die zähe Harz-Salpeter-Mischung wird nun mit der zerriebenen Kohle gründlich vermengt.

   - Ist die Masse homogen, wird sie etwa **einen Zentimeter dick** auf eine feuerfeste Unterlage aufgetragen.

   - Mit einer Kelle oder einem Messer werden nun **Würfel von etwa drei**

Zentimetern Kantenlänge
ausgestochen oder vorgeschnitten.

3. **Trocknung und Lagerung:**

   - Die fertigen Räucherwürfel werden bei **niedriger Temperatur im Ofen** (z. B. 50–70 °C) langsam getrocknet.

   - Anschließend lagert man sie **trocken und luftdicht**, um ihre Brennfähigkeit und Duftintensität zu bewahren.

Variationen mit Kräutern und anderen Harzen

Auch individuelle Räuchermischungen lassen sich auf diese Weise in Würfelform bringen. Als Grundrezept gilt:

- **1 Kilogramm fein zerstoßene Kohle**

- **100 Gramm Harz (z. B. Myrrhe, Dammar oder Copal)**

- **20 Gramm Salpeter (für die Selbstzündung)**

- **Wasser nach Bedarf zur Konsistenzregulierung**

Soll die Mischung durch Kräuter ergänzt werden (z. B. Salbei, Beifuß, Lavendel), so werden diese fein zerkleinert und **im Verhältnis zum Harz beigemengt**.

Für die Beschwörung von Feuergeistern verwendet man eine Mischung aus:

10 Teilen Galbanum – ein Harz mit durchdringendem, erdig-scharfem Duft; es wirkt als **Schlüsselräucherwerk** zur Öffnung feuriger Tore. Galbanum besitzt eine zugleich erhöhende und reinigende Wirkung und steht unter marsischem Einfluss.

10 Teilen Stramonium (Stechapfel) – eine mächtige Pflanze aus dem Bereich der **noxischen Zauberkräuter**, in kleinsten Mengen verwendet. Sie dient der **Durchbrechung von Wahrnehmungsschwellen**, öffnet die Sinne für astrale Bewegung und kann Visionen herbeiführen. Achtung: Stramonium ist **hochgiftig** und nur für erfahrene Praktizierende geeignet.

5 Teile Aloe – insbesondere das Harz der Aloe (auch als Bitter-Aloe bekannt), hat eine **fixierende und verbindende Eigenschaft**, die dem aufsteigenden Element Feuer eine **zähmende Struktur** verleiht. Sie verankert die Geisterkräfte im rituellen Raum und verhindert deren Zerstreuung.

Für die Beschwörung von Luftgeistern:

Wer die feinstofflichen Wesenheiten des **Luftelements** – die Sylphen, Intelligenzen des Ostens, Boten der Gedanken und Träger des Äthers – zu rufen sucht, bedient sich einer erprobten Mischung aus pflanzlichen Substanzen, die ihrer Natur nach dem **beweglichen, flüchtigen und geistförmigen Charakter der Luft** entsprechen. Diese Mixtur wirkt erweiternd auf das Bewusstsein, lösend auf astrale Blockaden und erleichtert den **Kontakt zu ätherischen Intelligenzen**.

Die bewährte Rezeptur lautet:

10 Teile Sandelholz – ein edles Holz von feiner, klarer Süße, das für **Reinheit, geistige Klarheit und Weite** steht. Es dient als Basis und Träger der Mischung und öffnet den Raum für feinstoffliche Vibrationen. In der Hermetik gilt Sandelholz als **Merkurisch**, luftzugehörig und erhaben.

10 Teile Belladonna (Tollkirsche) – ein mächtiges Nachtschattengewächs, das in geringster Dosierung als **Bewusstseinserweiterer und Schwellenbrecher** dient. Belladonna hebt die sinnliche Wahrnehmung ins Visionäre, doch ihr Gebrauch ist **höchst gefährlich** und erfordert rituelle Reinheit und Erfahrung.

5 Teile Euphorbion (das Harz der Wolfsmilch) – ein ätzend-brennendes Harz mit **stark auflösendem, schneidendem Charakter**. Es wirkt als *Schleierheber* zwischen sichtbarer und unsichtbarer Welt, beschleunigt astrale Bewegungen und verleiht den

Geisterstimmen Klarheit – oft unter dem Einfluss von Jupiter oder Merkur stehend.

Diese Mischung wird **bei aufsteigendem Merkur**, vorzugsweise im Zeichen der Zwillinge oder der Waage verräuchert – im gezeichneten Luftelement-Kreis, bei geöffnetem Osten, mit einer auf Luftkräfte abgestimmten Sigille und unter Anrufung der himmlischen Intelligenzen von Raphael, Chassan oder Paralda.

Für die Beschwörung von Wassergeistern:

Die Anrufung von **Wassergeistern** – den Undinen, Nymphen, flüchtigen Wesen der Tiefe, Trägerinnen der Emotion, Erinnerung und Spiegelung – erfordert eine Räuchermischung, die das **feuchte, mondhafte und fließende Wesen** des Wassers widerspiegelt. Diese Substanzen öffnen das astrale Tor zu den Regionen des Gefühls, der Traumvision und des inneren Seelenbildes.

Die bewährte Mischung setzt sich wie folgt zusammen:

10 Teile Siam-Benzoe (Benzoe Sumatra oder Siam) – ein balsamisch-süßliches Harz mit einer stark **reinigenden, schützenden und seelisch öffnenden**

Wirkung. Es verankert das Ritual im Sphärischen des Wassers, fördert Empfänglichkeit und unterstützt intuitive Wahrnehmung. In der Hermetik gilt es als **venusisch** mit lunarem Einschlag.

10 Teile Verbena (Eisenkraut) – traditionell ein Kraut der **Mondgöttin und des Heils**, fördert es **Zartheit, Visionen und Harmonie**. Verbena hebt die seelische Resonanzschwingung und stärkt die Verbindung zu wässrigen Wesenheiten – insbesondere jenen, die in Traum, Spiegel oder Nebel erscheinen.

5 Teile Bernstein – fossiles Harz mit tiefer **Anbindung an uralte Meereskräfte**. Bernstein verbindet die Erd- und Wasserreiche, speichert Sonnenlicht, das durch das Wasser sank, und trägt eine **alchemistische Erinnerung** in sich. Er dient als **Anker** der astralen Energie, als Schutzstein und als Bindemittel zwischen Ritualraum und Geisterwelt.

> Diese Mischung wird vorzugsweise **bei zunehmendem Mond** verräuchert, in der Richtung des **Westens**, begleitet von blauen Tüchern, Wassergefäßen oder Muscheln. Die Sigille sollte wässrige Kurven enthalten, und der Name des Wasserkönigs **Nichsa** oder der Intelligenz **Tharsis** kann angerufen werden. Der Kontakt erfolgt oft durch Träume,

fließende Schatten oder wellenförmige Bewegungen im Rauch.

Für die Beschwörung von Erdgeistern:

Die Beschwörung von **Erdgeistern** – den Gnomen, Hütern der Substanz, Bewahrern des verborgenen Wissens unterhalb der Schwelle – erfordert eine Mischung von Stoffen, die das **schwere, dichte und geheimnisvoll verschlossene Wesen** der Erde widerspiegeln. Diese Räucherung dient der **Verdichtung astraler Kräfte**, der Herbeirufung elementarer Stabilität und der Kontaktaufnahme mit jenen Wesen, die in Stein, Metall, Wurzel und Knochen hausen.

Die klassische Mischung umfasst:

10 Teile Storax (Flüssigamber) – ein tiefdunkles, aromatisch-schweres Harz, das **Verwurzelung, Erdung und Schutz** symbolisiert. Storax trägt eine saturnische Signatur und dient als Türöffner zu den niederen astralen Regionen, ohne dabei die Anbindung an das Licht zu verlieren.

10 Teile Bilsenkraut (Hyoscyamus niger) – ein traditionsreiches Hexenkraut aus der Familie der Solanaceae, das in geringen Mengen eingesetzt wird, um das Bewusstsein **in die Tiefe und Dunkelheit des Unterbewussten** zu lenken. Es erleichtert den

Kontakt zu den stillen, uralten Kräften der Erde – jedoch ist es **hochgiftig** und nur erfahrenen Adepten vorbehalten.

5 Teile Kopal (Copal Blanco oder Negro) – ein heiliges Harz mesoamerikanischen Ursprungs, das als **Träger von Ahnenkraft, Erdahnung und Opferrauch** gilt. Es dient dazu, die Schwingung der Räucherung zu erhöhen, ohne sie aus der Erdverbundenheit zu reißen. Kopal verleiht dem Ritus eine **rituell-weihende Aura**, verbunden mit dem Atem des Bodens.

> Die Mischung wird bevorzugt **bei abnehmendem Mond**, bei Sonnenuntergang oder in der Stunde Saturns verräuchert – **in westlich ausgerichteten Kellerräumen, Höhlen oder geweihten Naturorten**, begleitet von Zeichen des Quadrats, Symbolen des Schwarzen Salzes oder gezeichneten Runen der Festigkeit. Namen wie **Ghobe**, **Ariel** oder **Taphthartharath** können angerufen werden. Erscheinungen zeigen sich meist in Form von Geräuschen, Steigerung der Schwere oder unterirdischem Grollen.

Für eine große Beschwörung verwendet man eine Mischung aus:

10 Teile Belladonna (Tollkirsche) – eine Pflanze der Nacht, Hüterin der Schwellen, Trägerin dunkler Visionen. Sie öffnet das innere Auge für das, was außerhalb des Lichts liegt. Belladonna wirkt stark auf das Seelisch-Astrale ein und leitet die Energie der Venus in ihrer okkulten, unterweltlichen Gestalt.

10 Teile Bilsenkraut (Hyoscyamus) – ein altes Hexenkraut, das die Grenzen des Denkens auflöst und tiefergelegene Bewusstseinsschichten aktiviert. Es wirkt narkotisch, destabilisiert das rationale Ich und bereitet den Raum für die Einwirkung mächtiger Geisterkräfte.

10 Teile Stramonium (Stechapfel) – der rauchende Schlüssel zu den Schattenreichen. Seine Präsenz im Rauch wirkt als **Beschleuniger astraler Bewegung** und als Lockmittel für geistige Wesenheiten, besonders jene, die jenseits des üblichen Verständnisses hausen.

5 Teile Weihrauch (Olibanum) – die heilige Opfergabe. Als Sonnenharz erhebt er die Mischung, heiligt sie, strukturiert sie. Der Weihrauch verleiht dem Ritus Glanz, Autorität und Schutz.

5 Teile Galbanum – ein Harz mit durchdringend erdiger, fast urzeitlicher Note. Galbanum öffnet den Raum für uralte, elementare Kräfte und verbindet mit dem **Geist der Tiefe**.

5 Teile Asa foetida (Teufelsdreck) – ein scharf riechendes Harz, das in der Magie traditionell zum **Vertreiben oder Herbei-zwingen störrischer Geister** dient. Es ist zu-gleich Bannmittel und Öffner, Licht- wie Schattenstoff – das wahre Harz der Grenz-überschreitung.

> Diese Mischung ist mit höchster Vor-sicht zu verwenden. Sie wird nur im **vollständig geweihten magischen Kreis** verbrannt – vorzugsweise bei Neumond oder in einer Saturn- oder Mars-Stunde. Der Rauch ist **physisch wie geistig äußerst intensiv**; er durchdringt nicht nur die Lungen, sondern auch das astrale Feld des Magiers.

> Eine solche Beschwörung sollte **niemals ohne vollständige rituelle Vorbe-reitung**, ohne Schutzzeichen, geweihte Werkzeuge und klare Absicht durchge-führt werden. Die Anwesenheit eines zweiten Eingeweihten als Wächter wird empfohlen. Die Wesen, die durch diese

Mischung erscheinen, sind von hoher Macht, aber auch von tiefer Ambivalenz.

An dieser Stelle sei mit allem Nachdruck gewarnt vor dem unreflektierten Umgang mit Substanzen, die eine **berauschende, betäubende oder bewusstseinserweiternde Wirkung** entfalten. Kräuter wie **Belladonna, Bilsenkraut oder Stramonium**, ebenso wie Auszüge von Alraune, Stechapfel oder Mohn, sind **nicht nur pharmakologisch hochwirksam, sondern auch magisch gefährlich**.

Diese Pflanzen stehen **unter dem Schutz dunkler Schwellenhüter** – sie öffnen Tore, aber nicht selten ohne Rückweg. Ihre Anwendung verlangt nicht nur tiefes Wissen über Dosierung und Wirkung, sondern auch eine **vollständige rituelle Reinheit des Geistes**, emotionale Stabilität und ein in sich ruhendes Ich.

> **Wer solche Mittel leichtfertig verwendet, riskiert nicht nur körperlichen Schaden, sondern auch seelische Spaltung.**

In der **wahren Magie ist es nicht das Gift, das wirkt – sondern der Wille.** Die Pflanze ist Werkzeug, nicht Ersatz für geistige Arbeit. Kein Rauch, kein Kraut, kein Elixier kann den inneren Weg ersetzen, den der

Magier durch Selbsterkenntnis, Disziplin und Hingabe zu gehen hat.

Die 72 Namen Gottes

In der Überlieferung der Kabbala wird berichtet, dass **Mose** bei der Teilung des Roten Meeres nicht allein durch äußere Handlung wirkte, sondern durch die **Anrufung der heiligen Namen Gottes** – insbesondere durch die geheimen **72 Namen**, die im mystischen Verständnis als **Schlüssel zum Wirken göttlicher Kraft** gelten. Diese Lehre gründet sich auf die Auslegung einer entscheidenden Passage im **Zweiten Buch Mose**, Kapitel 14, Verse 19 bis 21:

> *„Da erhob sich der Engel Gottes, der vor dem Heer Israels herzog, und stellte sich hinter sie. Und die Wolkensäule vor ihnen erhob sich und trat hinter sie und kam zwischen das Heer der Ägypter und das Heer Israels. Und dort war die Wolke finster und hier erleuchtete sie die Nacht, und so kamen die Heere die ganze Nacht einander nicht näher. Als nun Mose seine Hand über das Meer reckte, ließ es der HERR zurückweichen durch einen starken Ostwind die ganze*

*Nacht und machte das Meer trocken,
und die Wasser teilten sich."*

Dieser Abschnitt gilt in der kabbalistischen Hermeneutik als **trägergewordene Chiffre göttlichen Wirkens**. Die drei aufeinanderfolgenden Verse 19, 20 und 21 beinhalten – jeweils in hebräischer Urschrift – **je 72 Buchstaben**, die in einer besonderen Anordnung als **Shem ha-Mephorash**, der „Ausdrückliche Name" oder der „ausgedehnte Name Gottes", gelesen werden können. Aus diesen 216 Zeichen entstehen durch ein **triadisches Permutationsverfahren** (jeweils ein Buchstabe aus jedem Vers, kombiniert zeilenweise) die 72 dreibuchstabigen göttlichen Namen.

Der große kabbalistische Mystiker **Abraham Abulafia** (13. Jh.) griff diese Überlieferung auf und entwickelte eine systematische Ordnung dieser Namen. In seiner mystisch-ekstatischen Praxis – die auf **Kombination (Tzeruf), Atemkontrolle und Visualisierung** beruhte – betrachtete er die **72 Gottesnamen** nicht nur als formale Zeichen, sondern als lebendige **Intelligenzen**, durch die der Eingeweihte mit höheren Sphären in Verbindung treten konnte.

Abulafia stellte eine Liste auf, in der jeder der 72 Namen einer spezifischen geistigen Wesenheit, einem sogenannten **Genius** oder einer **Intelligenz**, zugeordnet ist. Diese wurden in **acht Gruppen zu je neun Geistern** gegliedert und sodann den **neun Engelshierarchien** unterstellt, die wiederum unter der Leitung je eines **Hauptengels** stehen. Auf diese Weise entstand eine symbolische Ordnung, die nicht nur im Kosmos, sondern auch in der Struktur der Seele und des mystischen Pfades reflektiert wird.

Diese 72 Intelligenzen stehen darüber hinaus in direktem Zusammenhang mit den **Sephiroth** des **Baumes des Lebens**. Jeder Name, jede Wesenheit und jede Hierarchie korrespondiert mit einer bestimmten **göttlichen Eigenschaft oder Manifestationsstufe**. Dadurch wird die Anrufung der Namen zugleich zu einer **spirituellen Reise durch die Sphären**: von Malkuth, dem Reich der Erde, bis hin zu Kether, der Krone der göttlichen Einheit.

Die 72 Namen Gottes nach Abulafia

Erste Reihe:

VaHeyVa, YoLaYo, SaYoTey, EaLaMey, MeyHeyShi,
LaLAHey, AaCaAa, CaHeyTa.

Zweite Reihe:

HeyZaYo, AaLaDa, LaAaVa, HeyHeyEa, YoZaLa,
MeyBeyHey, HeyReyYo, HeyQoMey.

Dritte Reihe:

LaAaVa, CaLaYo, LaVaVa, PeyHeyLa, NuLaCa, YoYoYo,
MeyLaHey, CheHeyVa.

Vierte Reihe:

NuThaHey, HeyAaAa, YoReyTha, ShiAaHey, ReYoYo,
AaVaMey, LaCaBey, VaShiRey.

Fünfte Reihe:

YoCheyVa, LaHeyChey, CaVaKo, MeNuDa, AaNuYo,
HeyEaMey, ReyHeyEa, YoYoZa.

Sechste Reihe:

HeyHeyHey, MeyYoCa, VaVaLa, YoLaHey, SaAaLa,
EaReyYo, EaShiLa, MeyYoHey.

Siebte Reihe:

VaHeyVa, DaNuYo, HeyCheyShi, EaMeyMey,
NuNuAa, NuYoTha, MeyBeyHey, PeyVaYo.

Achte Reihe:

NuMeyMey, YoYoLa, HeyReyChey, MeyZaRey, VaMeyBey, YoHeyHey, EaNuVa, MeCheyYo.

Neunte Reihe:

DaMeyBey, MeyNuKo, AaYoEa, CheyBeyVa, ReyAaHey, YoBeyMey, HeyYoYo, MeyVaMey.

Die 72 Namen Gottes nach Abulafia bilden ein zentrales Element der ekstatischen Kabbala und sind nicht bloß eine Sammlung mystischer Formeln – sie sind lebendige Kanäle göttlicher Energie, geistige Strukturen, die sowohl im Kosmos als auch in der menschlichen Seele wirken. Abraham Abulafia, einer der tiefgründigsten kabbalistischen Denker des 13. Jahrhunderts, verstand diese Namen nicht als abstrakte Begriffe, sondern als **dynamische Atem- und Lautfiguren**, durch die das Bewusstsein mit den höheren Welten verbunden werden kann.

Die Namen, wie sie in neun Reihen mit je acht Kombinationen überliefert sind – von *VaHeyVa* bis *MeyVaMey* –, bestehen aus jeweils drei hebräischen Buchstaben oder Lautwerten, die in ihrer Anordnung nicht zufällig, sondern theurgisch konzipiert sind. Abulafia sah in der **Permutation heiliger Buchstaben** (Tzeruf) einen Weg, um das „aktive Prinzip" des Göttlichen in sich selbst zu entzünden. Dabei wurde jeder Name nicht nur ausgesprochen oder geschrieben, sondern **rhythmisch geatmet**, innerlich visualisiert, laut vibrierend rezitiert und mit bestimmten Bewegungen oder geistigen Bildern verbunden.

Diese Namen wirken nicht allein durch ihre Buchstaben, sondern durch ihre **klanglich-energetische Struktur**. *VaHeyVa*, der erste Name, kann als eine Form der Wiederverbindung mit dem göttlichen Tetragramm gelesen werden, wobei das *Vav* für Vermittlung steht, *He* für das empfangende Prinzip und die Wiederholung die kosmische Ausdehnung betont. Andere Namen wie *YoLaHey* oder *SaYoTey* entfalten ihren Klang in spiraligen Atembewegungen, die das Bewusstsein lockern und aufbrechen sollen – eine bewusste Methode, die Ratio zu durchbrechen und das Herz für den göttlichen Funken zu öffnen.

Abulafia gliederte die Namen in **acht Gruppen mit jeweils neun Namen**, die den **neun Engelshierarchien** zugeordnet sind: Seraphim, Cherubim, Throne, Herrschaften, Mächte, Gewalten, Fürstentümer, Erzengel und Engel. Jeder Gruppe steht ein **Oberengel** vor, der als geistige Hauptinstanz dient – ähnlich wie ein Regent über ein metaphysisches Haus. Die erste Reihe beispielsweise steht in Verbindung mit der Seraphim-Hierarchie und ihrem feurigen Prinzip der reinen Liebe und Anbetung. Der Name *VaHeyVa* fungiert hierbei wie ein Schlüssel, der den Zugang zu diesem Bereich des Göttlichen öffnet – nicht im äußeren Sinne, sondern als innere Transformation.

Durch die **rezitative Arbeit mit diesen Namen** – oft begleitet von kontrolliertem Atem, Fixierung eines Punktes, und rhythmischer Wiederholung – öffnet sich das Bewusstsein zu einer anderen Dichte der Realität. Der Schüler tritt dabei nicht in einen Dialog mit einem Gott außerhalb von sich, sondern wird zunehmend durchlässig für das, was **Gott im Innersten** bedeutet: Licht, Struktur, Bewegung, Klang.

Viele dieser Namen wirken als **Brücken** zwischen den Sephiroth des Lebensbaumes. Ein Name wie *EaLaMey* kann beispielsweise zwischen Binah (Einsicht) und Chesed (Gnade) vermitteln – je nachdem, mit welcher Absicht und in welchem Kontext er gesprochen wird. Abulafia war sich der Vielschichtigkeit dieser Kombinationen bewusst. Er erkannte, dass ein Name in sich nie abgeschlossen ist, sondern stets **in Beziehung** steht: zu anderen Namen, zu geistigen Hierarchien, zu den astrologischen Sphären, und zur inneren Architektur des Suchenden.

Darum sind diese Namen auch keine bloßen Invokationsformeln, wie sie in späterer magischer Praxis verwendet wurden. Für Abulafia waren sie **Rei-bungspunkte zwischen göttlichem Geist und menschlichem Verstehen** – jeder Name ein Portal, jeder Laut ein Energiestrom. Die Ordnung der Namen ist also nicht nur kosmisch-hierarchisch, sondern **ein innerer Pfad durch die Schichten des eigenen Seins**. Von Reihe zu Reihe, von *VaHeyVa* bis *MeyVaMey*, schreitet der Schüler voran durch Licht, Schatten, Erinnerung und Prophetie – hin zur unaussprechlichen Einheit, deren Namen alle Namen übersteigt.

So wird klar: Die 72 Namen Gottes nach Abulafia sind keine „Zauberworte", sondern **heilige Klänge** einer höheren Sprache – jener Sprache, in der die Schöp-fung gedacht wurde. Sie sind Werkzeuge für die große Umwandlung – nicht der Welt, sondern des eigenen Herzens.

Die 72 Genien oder Intelligenzen in der kabbalistischen Ordnung

In Kether (Die Krone):
Hierarchie: Seraphim
Übergeordneter Engel: Metatron
1. Vehuiah
2. Jeliel
3. Sitael
4. Elemiah
5. Mahasiah
6. Lelahel
7. Achaiah
8. Cahetel

Erklärung: In der höchsten Sphäre des kabbalistischen Lebensbaums, **Kether – Die Krone**, befindet sich der Ursprung aller Manifestation, der unerschaffene Punkt, aus dem alle Wirklichkeit hervorgeht. Kether ist rein, formfrei, jenseits aller Dualität, jenseits von Sein und Nichtsein – der mystische Punkt, den man nicht denken, nur sein kann. In dieser erhabenen Ebene strahlt das erste Licht des *Ein Sof* durch den göttlichen Willen in den Schöpfungsvorhang hinein.

Der geistige Atem, der von Kether ausgeht, ist nicht artikuliert – er ist das Potenzial zur Artikulation. In ihm beginnt das „Werden" aller Dinge, ohne dass etwas benannt oder unterschieden wäre. Aus dieser undifferenzierten Einheit entspringen die **Seraphim**, jene **Hierarchie reinen Feuers**, die nach der Überlieferung „unaufhörlich um den Thron Gottes kreisen und rufen: Heilig, heilig, heilig". Sie sind keine Wesen im anthropomorphen Sinn, sondern Ströme brennender Energie, Kräfte des reinen Willens, der sich aus Liebe verzehrt, um zu schaffen.

Der **übergeordnete Engel der Seraphim in Kether ist Metatron**, der Fürst der Angesichter, der höchste der Engel. Er steht an der Grenze zwischen dem Unmanifesten und dem Manifesten. Metatron wird auch als „kleiner JHWH" bezeichnet – eine mystische Brücke zwischen Gott und Schöpfung. Er ist das erste Licht, das den Weg durch alle Sephiroth leitet und die göttliche Ordnung in den Strom der Zeit gießt.

In Kether offenbaren sich die ersten acht Namen des Shem haMephorash – die acht **Engel oder Intelligenzen**, die nach Abulafias System den Seraphim unterstehen. Jeder dieser Engel trägt eine einzigartige Qualität, ein Fragment des göttlichen Lichtes, das in die Welt strahlt – durch Kether als Ausgangspunkt der Schöpfung.

1. **Vehuiah** – der erste der 72 Namen. Er ist das Urfeuer, der göttliche Impuls, der das Chaos durchdringt und das Licht entzündet. Er

symbolisiert den Anfang, das schöpferische „Fiat Lux".

2. **Jeliel** – steht für den innersten Bund, die heilige Ordnung, die der Wille Gottes zwischen allen Dingen stiftet. Er hütet die Prinzipien der göttlichen Gerechtigkeit im Ursprung.

3. **Sitael** – bringt den Schutz der göttlichen Idee in die Welt. Er ist das Bewusstsein, dass das Gute nicht abstrakt, sondern konkret wirkend ist – ein Schutzengel des Willens in Bewegung.

4. **Elemiah** – ist der Impuls des göttlichen Friedens, der inmitten des Schöpfungssturms ruht. Er trägt Weisheit in das Chaos, gibt Richtung ohne Zwang.

5. **Mahasiah** – offenbart das Wissen über verborgene Dinge. In ihm tritt die Weisheit Kethers in den Raum des Verstehens – er ist ein Engel des inneren Studiums, der Selbsterkenntnis.

6. **Lelahel** – verkörpert das heilende Licht der Schönheit, das bereits in der Wurzel angelegt ist. Er bringt die ersten Farben der göttlichen Glorie, den Glanz vor aller Form.

7. **Achaiah** – steht für Geduld und kontemplative Tiefe. In ihm offenbart sich der langsame, tragende Strom, der alles durchzieht, ohne jemals zu eilen.

8. **Cahetel** – ist die Kraft des Segens, die dem Anfang innewohnt. Er besiegelt die Geburt, bringt Fruchtbarkeit und Fülle, nicht im biologischen, sondern im geistigen Sinn: das erste Wachstum des Lichts.

Diese acht Namen – und die Engel, die ihnen zugeordnet sind – bilden das **okkulte Oktav-Prinzip von Kether**, die **erste Ausstrahlung** des göttlichen Willens in eine Struktur, die das Universum zu fassen beginnt. Ihre Energie ist rein, aber schwer zugänglich, denn sie verlangt vom Suchenden völlige Hingabe, Selbstentäußerung und die Bereitschaft, das eigene Ego in der Krone zu opfern.

Wer mit diesen Namen arbeitet, **greift nach dem Feuer Gottes**, nicht, um zu besitzen, sondern um sich in ihm zu reinigen. Die Anrufung dieser Engel erfolgt nicht durch äußere Sprache allein, sondern durch kontemplative Versenkung, innere Klarheit und die stille Bereitschaft, das göttliche Licht ohne Filter zu empfangen – ein gefährlicher, aber erhabener Pfad.

In Kether beginnt alles – und alles kehrt dorthin zurück. Die ersten acht Namen des Shem haMephorash sind **Strahlen der Rückkehr**, codierte Lichtpfade für jene, die aus dem Schatten heim ins Feuer wollen.

In Chokhmah (Die Weisheit):
Hierarchie: Cherubim
Übergeordneter Engel: Raziel
9. Haziel
10. Aladiah
11. Lauviah
12. Hahaiah
13. Iezalel
14. Mebahel
15. Hariel
16. Hekamiah

Erklärung: In der zweiten Sephira des kabbalistischen Lebensbaums, **Chokhmah – Die Weisheit**, beginnt die Ausformung des reinen, undifferenzierten Lichts von Kether zu einer ersten Bewegung, zu einem schöpferischen Impuls mit Richtung und Kraft. Chokhmah ist die **göttliche Männlichkeit**, das Archeprinzip der Expansion, das „Ur-Ich", das noch nicht getrennt ist vom Du, aber schon Ziel kennt. In ihm liegt der ursprüngliche Blitzstrahl, der aus der Krone hervorbricht, um das Gefüge der Schöpfung zu beginnen.

Chokhmah ist nicht das rationale Denken – es ist die höchste Form der Inspiration, der heilige Funke, das überhelle Wissen, das nicht aus Erfahrung, sondern aus unmittelbarer göttlicher Quelle stammt. Die alten Meister sagen: *Chokhmah ist das Licht des Gewissens, das keinen Beweis braucht.* Es ist nicht die Antwort – es ist das Wissen, dass eine Antwort existiert.

Die **Hierarchie, die Chokhmah zugeordnet ist, sind die Cherubim** – keine niedlichen Flügelwesen, sondern **mächtige, leuchtende Hüter göttlicher Erkenntnis**. In der Überlieferung sitzen sie an den Grenzen von Eden, zwischen den Flammen und dem Schwert. Sie bewachen das höchste Wissen, nicht um es zu verwehren, sondern um sicherzustellen, dass nur die Reinen und Bereiten es betreten. In ihnen ruht das göttliche Gedächtnis, das allumfassende Bewusstsein, das nichts vergisst.

Der **oberste Engel der Cherubim ist Raziel**, der „Hüter der Geheimnisse". Es heißt, Raziel stehe unmittelbar neben dem Thron Gottes und höre alle Worte des Schöpfers, um sie als göttliche Weisheit den Menschen zu übermitteln – jenen, die bereit sind, mit Demut zu empfangen. In alten Legenden übergab Raziel dem Adam nach dem Sündenfall ein

Buch, in dem alle Geheimnisse der Schöpfung niedergeschrieben waren.

In der Tradition des *Shem haMephorash* ist Chokhmah der Ort der Engel **Nummer 9 bis 16**, die dem Lichtstrahl der Weisheit entspringen und jeweils eine Qualität des göttlichen Erkennens verkörpern:

1. **Haziel (9)** – der Engel der bedingungslosen Güte. In ihm beginnt die Weisheit nicht als Urteil, sondern als Gnade. Er erinnert daran, dass wahre Erkenntnis immer verzeiht, weil sie das Ganze sieht.

2. **Aladiah (10)** – steht für Läuterung durch Einsicht. Er offenbart, wie die göttliche Ordnung selbst in Fehlern wirkt, wie Heilung aus Verstehen wächst.

3. **Lauviah (11)** – ist ein Geist des Intuitiven, des prophetischen Träumens. Er bringt Weisheit nicht durch Worte, sondern durch Symbole, Visionen, Zeichen aus der Tiefe.

4. **Hahaiah (12)** – wirkt als innerer Tempel. In seiner Gegenwart wird der Geist still, und aus dieser Stille spricht die Wahrheit. Er ist der Engel des Schutzes durch Erkenntnis.

5. **Iezalel (13)** – der Engel der Verbindung und Erinnerung. In ihm liegt das Wissen um das, was zusammengehört, um Seelenbande, göttliche Verträge, geistige Übereinkünfte, die älter sind als Zeit.

6. **Mebahel (14)** – ein Hüter der göttlichen Gerechtigkeit. Er ist das Wissen um Recht, Maß und Ordnung, nicht in menschlicher Sprache, sondern in der Harmonie der kosmischen Gesetze.

7. **Hariel (15)** – bringt Reinheit des Denkens, Klarheit des Geistes. Er durchdringt Täuschung, entlarvt Illusion, bringt Licht in Verwirrung – wie ein geistiger Morgenstern.

8. **Hekamiah (16)** – steht für königliche Weisheit, die zugleich Dienen ist. In ihm wird Führung zur Einweihung, Macht zur Verantwortung. Er ist der Engel des treuen Bundes.

Diese acht Engel sind wie **Lichtblitze im geistigen Firmament**, Reflexe eines Wissens, das nicht gedacht, sondern empfangen wird. Wer mit diesen Kräften arbeitet, betritt das Reich der Cherubim – ein Bereich, in dem Gedanken zu Licht werden und jedes Verstehen zum Gebet.

In der Praxis bedeutet das: Die Arbeit mit den Namen Haziel bis Hekamiah erfordert nicht Logik, sondern **innere Bereitschaft zur Erkenntnis**, das Loslassen des Anspruchs, zu kontrollieren, und das Öffnen des Geistes für ein Licht, das größer ist als er selbst. Sie wirken nicht durch Sprache, sondern durch das, was zwischen den Worten liegt – durch das Schweigen, in dem die Wahrheit geboren wird.

So führt Chokhmah vom reinen Willen Kethers zur ersten Form des Erkennens – einem Erkennen, das nicht trennt, sondern verbindet. In diesen acht Namen offenbart sich Weisheit nicht als Besitz, sondern als Begegnung mit dem Ursprung aller Gedanken.

In Binah (Die Intelligenz):
Hierarchie: Throne
Übergeordneter Engel: Zaphkiel
17. Leaviah oder Lanoiah
18. Caliel
19. Leuviah
20. Pahaliah
21. Nelkhael
22. Yeiayel
23. Melahel
24. Haheuiah

Erklärung: In der dritten Sephira des kabbalistischen Lebensbaums, **Binah – Die Intelligenz**, tritt das ungestaltete Licht von Kether und die schöpferische Bewegung von Chokhmah in eine **empfangende, formende Struktur** ein. Binah ist das große göttliche Mutterprinzip, das **die Grenzen setzt, das Gestalt gibt, das zur Welt bringt**. Hier wird das grenzenlose Licht zum Gefäß, zur Matrix, zum Schoß der Schöpfung. Während Chokhmah die Samen göttlicher Weisheit in den Raum schleudert, empfängt Binah diese Samen, trägt sie aus und formt daraus Wirklichkeit.

Binah ist mehr als Verstand – sie ist **Verständnis**, das Begreifen im tiefsten Sinn. Sie ist die Stille, die das Wort aufnimmt; das Gesetz, das nicht unterdrückt, sondern ordnet; die Zeit, die nicht vergeht, sondern reift. In ihrer Tiefe liegt eine große Traurigkeit – denn sie kennt das Maß und weiß um das Vergehen – aber auch eine große Würde, denn sie trägt die göttliche Ordnung in sich wie eine Krone.

Die Engelshierarchie, die mit Binah verbunden ist, sind die **Throne** – gewaltige, unbewegliche Mächte, Säulen des Kosmos, in denen das Gesetz Gottes ruht. Sie sind keine Boten, sondern **Träger des göttlichen Willens in seiner festesten, unausweichlichsten Form**. In ihnen spricht sich Gott nicht durch Worte aus, sondern durch Struktur. Die Throne sind die fundamentale Ordnung, in der alles seinen Ort hat. Ihr Wirken ist nicht spektakulär, sondern notwendig – wie das Skelett unter der Haut.

Der **Oberengel der Throne ist Zaphkiel**, der „Beobachter Gottes". In der mystischen Überlieferung sitzt Zaphkiel still in den Höhen, schaut ohne zu urteilen, sieht die Struktur aller Dinge, kennt Anfang und Ende, ohne sie zu verändern. Er ist der Engel der tiefen Meditation, der inneren Sammlung und des kosmischen Gleichgewichts. Wer Zaphkiel ruft, ruft **Verantwortung, Ordnung und das Wissen um den Preis jeder Form**.

Die acht Engel des *Shem haMephorash*, die mit Binah in Verbindung stehen, tragen diese Prinzipien in sich – jede dieser Wesenheiten ist ein Spiegel für das **geistige Durchdringen der Welt**, für das **Verstehen durch Reifung**, nicht durch Geschwindigkeit.

1. **Leaviah / Lanoiah (17)** – steht für Erinnerung, für das Heben alter Gedanken aus der Tiefe. In ihm wirkt Binah als Gedächtnis der Seele, das den Sinn in Erlebtem offenbart.

2. **Caliel (18)** – ist der Engel der göttlichen Wahrheit im Gericht. Er bringt Gerechtigkeit nicht als äußere Norm, sondern als **inneres**

Wissen darum, was richtig ist, auch wenn es schwerfällt.

3. **Leuviah (19)** – verkörpert Demut und Reue. In seiner Kraft liegt das **Erkennen der eigenen Begrenztheit**, das Loslassen falscher Sicherheiten. Er ist ein Engel der inneren Reifung.

4. **Pahaliah (20)** – bringt die Kraft des Studiums, der kontemplativen Hingabe. Er hütet die geistige Disziplin, das stille Forschen im Buch des Lebens.

5. **Nelkhael (21)** – steht für Erlösung durch Erkenntnis. In ihm offenbart sich das **Licht der Philosophie**, das den Geist aus der Finsternis führt – nicht durch Dogma, sondern durch Verstehen.

6. **Yeiayel (22)** – wirkt als Geist der Führung und der Loyalität. Er ist ein Engel des Dienstes, der Verantwortung übernimmt, ohne Anerkennung zu suchen.

7. **Melahel (23)** – bringt Heilung durch Ordnung. Seine Energie liegt im Gleichmaß, im wiederhergestellten Rhythmus. Was aus dem Takt geraten ist, führt er in Harmonie zurück.

8. **Haheuiah (24)** – ist ein Schutzengel in Zeiten des Umbruchs. In ihm wirkt Binah als **Geborgenheit**, nicht im Festhalten, sondern im Vertrauen, dass Ordnung wiederkehrt.

Diese acht Engel stellen die **Formen der göttlichen Intelligenz** dar, wie sie aus der stillen Tiefe Binahs hervorstrahlen. Sie lehren, dass wahre Erkenntnis nicht in der Beherrschung liegt, sondern im **Hinein-horchen**, nicht im Triumph, sondern im **Durchdringen und Tragen**. Die Arbeit mit diesen Namen erfordert Reife, Ernst und Stille – denn Binah spricht nur dort, wo es ruhig ist.

Wer mit den Kräften Binahs arbeitet, betritt ein geistiges Heiligtum. Hier ist alles klar, aber nichts leicht. Hier findet sich nicht das Licht des Anfangs, sondern das **Ertragen des Gesetzes**. Und gerade in diesem Tragen offenbart sich Weisheit jene Weisheit, die nicht mehr fragt, sondern versteht.

In Hesed (Die Güte):
Hierarchie: Herrschaften
Übergeordneter Engel: Zadkiel
25. Nith-Haiah
26. Haaiah
27. Yerathel
28. Seheiah
29. Reiyel

30. Omael

31. Lecabel

32. Vasariah

Erklärung: In der vierten Sephira des kabbalistischen Lebensbaums, **Hesed – Die Güte**, beginnt das göttliche Licht, sich **freudvoll und großzügig** in die Welt hinauszuströmen. Hesed ist der Arm Gottes, der segnet, der aus sich herausgibt, ohne Gegenleistung zu erwarten. Es ist die **weite, kosmische Gnade**, das Prinzip der Fülle, der Expansion, der Vergebung. Während Binah das Maß setzt, sprengt Hesed die Begrenzung – nicht im Chaos, sondern in **überfließender Ordnung**, getragen von Liebe.

Hesed ist die **Sephira des Segens**, der Weitung, der Großherzigkeit. In ihr liegt der Archetyp des Königs, der nicht herrscht durch Macht, sondern durch Geben. Sie repräsentiert die **göttliche Mildtätigkeit**, die alles erhält, die nicht urteilt, sondern lebt. In Hesed offenbart sich der Himmel als **überströmende Quelle** – klar, warm, durchdrungen vom Wunsch, alles in Einklang zu bringen.

Die Engelshierarchie, die mit Hesed verbunden ist, sind die **Herrschaften** (lat. *Dominationes*) – mächtige, harmonische Intelligenzen, die das göttliche Wohlwollen in die Welt tragen. Sie regieren nicht mit Druck, sondern mit **innerem Gleichmaß**, das andere

Wesen an ihren Ort bringt, ohne sie zu zwingen. Sie sind die **kosmischen Verwalter der Ordnung in Freiheit**, Brücken zwischen der unendlichen Güte des Schöpfers und der begrenzten Wirklichkeit der Welt.

Der **übergeordnete Engel dieser Hierarchie ist Zadkiel**, der Engel der Barmherzigkeit, der Vergebung und der rechten Erinnerung. In der jüdisch-mystischen Tradition ist Zadkiel jener, der einst Abrahams Hand zurückhielt, als dieser im Gehorsam seinen Sohn opfern wollte – das Bild einer höheren Gnade, die im letzten Moment das Schicksal wendet. Zadkiel ist nicht nur Gnade – er ist das **Bewusstsein, wann Gnade dem Gesetz übergeordnet ist**.

Die acht Engel, die dem *Shem haMephorash* in Hesed zugeordnet sind, tragen diese Prinzipien in sich. Sie wirken als **Lichtstrahlen göttlicher Großmut**, als inspirierende Kräfte, die geben, aufbauen, ausgleichen und den Menschen über sich selbst hinausheben.

1. **Nith-Haiah (25)** – der Engel der okkulten Weisheit. Er steht für **verstecktes Wissen**, das nicht zu Herrschaft, sondern zu Heilung führt. Seine Gaben werden nur jenen offenbart, die sie dem Wohle aller widmen.

2. **Haaiah (26)** – repräsentiert Diplomatie, Ausgleich und Wahrheit in der Rede. Er hilft, Spannungen durch **Würde und innere Klarheit** zu lösen, und bringt Harmonie, wo Zerrissenheit herrscht.

3. **Yerathel (27)** – ein Geist der Zuversicht. Er spendet Mut, Hoffnung und den inneren Ruf zur **Verbreitung des Guten**. Wo Verzweiflung droht, erinnert er an die innewohnende Kraft des Herzens.

4. **Seheiah (28)** – wirkt als Engel des Schutzes vor Unglück, Unfall und Krankheit. Er bringt **Heilung durch Vertrauen**, nicht als magische Barriere, sondern als seelische Widerstandskraft.

5. **Reiyel (29)** – steht für geistige Befreiung, das Lösen von Bindungen, die nicht mehr dem Licht dienen. Er führt den Menschen zurück zur **inneren Freiheit im Einklang mit dem Höheren**.

6. **Omael (30)** – ist ein Engel der Fruchtbarkeit, nicht bloß im leiblichen Sinn, sondern im Sinne geistiger Fülle, kreativer Produktivität und **altruistischer Schöpfungskraft**.

7. **Lecabel (31)** – vermittelt mathematische und kosmische Intelligenz. Er hilft beim Erfassen göttlicher Gesetzmäßigkeit in der Natur und lässt das Denken zum **Werkzeug der Harmonie** werden.

8. **Vasariah (32)** – steht für Milde, Nachsicht und **Weisheit im Richten**. Er verkörpert das Prinzip, dass Gerechtigkeit nicht Härte bedeutet, sondern das rechte Maß zwischen Erkenntnis und Mitgefühl.

Diese acht Engel tragen das Licht von Hesed in ihre spezifischen Wirkungsbereiche hinein. Wer mit ihnen arbeitet, erfährt nicht bloß Schutz oder Segen – sondern wird **selbst zur Quelle**, durch die die Güte Gottes in die Welt strömen kann. Sie lehren, dass wahrer Reichtum nicht das Besitzen ist, sondern das **teilen können, ohne zu verlieren**.

In der spirituellen Praxis bedeutet dies: Der Zugang zu den Kräften Heseds verlangt **innere Lauterkeit**, ein Herz, das nicht fragt: „Was habe ich davon?", sondern: „Was kann ich geben, um die Ordnung zu mehren?" Die Engel Heseds antworten nicht auf Befehle, sondern auf Haltung – auf jene stille Bereitschaft, selbst Teil des kosmischen Stroms der Gnade zu werden. Denn Güte ist nicht Gefühl. Güte ist eine Entscheidung. Und in dieser Entscheidung begegnet der Mensch dem göttlichen König in sich selbst.

In Geburah (Die Stärke):
Hierarchie: Tugenden
Übergeordneter Engel: Chamael
33. Yehuiah
34. Lehahiah
35. Chavakhiah
36. Menadel
37. Aniel
38. Haamiah
39. Rehael
40. Ieiazel

Erklärung: In der fünften Sephira des kabbalistischen Lebensbaums, **Geburah – Die Stärke**, offenbart sich das göttliche Prinzip in seiner **gerichteten, ordnenden und prüfenden Kraft**. Wo Hesed ausströmt, eingibt und segnet, hält Geburah dagegen: Sie **formt, beschränkt, richtet und klärt**. Geburah ist nicht Zerstörung, sondern **Heiligung durch Abgrenzung** — ein brennendes, reinigendes Feuer, das das Echte vom Unechten trennt. In ihr liegt das göttliche „Nein", das nicht aus Härte, sondern aus Notwendigkeit gesprochen wird.

Geburah ist die **linke Hand Gottes**, die Hand des Schwertes. Doch dieses Schwert tötet nicht willkürlich – es **trennt**, wo das Trennen heilsam ist. Sie ist das Prinzip der Disziplin, der Unbestechlichkeit, der Rückkehr zum Wesentlichen. In Geburah wird das Werk der Schöpfung **geläutert**, auf dass es stark werde. Ihre Energie ist kraftvoll, furchterregend und zugleich von tiefer Gerechtigkeit durchdrungen.

Die Hierarchie, die mit Geburah verbunden ist, sind die **Tugenden** (*Virtutes*) – **geistige Kräfte der Tat, der Durchsetzung und der standhaften Ausrichtung**. Sie sind jene Mächte, die göttliche Kraft auf die Welt herabführen, nicht als Idee, sondern als **vollziehbare Wirklichkeit**. Sie wirken dort, wo Mut gefordert ist, wo Wahrheit unbequem ist, wo Entscheidungen fallen müssen – nicht aus Willkür, sondern aus Treue zum innersten Gesetz.

Der **übergeordnete Engel dieser Hierarchie ist Chamael**, der Erzengel der göttlichen Gerechtigkeit und des gerechten Zorns. Chamael wird in der mystischen Tradition auch als einer der Engel gesehen, die über Krieg, Prüfung und Konfrontation wachen – nicht, um zu zerstören, sondern um zu **stärken durch Widerstand**. Er ist das Antlitz Gottes in ernster, klarer Wachheit – das Auge, das durchdringt, das Herz, das nicht zögert.

Die acht Engel aus dem *Shem haMephorash*, die Geburah zugeordnet sind, verkörpern diese Kraft auf vielfältige Weise. Sie sind nicht hart um der Härte

willen, sondern **gerecht, befreiend, strukturierend –
Engel der Klarheit**.

1. **Yehuiah (33)** – steht für Loyalität gegenüber
   höheren Prinzipien. Er ist der Engel der
   Prüfung und Erkenntnis von Verrat, der
   Schutzengel für Wahrheitssucher im Dienst.

2. **Lehahiah (34)** – bringt Disziplin, Gehorsam
   und das richtige Maß zwischen Unterordnung und Würde. In ihm wirkt Geburah als
   kraftvolle Struktur der Ausrichtung.

3. **Chavakhiah (35)** – wirkt als Vermittler in
   Streit und Zwist. Er bringt Versöhnung, nicht
   durch Nachgiebigkeit, sondern durch das
   **Anerkennen der Wahrheit auf beiden
   Seiten**.

4. **Menadel (36)** – steht für Befreiung aus
   inneren und äußeren Fesseln. Er hilft, **Ängste
   zu überwinden**, die aus alten Bindungen
   stammen – ein Engel der inneren Arbeit.

5. **Aniel (37)** – verleiht geistige Kraft zur
   Erneuerung. Er wirkt, wo alte Muster fallen
   müssen, um dem Neuen Raum zu geben.
   Transformation durch Konfrontation ist sein
   Weg.

6. **Haamiah (38)** – ist der Hüter heiliger Rituale und der Reinheit des geistigen Werkes. Er führt zu ritueller Disziplin und schützt vor **Entweihung durch Unklarheit oder Gier**.

7. **Rehael (39)** – heilt durch Verständnis, aber auf dem Weg der Konfrontation. Er zeigt, wo Heilung **erst nach Wahrheit** kommt – selbst wenn diese schmerzt.

8. **Ieiazel (40)** – ist der Engel der Befreiung durch schöpferischen Ausdruck. In ihm wird Schmerz zu Dichtung, Konflikt zu Musik – er verwandelt **inneren Kampf in schöpferische Kraft**.

Diese acht Engel bringen das Licht Geburahs in jene Bereiche, wo Unklarheit herrscht, wo die Seele zwischen Bequemlichkeit und Wahrheit schwankt. Ihre Aufgabe ist es nicht, zu richten im menschlichen Sinn, sondern **zurückzuführen auf das Wahre, Starke, Unverstellte**.

Wer mit ihnen arbeitet, muss bereit sein, sich selbst zu begegnen – **nackt, ohne Ausflüchte, ohne Selbstbetrug**. Die Kräfte Geburahs belohnen mit Klarheit, Integrität und Stärke – doch sie dulden kein Spiel. Ihr Weg ist nicht für jene, die sich selbst schonen wollen. Aber für jene, die bereit sind, sich zu läutern, zu entscheiden, zu handeln – wird Geburah zum Schwert des Lichts, das schützt, indem es trennt, und heilt, indem es erschüttert.

Denn Stärke in der kabbalistischen Lehre ist nie Gewalt – sie ist das Licht, das das Dunkel aushält, ohne selbst zu erlöschen.

In Tipheret (Die Schönheit):
Hierarchie: Mächte
Übergeordneter Engel
41. Hahahel
42. Mikael
43. Veuliah
44. Yelahiah
45. Sealiah
46. Ariel
47. Asaliah
48. Mihael

Erklärung: In der sechsten Sephira des kabbalistischen Lebensbaums, **Tipheret – Die Schönheit**, offenbart sich das göttliche Licht in seiner **vollkommenen Ausgewogenheit**. Tipheret ist das Herz des Lebensbaums, das leuchtende Zentrum, in dem sich Oben und Unten, Rechts und Links, Gnade und Strenge begegnen und **in Harmonie aufgehoben** sind. Es ist die Sphäre des „geheilten Ichs", in der das göttliche Selbst durch den Menschen hindurchstrahlt – nicht mehr in reiner Macht, nicht mehr in bloßem

Wissen, sondern als **schönes, wahrhaftiges, gelebtes Sein**.

Tipheret ist mehr als äußere Schönheit. Sie ist die **Transparenz des Inneren**, durch die das Göttliche durchscheinen kann. In ihr verbindet sich die Klarheit von Geburah mit der Fülle von Hesed, um **Gerechtigkeit in Barmherzigkeit, Wahrheit in Liebe, Kraft in Sanftmut** zu verwandeln. In vielen mystischen Traditionen gilt Tipheret als Ort des „Messias", der Mittler zwischen Himmel und Erde – Symbol der vollkommenen Menschlichkeit, die göttlich geworden ist.

Die Hierarchie, die mit Tipheret in Verbindung steht, sind die **Mächte** (*Potestates*) – Wesenheiten, die göttliche Ordnung in der Welt **bewachen, verteidigen und stärken**. Sie sind die Wächter der Schwelle, die Kämpfer des Lichts, die das Gleichgewicht zwischen den Kräften aufrechterhalten. Sie handeln dort, wo Dunkelheit das Licht bedroht, wo Wahrheit verzerrt, Liebe pervertiert oder Macht missbraucht wird. Die Mächte wirken nicht durch Krieg, sondern durch **geistige Autorität**, durch klare Ausrichtung und das kompromisslose Streben nach dem Göttlichen.

Der **übergeordnete Engel dieser Hierarchie wird oft als Raphael** oder auch als **Melchizedek** bezeichnet, doch im Kontext der *Shem haMephorash*-Zuweisung erscheint hier **kein explizit benannter Erzengel**. Vielmehr wirken die einzelnen Engelswesen in **Tipheret als Strahlen des Gleichgewichts**, jeder für sich Ausdruck einer spirituellen Tugend, die das Göttliche im Menschen verkörpert.

Die acht Engel von Tipheret — Nummer 41 bis 48 — sind **Lichtträger der Wahrheit, der Hingabe und der geistigen Schönheit**:

1. **Hahahel (41)** — ist der Engel des inneren Märtyrertums. Er steht für **geistige Hingabe**, für den Ruf zur Mission, zur Selbstaufopferung im Dienste der Wahrheit. Er macht das Herz bereit, sich ganz dem Licht zu weihen.

2. **Mikael (42)** — ist ein Engel der Ordnung und der geistigen Klarheit. Nicht zu verwechseln mit dem Erzengel Michael, steht Mikael hier für **den göttlichen Architekten im Menschen**, der Pläne, Gerechtigkeit und Klarheit bringt.

3. **Veuliah (43)** — wirkt als Kraft der Befreiung von geistiger Versklavung. Er kämpft für die Seele gegen ihre inneren Fesseln — **ein Engel der inneren Emanzipation**.

4. **Yelahiah (44)** – vereint Spiritualität und Kampfgeist. Er ist der **heilige Krieger**, der Disziplin, Mut und göttliche Zielgerichtetheit verleiht – ein Engel für schwierige Prüfungen.

5. **Sealiah (45)** – bringt die Kraft zur Wiederauferstehung. Er **erweckt Mut, Hoffnung, Lebenswille**, wo alles verloren scheint, und ruft die Seele zurück ins Licht.

6. **Ariel (46)** – nicht zu verwechseln mit dem Elementarwesen gleichen Namens, ist in der mystischen Überlieferung ein Engel des **göttlichen Willens in der Natur**, ein Vermittler zwischen Schöpfung und Schöpfer, zwischen Erde und Himmel.

7. **Asaliah (47)** – verkörpert die Erkenntnis göttlicher Geheimnisse. Er führt zur **kontemplativen Wahrheit**, bringt Einsicht durch Gebet, Tiefe durch stille Hingabe.

8. **Mihael (48)** – ist der Engel der Einheit und Harmonie in Beziehungen, sowohl im Inneren als auch zwischen Menschen. In ihm strahlt Tipheret als **Liebeslicht, das versöhnt und eint.**

Diese acht Engel sind **Facetten der göttlichen Schönheit**, wie sie sich in der Welt offenbart, wenn Wille und Herz im Einklang sind. Sie führen den Menschen zur **inneren Mitte**, zum heiligen Gleichgewicht zwischen den Extremen. In ihnen ruht das Ideal des Weisen, des Gerechten, des Schönen – nicht als äußere Form, sondern als **resonierendes Zentrum der göttlichen Ordnung**.

Die Arbeit mit den Kräften Tipherets verlangt nicht das Heldentum des Kriegers, nicht das Entsagen des Mystikers – sondern die **Versöhnung aller inneren Stimmen**, das Ja zur Welt, ohne sich in ihr zu verlieren. Wer mit diesen Engeln geht, wird zur **lebendigen Ikone des Lichts**, zur Brücke zwischen Geist und Menschheit – eine Verkörperung der Schönheit, die heilt, weil sie wahr ist.

In Nezach (Die Ewigkeit):
Hierarchie: Fürstentümer
Übergeordneter Engel: Raphael
49. Vehuel
50. Daniel
51. Hahasiah
52. Imamiah
53. Nanael
54. Nithael
55. Mebahia
56. Poyel

Erklärung: In der siebten Sephira des kabbalistischen Lebensbaums, **Nezach – Die Ewigkeit**, offenbart sich das göttliche Prinzip in seiner **unerschütterlichen Lebenskraft**, in der Bewegung des Herzens, im Drang zur Vereinigung, in der Liebe zur Welt und zur Schönheit. Nezach ist die **Sephira des Sieges**, aber nicht im Sinne eines Triumphs über andere, sondern als **Beständigkeit des Lichts über die Zeit hinweg**. Hier lebt die Kraft, die niemals aufgibt, der Mut zur Hingabe, die Sehnsucht nach dem Göttlichen in der Welt der Formen.

Nezach steht auch für das **kreative Feuer**, das in Musik, Poesie, Tanz und Mystik seinen Ausdruck findet. Es ist die Venus-Sephira – sinnlich, leuchtend, verführerisch – aber durchdrungen von einer **inneren Heiligkeit**, die nicht oberflächlich, sondern tief, unendlich, unauslöschlich ist. Es ist das göttliche „Ja" zur Welt, zur Inkarnation, zur Liebe.

Die zugehörige Hierarchie sind die **Fürstentümer** (*Principatus*), jene Engelwesen, die göttliche Inspiration, Ideale und schöpferische Ordnungen **in Völker, Künste und Gemeinschaften** bringen. Sie wirken als Hüter über Kollektive, als Lichtfunken in sozialen und kulturellen Organismen. Ihre Aufgabe ist es, **die geistige Essenz der Menschheit** zu bewahren – nicht als abstrakte Idee, sondern als lebendige Bewegung durch Zeit und Raum.

Der **übergeordnete Engel dieser Hierarchie ist Raphael**, in anderen kabbalistischen Systemen mit Tipheret verbunden, hier jedoch in Nezach als **heilerische, schöpferische Intelligenz** gedacht. Raphael – „Gott heilt" – wirkt in Nezach als **Lichtbringer für alle, die am Leben leiden**, als Balsam für die Seele, als Stimme des göttlichen Trostes. Unter seiner Führung entfalten die Fürstentümer **Liebe als göttliche Bestimmung**.

Die acht Engel aus dem *Shem haMephorash*, die Nezach zugeordnet sind, wirken als Träger der **geistigen Ausdauer, der schöpferischen Berufung und der ewigen Hingabe**:

1. **Vehuel (49)** – ist der Engel der Erhebung und der spirituellen Größe. Er lässt den Menschen die himmlischen Sphären berühren und **verbindet Kontemplation mit weltlicher Tätigkeit**.

2. **Daniel (50)** – bringt Milde, Geduld und innere Kraft. Er wirkt besonders in Zeiten geistiger Prüfungen und hilft, **dem inneren Weg treu zu bleiben**, auch wenn das Äußere wankt.

3. **Hahasiah (51)** – steht für das verborgene Heilwissen. Er ist ein Engel der Alchemie, der

Kräuterkunde, der geheimen Wissenschaften – ein Licht für jene, die **heilen, ohne zu herrschen**.

4. **Imamiah (52)** – gibt die Kraft zur Reue und zur Umkehr. Er bringt Erlösung durch Selbsterkenntnis, führt den Menschen durch das Feuer seiner Schuld, **um ihn gereinigt dem Licht zuzuführen**.

5. **Nanael (53)** – ist ein Engel der Gelehrsamkeit, der göttlich inspirierten Philosophie und Theologie. Er hilft beim Studium heiliger Texte und **öffnet das Verständnis für geistige Wahrheit**.

6. **Nithael (54)** – schützt vor moralischem Verfall und öffnet das Herz für **göttliche Würde und Verantwortung**. Er wirkt in Führungspersönlichkeiten, die ihre Aufgabe als Dienst erkennen.

7. **Mebahia (55)** – bringt Klarheit über göttlichen Willen im Alltag. Er hilft, die Berufung zu erkennen und **tätig zu werden im Einklang mit dem inneren Auftrag**.

8. **Poyel (56)** – ist ein Engel des Glücks, der Freude und der **göttlichen Großzügigkeit**. Er segnet mit kreativer Fruchtbarkeit, sprach-

licher Begabung und der Fähigkeit, andere zu inspirieren.

Diese Engel wirken in der Welt durch Bewegung, Kreativität, Mut und Schönheit. Sie bringen **Göttlichkeit in den Strom des Lebens** – nicht durch Rückzug, sondern durch Hingabe. In der Arbeit mit den Kräften von Nezach wird der Mensch nicht abgehoben, sondern **verwurzelt in der lebendigen Flamme**, die ihn überdauert.

Wer mit ihnen geht, lernt, **aus dem Herzen zu handeln, mit dem Herzen zu sprechen**, und durch das Herz zu erkennen. Ihre Sprache ist Musik, ihr Weg die Liebe, ihr Ziel die Verbindung. Und in diesem ewigen Strom offenbart sich Nezach als das, was es ist: **die Unvergänglichkeit des göttlichen Lichts in der vergänglichen Welt**.

In Hod (Die Herrlichkeit):
Hierarchie: Erzengel
Übergeordneter Engel: Uriel
57. Nemamiah
58. Yeialel
59. Harahel
60. Mitzrael
61. Umabel
62. Iahhel

63. Anauel

64. Mehiel

Erklärung: In der achten Sephira des kabbalistischen Lebensbaums, **Hod – Die Herrlichkeit**, verdichtet sich das göttliche Licht zu **Form, Sprache, Symbol und Verstand**. Hod ist das Reich der Strukturen, der Begriffe, der Magie und der Wissenschaften – ein Spiegel des Geistes, in dem sich das Licht von Nezach als Ordnung und Erkenntnis widerspiegelt. Während Nezach das kreative, gefühlsbetonte, ekstatische Prinzip repräsentiert, verkörpert Hod das **analytische, strukturierende, reflektierende Prinzip**. Es ist das Licht, das denkt.

Hod ist nicht kalt – es ist **klar**. Es ist der Ort, an dem göttliche Inspiration **zu Form wird**, an dem Sprache das Unsagbare berührt, an dem Rituale das Übernatürliche binden. Hier wirken die Kräfte der **Magie, Intelligenz, Alchemie, Kommunikation und Schrift**. In der althergebrachten Mystik gilt Hod als das „Tempelarchiv" des Universums – der Ort, an dem die göttlichen Muster niedergeschrieben und bewahrt werden.

Die zugehörige Hierarchie sind die **Erzengel** – gewaltige Boten des göttlichen Willens, die mit Klarheit, Direktheit und geistiger Kraft agieren. Sie tragen göttliche Befehle, überbringen Erkenntnis, schärfen das Bewusstsein. In Hod wirken sie als **Lehrer, Mahner, Inspiratoren und Hüter der geistigen Ordnung**.

Der **übergeordnete Engel dieser Hierarchie ist Uriel**, der „Licht Gottes". Uriel ist der Erzengel der Einsicht, der Prophetie, des Wissens, das durch Blitz und Feuer kommt. In manchen Überlieferungen ist er jener, der das flammende Schwert am Tor des Paradieses trägt – **nicht als Richter, sondern als Bewahrer der göttlichen Weisheit**, die nur dem Reinen zugänglich ist. Uriel steht für Offenbarung durch Verstand, Erleuchtung durch Erkenntnis.

Die acht Engel aus dem *Shem haMephorash*, die Hod zugeordnet sind, wirken als **Lichtträger des Geistes, als klärende Kräfte des Verstandes, als Lehrer des göttlichen Wissens im Menschen**:

1. **Nemamiah (57)** – steht für strategisches Denken, für das Erfassen von Zusammenhängen im Dienst des Guten. Er führt dazu, **geistige Klarheit mit moralischer Verantwortung** zu verbinden.

2. **Yeialel (58)** – ist ein Engel der intellektuellen Stärke, der psychischen Stabilität. Er hilft bei mentaler Klarheit und beim **Durchbrechen dunkler Gedanken durch Licht der Vernunft**.

3. **Harahel (59)** – verkörpert das Prinzip der
   geistigen Fruchtbarkeit. Er steht über Biblio-
   theken, Lernstätten, Schulen, über allem,
   was der **Vermehrung und Weitergabe von
   Wissen** dient.

4. **Mitzrael (60)** – bringt Ordnung ins chaotische Denken. Er wirkt bei der **Heilung psychi-
   scher Wunden**, besonders solcher, die aus
   Schuld, Versagen oder geistiger Zersplitterung stammen.

5. **Umabel (61)** – ist der Engel der Freundschaft, der Nähe, des emotionalen Verstehens. In Hod bedeutet das: **Verstand und
   Herz in Einklang bringen**, um echte Verbindung zu ermöglichen.

6. **Iahhel (62)** – steht für Kontemplation, Einsamkeit und die Suche nach innerem Licht.
   Er hilft, geistige Wahrheiten in der Stille zu
   empfangen – ein **Engel des Rückzugs zur
   Erkenntnis**.

7. **Anauel (63)** – vermittelt ökonomische Klugheit, rationales Handeln in materiellen Dingen. Doch auch hier: nicht im Sinne von Gier,
   sondern **geistiger Selbstverantwortung im
   Stofflichen**.

8. **Mehiel (64)** – ist der Engel der Sprache, der Literatur, der Kommunikation. Er hilft beim Schreiben, beim Sprechen, beim **Übersetzen göttlicher Inspiration in menschliche Worte**.

Diese acht Engel durchwirken Hod mit ihrer **geistigen Leuchtkraft**. Sie sind die Flammen im Tempel des Verstandes, die Funken im Gehirn, die **geistige Systeme nicht als starre Konstrukte**, sondern als lebendige Bewegungen begreifen.

Wer mit den Kräften von Hod arbeitet, muss bereit sein, zu denken – aber nicht nur logisch. **Geistige Reinheit** ist in Hod nicht akademisch, sondern **magisch**: Sie verlangt Unbestechlichkeit, Genauigkeit, Klarheit der Absicht. Die Engel dieses Sphärenbereichs lehren nicht nur Bücherwissen, sondern das, was **Sprache wirklich ist** – eine Brücke zwischen Gott und Mensch.

In Hod zeigt sich die „Herrlichkeit" des Göttlichen nicht in Prunk, sondern in **Ordnung, Wahrheit, Erkennbarkeit**. Und genau darin liegt die tiefe Schönheit dieser Sphäre: dass sie das Göttliche **denkbar** macht – nicht zur Erklärung, sondern zur Annäherung. Hod ist der Gedanke, der sich verneigt. Die Formel, die schweigt. Die Magie, die das Unsichtbare verständlich macht.

In Jesod (Das Fundament):
Hierarchie: Engel
Übergeordneter Engel: Gabriel
65. Damabiah
66. Menakel
67. Eyael
68. Habuhiah
69. Rochel
70. Jabamiah
71. Haiaiel
72. Mumiah

Erklärung: In der neunten Sephira des kabbalistischen Lebensbaums, **Jesod – Das Fundament**, strömt alles, was zuvor geordnet, geläutert und durchdrungen wurde, **in ein heiliges Gefäß**, das als Bindeglied zwischen dem Göttlichen und der sichtbaren Welt dient. Jesod ist der **Altar der Verbindung**, das Sammelbecken aller oberen Einflüsse, der Kanal, durch den das Göttliche in die materielle Welt – Malkuth – hinabfließt. Es ist die **Sphäre der Spiegelung, der Vermittlung, der Fruchtbarkeit und der energetischen Strahlung**.

Jesod verkörpert nicht Schöpfung selbst, sondern das **Potential zur Schöpfung**. Es ist das astrale Netz, das alles verbindet, der „Leib des Lichts", in dem sich alle Einflüsse der höheren Sephiroth bündeln. In der mystischen Lehre ist Jesod auch das „Geheimnis des

Bundes" – ein Symbol für die schöpferische, lebenstragende Kraft, die sich in Sexualität, Imagination, Traum, Prophetie und innerer Schau offenbart. Hier wird die unsichtbare Welt **spürbar, nah, lebendig**.

Die zugehörige Hierarchie sind die **Engel** – nicht im allgemeinen Sinn, sondern als spezifische Ordnung reiner Kräfte, die direkt im Feld der Vermittlung wirken. Ihre Aufgabe ist es, **das Göttliche konkret zu begleiten, zu lenken und zu schützen**, während es in die Welt tritt. Sie sind die Hüter der Schwelle zwischen den Welten, die Führer durch Traum, Intuition, Zeichen und Synchronizität.

Der **übergeordnete Erzengel von Jesod ist Gabriel**, der Bote Gottes, der Verkünder des Willens, der Wächter des Mysteriums. Gabriel steht für **Empfänglichkeit, Offenbarung, Geburt** – sowohl im physischen als auch im spirituellen Sinn. Er ist der Engel, der Maria die Ankunft des Messias verkündete, der Jakob im Traum erschien, der Daniel das Kommende offenbarte. In Jesod wirkt Gabriel als **Vermittler der göttlichen Vision ins Herz der Welt**.

Die acht Engel des *Shem haMephorash*, die Jesod zugeordnet sind, wirken als **Träger des lebendigen Lichts**, als Kräfte, die das Unfassbare in das Erlebbare übersetzen:

1. **Damabiah (65)** – bringt Schutz durch Weisheit und Reinheit. Er steht über allem, was
   aus dem Herzen geschieht, über **selbstloser
   Hingabe und reinem Mitgefühl**. Er schützt
   vor dunklen Einflüssen.

2. **Menakel (66)** – schenkt Beruhigung des Geistes, Trost in Verwirrung, geistige Gelassen-
   heit. Er hilft, **innere Bilder zu ordnen**, Träume zu verstehen, Gedanken zu klären.

3. **Eyael (67)** – ist der Engel der Transformation.
   Er führt durch tiefgreifende Wandlungs-
   prozesse, begleitet **Geburt, Tod, Wiedergeburt – im Inneren wie im Äußeren**.

4. **Habuhiah (68)** – bringt Heilung und Fruchtbarkeit. Er wirkt in Gärten, in Körpern, in der
   Verbindung von Natur und Mensch. **Er heilt
   durch Harmonie mit dem lebendigen Rhythmus**.

5. **Rochel (69)** – ist der Engel der Erinnerung,
   der Wiedererlangung, der inneren Wahrheit.
   Er hilft, **verlorene Dinge zu finden – materiell wie spirituell** – und Gerechtigkeit herzustellen.

6. **Jabamiah (70)** – steht für spirituelle Alchemie. Er verwandelt das Niedere ins Höhere,

das Grobstoffliche ins Feinstoffliche – **ein Engel des inneren Werkes, des Aufstiegs**.

7. **Haiaiel (71)** – ist der geistige Krieger. Er gibt Mut und Klarheit im Kampf gegen das Dunkle, nicht mit Waffen, sondern mit **Wahrheit, Licht und innerer Entschlossenheit**.

8. **Mumiah (72)** – ist der letzte und zugleich der Vollender unter den 72 Namen. Er steht für **Vollendung, Abschluss, Heilung am Ende des Weges**. In ihm mündet das Licht in die Welt – ganz.

Diese acht Engel bringen das Licht des Göttlichen **an die Schwelle zur Welt**. In der Arbeit mit Jesod geht es nicht um Theorie oder mystische Höhenflüge – sondern um **Verkörperung, Empfänglichkeit, seelische Durchlässigkeit**. Sie lehren uns, dass das Göttliche nicht fern ist, sondern in Träumen spricht, in Symbolen leuchtet, in der Intuition flüstert.

Wer mit diesen Kräften arbeitet, betritt den Raum des **heiligen Empfangens** – nicht passiv, sondern bereit. Jesod ruft jene, die **das Licht weitertragen wollen**, in Formen, in Worte, in Handlungen, in Präsenz. Gabriel und seine Engel stehen bereit, dort, wo Vision zur Wirklichkeit wird – und wo das Unsichtbare im Alltag durchschimmert wie ein leiser, ewiger Glanz.

In Malkhut (Das Königreich) steht der Magier. Der übergeordnete Engel ist Sandalphon.

Einige Geister aus dem kleineren Schlüssel Salomons

BAEL - *Der erste Hauptgeist ist ein König, der im Osten herrscht, Bael genannt. Er macht, daß du unsichtbar werden kannst. Er herrscht über 66 Legionen höllischer Geister. Er erscheint in verschiedenen Gestalten: manchmal wie eine Katze, manchmal wie eine Kröte und manchmal wie ein Mann, und zuweilen in all diesen Formen zugleich. Er spricht krächzend. Dies ist sein Charakter, den der, der ihn anruft, als Lamen vor sich tragen soll, oder er wird dir nicht huldigen:*

VASSAGO - *Der dritte Geist ist ein mächtiger Prinz, der von gleichem Wesen wie Agares ist. Er wird Vassago genannt. Dieser Geist ist von guter Natur, und sein Amt ist es, vergangene und kommende Dinge zu verkünden, und alle versteckten und verlorenen Dinge zu entdecken. Und er herrscht über 26 Legionen von Geistern, und dies ist sein Siegel:*

SAMIGINA oder **GAMIGIN** - *Der vierte Geist ist Samigina, Gamigin oder Gamygyn, ein großer Marquis. Er erscheint in der Gestalt eines kleinen Pferdes oder Esels und verwandelt sich dann auf Verlangen des Meisters in menschliche Form. Er spricht mit heiserer Stimme. Er regiert 30 Legionen Untergebener. Er lehrt jede allgemeine Wissenschaft und gibt Nachricht von toten Seelen, die in Sünde starben. Und sein Siegel ist dieses, das vom Magier vor sich getragen werden soll, wenn er anruft:*

MARBAS - *Der fünfte Geist ist Marbas. Er ist ein großer Präsident und erscheint zuerst in Gestalt eines großen Löwen, doch dann, auf Wunsch des Meisters, nimmt er menschliche Form an. Er antwortet wahrheitsgemäß über verborgene und geheime Sachen. Er verursacht Leiden und heilt sie. Auch gibt er Weisheit und Wissen in den mechanischen Künsten und kann Menschen in andere Gestalten verwandeln. Er regiert 36 Legionen von Geistern. Und sein Siegel ist dieses, welches wie oben angegeben getragen werden soll:*

PAIMON - *Der neunte Geist dieser Ordnung ist Paimon, ein großer König und Luzifer sehr ergeben. Er erscheint in Gestalt eines Mannes, der auf einem Dromedar sitzt, mit einer sehr prächtigen Krone auf dem Kopf. (...) Dieser Geist kann alle Künste und Wissenschaften und andere Geheimnisse lehren. Er kann dir enthüllen, was die Erde ist, und was sie in den Wassern hält, was Geist ist und wo er ist, und jede andere Sache, die du zu wissen wünschst. Er gibt Würden und festigt sie. Er bindet und macht einen Menschen dem Magier, falls der es will, Untertan. Er gibt gute Schutzgeister und solche, die alle Künste lehren können. Er ist nach Westen gerichtet zu schauen. Er gehörte zur Ordnung der Gewalten. (...) Sein Charakter, der als Lamen vor dir getragen werden muss, ist dieser:*

NABERIUS — *Der vierundzwanzigste Geist ist Naberius. Er ist ein sehr tapferer Marquis und zeigt sich in der Gestalt eines schwarzen Kranichs, der um den Kreis flattert, und wenn er spricht, dann mit krächzender Stimme. Er macht die Menschen in allen Künsten und Wissenschaften schlau, besonders aber in der Rhetorik. Er stellt verlorene Würden und Ehren wieder her. Er regiert 19 Legionen von Geistern. Sein Siegel ist dieses, das zu tragen ist:*

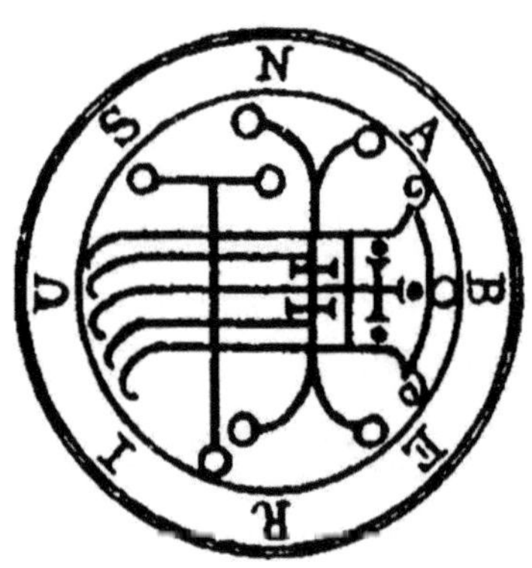

ASTAROTH - *Der neunundzwanzigste Geist ist Astaroth. Er ist ein mächtiger, starker Herzog und erscheint in der Gestalt eines schädlichen Engels, der auf einem wie ein Drachen aussehenden, höllischen Tiere reitet und in seiner rechten Hand eine Viper trägt. Du darfst ihn auf keine Weise dir nahe kommen lassen, damit er dir nicht mit seinem ungesunden Atem Schaden antue. Deswegen muss der Magier den magischen Ring nah an seinem Gesicht halten, was ihn schützen wird. Er gibt wahre Antworten bezüglich vergangener, gegenwärtiger und zukünftiger Dinge und kann alle Geheimnisse enthüllen. Er wird geflissentlich verkünden, wie die Geister fielen, und falls gewünscht den Grund seines eigenen Falls. Er kann die Menschen wundersam kenntnisreich in den allgemeinen Wissenschaften machen. Er beherrscht 40 Legionen von Geistern. Sein Siegel ist dieses, das du als Lamen vor dir tragen sollst, oder er wird dir weder erscheinen noch gehorchen:*

BIFRONS — *Der sechsundvierzigste Geist wird Bifrons oder Bifrous oder Bifrovs genannt. Er ist ein Graf und erscheint in der Gestalt eines Ungeheuers, nach einer Weile jedoch nimmt er auf den Befehl des Exorzisten menschliche Form an. Sein Amt ist es, einen kenntnisreich in der Astrologie, der Geometrie und anderen Künsten und Wissenschaften zu machen. Er lehrt die Wirkungen der Edelsteine und Hölzer. Er vertauscht tote Körper und legt sie an einen anderen Ort, auch entzündet er anscheinend Kerzen auf den Gräbern der Toten. Er hat 6 Legionen von Geistern unter seinem Befehl. Sein Siegel ist dieses, das er besitzt und dem er gehorcht:*

CROCELL - *Der neunundvierzigste Geist ist Crocell, Procel oder Crokel. Er erscheint in der Gestalt eines Engels. Er ist ein großer und starker Herzog, der manchmal mystisch über verborgene Dinge spricht. Er lehrt die geometrische Kunst und die allgemeinen Wissenschaften. Er wird auf Befehl des Exorzisten großes Getöse wie das Rauschen vieler Wasser hervorbringen, obwohl es dort keins gibt. Er wärmt die Wasser und entdeckt die Bäder. Er gehörte vor seinem Falle zur Ordnung der Herrscher oder Mächte, wie er König Salomo erklärte. Er regiert 48 Legionen von Geistern. Sein Siegel ist dieses, das du wie gesagt tragen sollst:*

FURCAS — *Der fünfzigste Geist ist Furcas. Er ist ein Ritter und erscheint in der Gestalt eines grausamen alten Mannes mit langem Bart und ergrautem Kopf und reitet auf einem hellen Pferd mit einer scharfen Waffe in der Hand. Sein Amt ist es, die Künste der Philosophie, Astrologie, Rhetorik, Logik, Chiromantie und Pyromantie in allen ihren Teilen und vollkommen zu lehren. Er hat 20 Legionen von Geistern unter seiner Macht. Sein Siegel oder Zeichen wird so gefertigt:*

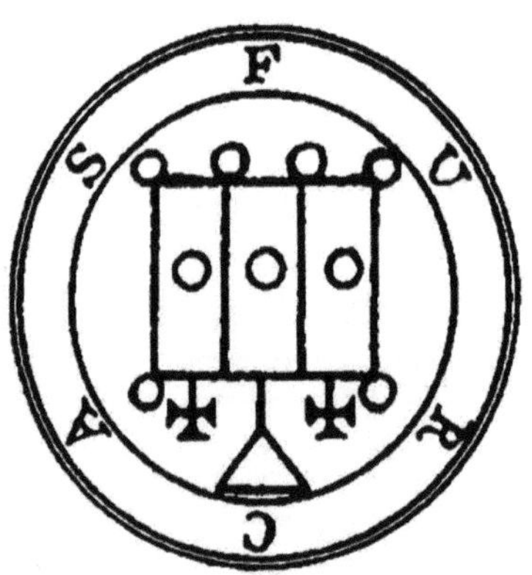

MURMUR oder **MURMUS** - *Der vierundfünfzigste Geist wird Murmur, Murmus oder Murmux genannt. Er ist ein großer Herzog und ein Graf und erscheint in der Gestalt eines Kriegers, der auf einem Greif reitet und eine Herzogskrone auf seinem Haupte trägt. Vor ihm gehen seine Diener mit großem Trompetenspiel. Sein Amt ist es, vollkommen die Philosophie zu lehren und die verschiedenen Seelen zu zwingen, vor den Exorzisten zu kommen, um die Fragen, die er ihnen stellen möchte, zu beantworten, falls dies gewünscht wird. Er gehörte zum Teil zur Ordnung der Throne und zum Teil zu der der Engel. Er regiert nun über 30 Legionen Geister. Und sein Siegel ist dieses:*

ANDREALPHUS - *Der fünfundsechzigste Geist ist Andrealphus. Er ist ein mächtiger Marquis, der zuerst mit großem Lärm in der Gestalt eines Pfaus erscheint. Nach einiger Zeit nimmt er menschliche Form an. Er kann die Geometrie vollkommen lehren. Er macht die Menschen darinnen sehr feinsinnig, ebenso in allen Dingen, die zur Meßkunst oder zur Astronomie gehören. Er kann einen Menschen in die Gestalt eines Vogels verwandeln. Er regiert über 30 Legionen höllischer Geister, und sein Siegel ist dieses:*

Die Weisheit des Königs:

Einige Belehrungen
SALOMONS

Inhaltsverzeichnis

Das Buch der Weisheit

Kapitel 1:

Ruf zur Gerechtigkeit und Weisheit

(1) Habt Gerechtigkeit lieb, ihr Herrscher der Erde! Denkt über den Herrn nach in lauterem Sinn und sucht ihn mit aufrichtigem Herzen! (2) Denn er lässt sich finden von denen, die ihn nicht versuchen, und erscheint denen, die ihm nicht misstrauen. (3) Denn verkehrtes Denken scheidet von Gott; und wird seine Macht auf die Probe gestellt, so bestraft sie solche Narren. (4) Denn die Weisheit kommt nicht in eine arglistige Seele und wohnt nicht in einem Leibe, der der Sünde verfallen ist. (5) Denn der heilige Geist, der ein Geist der Zucht ist, flieht die Falschheit und weicht von den törichten Gedanken und wird vertrieben, wenn Ungerechtigkeit ihm naht. (6) Die Weisheit ist ein Geist, der den Menschen liebt; und sie lässt den Lästerer nicht unbestraft für seine Reden. Denn Gott ist Zeuge seiner heimlichsten Gedanken und erkennt in Wahrheit sein Herz und hört seine Worte. (7) Denn der Erdkreis ist erfüllt vom Geist des Herrn, und der Geist, der alles zusammenhält, kennt jedes Wort. (8) Darum kann keiner verborgen bleiben, der Unrechtes redet; und das Recht, das ihn bestrafen soll, wird ihn nicht verfehlen. (9) Denn die Pläne des Frevlers müssen vor Gericht, und seine Reden sollen vor den Herrn

kommen, damit seine Übertretungen bestraft werden. (10) Denn das Ohr des eifernden Gottes hört alles, und das Gerede der Murrenden bleibt nicht verborgen.

Nicht Gott hat den Tod geschaffen

(11) So hütet euch nun vor unnützem Murren und bewahrt die Zunge vor böser Nachrede. Denn was ihr heimlich einander in die Ohren redet, wird nicht ohne Folgen bleiben, und der Mund, der lügt, bringt sich den Tod. (12) Strebt nicht nach dem Tod auf dem Irrweg eures Lebens, und zieht nicht das Verderben herbei durch das Werk eurer Hände. (13) Denn Gott hat den Tod nicht gemacht und hat kein Gefallen am Untergang der Lebenden; (14) sondern er hat alles geschaffen, dass es Bestand haben sollte; und was in der Welt geschaffen wird, ist heilsam; es ist kein tödliches Gift darin, und das Reich des Todes herrscht nicht auf Erden. (15) Denn die Gerechtigkeit ist unsterblich; (16) aber die Frevler haben den Tod herbeigerufen mit Worten und mit Werken. Denn sie hielten ihn für ihren Freund und sehnten sich nach ihm; sie schlossen mit ihm einen Bund, weil sie es wert sind, ihm anzuge- hören.

Kapitel 2

Rede der Frevler

(1) In die Irre gingen ihre Gedanken, und sie sagten zueinander: »Kurz und mühselig ist unser Leben, und wenn ein Mensch dahin ist, so ist es aus mit ihm. Auch weiß man von keinem, der aus dem Totenreich befreit. (2) Denn nur zufällig sind wir geworden, und nachher werden wir sein, als wären wir nie gewesen. Denn der Atem in unsrer Nase ist nur Rauch und unser Denken nur ein Funke, der aus dem Pochen unsres Herzens entsteht. (3) Wenn er verloschen ist, so geht der Leib dahin wie Asche, und der Geist zerflattert wie Luft. (4) Unser Name wird mit der Zeit vergessen, und niemand wird sich unseres Tuns erinnern. Unser Leben fährt dahin, als wäre nur eine Wolke da gewesen, und zergeht wie Nebel, der von den Strahlen der Sonne verjagt und von ihrer Hitze verzehrt wird. (5) Unsre Zeit geht vorbei wie ein Schatten, und wenn wir weg sind, gibt es keine Wiederkehr; denn es ist besiegelt, dass niemand wiederkommt. (6) Kommt nun und lasst uns genießen, was wir jetzt haben, und die Schöpfung auskosten, solange wir jung sind. (7) Wir wollen mit bestem Wein uns füllen und uns salben, und keine Frühlingsblume soll uns entgehen. (8) Lasst uns Kränze tragen von Rosenknospen, ehe sie welk werden. (9) Keine Wiese bleibe von unserem Übermut verschont; überall lasst uns Spuren unserer

Freude hinterlassen. Denn das ist unser Teil und dies unser Los. (10) Lasst uns den Gerechten unterdrücken, der in Armut lebt; lasst uns keine Witwe verschonen; wir wollen uns nicht scheuen vor dem grauen Haar des Greises. (11) Unsere Stärke sei das Gesetz der Gerechtigkeit; denn es zeigt sich, dass Schwäche nichts ausrichtet. (12) So lasst uns dem Gerechten auflauern; denn er ist uns lästig und widersetzt sich unserm Tun und schilt uns, weil wir gegen das Gesetz sündigen, und hält uns vor, dass wir gegen die Zucht verstoßen. (13) Er behauptet, Erkenntnis Gottes zu haben, und rühmt sich, ein Kind des Herrn zu sein. (14) Er wird uns zum Vorwurf bei allem, was wir denken; er ist uns unleidlich, wenn er sich nur sehen lässt. (15) Denn sein Leben unterscheidet sich von dem der andern, und ganz anders sind seine Wege. (16) Als falsche Münze gelten wir ihm, und er meidet unsre Wege wie Schmutz; er rühmt, wie es die Gerechten zuletzt gut haben werden, und prahlt damit, dass Gott sein Vater sei. (17) So lasst doch sehen, ob sein Wort wahr ist, und prüfen, was bei seinem Ende geschehen wird. (18) Ist der Gerechte Gottes Sohn, so wird er ihm helfen und ihn erretten aus der Hand der Widersacher. (19) Durch Schmach und Qual wollen wir ihn auf die Probe stellen, damit wir sehen, wie es mit seiner Sanftmut steht, und prüfen, wie geduldig er ist. (20) Wir wollen ihn zu schändlichem Tod verurteilen, denn er selbst sagt ja, es werde ihm

Rettung zuteil.« (21) Das alles dachten sie – und irrten; denn ihre Bosheit hat sie verblendet, (22) sodass sie Gottes Geheimnisse nicht erkannten; auch hatten sie nicht die Hoffnung, dass ein frommes Leben belohnt wird, und sie achteten die Ehre für nichts, die untadeligen Seelen gegeben wird. (23) Denn Gott hat den Menschen zur Unvergänglichkeit geschaffen und ihn zum Abbild seines eignen Wesens gemacht. (24) Aber durch des Teufels Neid ist der Tod in die Welt gekommen, (25) und es müssen ihn erfahren, die ihm angehören.

Kapitel 3:

Die Hoffnung der Gerechten

(1) Aber die Seelen der Gerechten sind in Gottes Hand, und keine Qual rührt sie an. (2) In den Augen der Unverständigen galten sie als tot. Ihr Scheiden wurde für Strafe gehalten (3) und ihr Fortgehen für Verderben; aber sie sind im Frieden. (4) Obwohl sie den Menschen gestraft erscheinen, sind sie doch erfüllt von Hoffnung auf Unsterblichkeit. (5) Sie wurden ein wenig gezüchtigt, aber viel Gutes wird ihnen widerfahren; denn Gott versuchte sie und fand sie seiner wert. (6) Er prüfte sie wie Gold im Schmelzofen und nahm sie an wie ein Ganzopfer. (7) Und zur Zeit ihrer Rettung werden sie aufleuchten und wie Funken durch ein Stoppelfeld stieben. (8) So werden sie die Heiden richten und über die Völker

herrschen, und der Herr wird König sein über sie in Ewigkeit. (9) Die auf ihn vertrauen, werden die Wahrheit erkennen, und die treu sind in der Liebe, werden bei ihm bleiben. Denn Gnade und Barmherzigkeit wohnt bei seinen Heiligen, und er rettet seine Auserwählten.

Die Hoffnungslosigkeit der Frevler

(10) Aber die Frevler werden die Strafe empfangen, die ihrem eigenen Denken entspricht; denn sie achten den Gerechten für nichts und fallen ab vom Herrn. (11) Denn elend sind, die Weisheit und Zucht verachten. Ihre Hoffnung ist nichtig und ihre Mühe ist umsonst und ihr Tun ist unnütz. (12) Ihre Frauen sind töricht und ihre Kinder böse. Verflucht ist, was von ihnen geboren wird.

Auch der Gerechte kann kinderlos sein

(13) Selig ist die Unfruchtbare, die unbefleckt ist und kein sündiges Lager kennt; sie wird die Frucht dafür genießen zu der Zeit, wenn die Seelen gerichtet werden. (14) Selig ist auch der Entmannte, der nichts Unrechtes tut und nichts Böses gegen den Herrn erdenkt; dem wird für seine Treue eine auserlesene Gabe und ein besseres Los im Tempel des Herrn gegeben werden. (15) Denn gute Arbeit gibt herrliche Frucht, und die Wurzel der Klugheit verfault nicht. (16) Aber die Kinder der Ehebrecher geraten nicht, und die Nachkommen aus verbote-

nem Lager gehen zugrunde. (17) Denn wenn sie auch lange leben, werden sie doch nichts gelten, und ihr Alter wird zuletzt doch ohne Ehre sein. (18) Sterben sie aber bald, so haben sie nichts zu hoffen und keinen Trost am Tage des Gerichts. (19) Denn die Ungerechten nehmen ein schlimmes Ende.

Kapitel 4:

(1) Besser ist's, keine Kinder zu haben, wenn man dabei in Tugend lebt; denn Unsterblichkeit ist ihr Lohn, und sie wird bei Gott und den Menschen gerühmt. (2) Ist sie da, nimmt man sie zum Vorbild; ist sie aber nicht da, so sehnt man sich nach ihr, und in der Ewigkeit zieht sie bekränzt einher; denn sie hat gesiegt in einem Wettkampf um einen edlen Preis. (3) Aber die große Nachkommenschaft der Gottlosen ist zu nichts nütze. Weil sie aus unechten Schösslingen hervorgegangen ist, kann sie nicht tief wurzeln und keinen festen Grund gewinnen. (4) Und wenn sie auch eine Zeit lang an den Zweigen grünt, so wird sie doch, weil sie nicht sicher steht, vom Wind geschüttelt und vom Sturm entwurzelt. (5) Ihre zu schwach gebliebenen Äste werden zerbrochen, und ihre Frucht ist unbrauchbar, zu unreif zum Essen, und taugt zu nichts. (6) Denn Kinder, die verbotenem Beischlaf entstammen, sind Zeugen für die Schlechtigkeit ihrer Eltern im Gericht.

Der früh vollendete Gerechte

(7) Wenn aber der Gerechte zu frühzeitig stirbt, so ist er doch in der Ruhe. (8) Denn die Würde des Alters entsteht nicht durch ein langes Leben und wird nicht nach der Zahl der Jahre gemessen; (9) Einsicht ist unter den Menschen das wahrhaft graue Haar und ein unbeflecktes Leben das rechte Greisenalter. (10) Der Gott wohlgefiel, wurde ihm lieb, und weil er unter Sündern lebte, wurde er hinweggenommen; (11) er wurde entrückt, damit nicht Schlechtigkeit seinen Sinn verkehren und Trug seine Seele verführen könnte. (12) Denn der Reiz des Bösen verdunkelt das Gute, und die lockende Begierde verkehrt den arglosen Sinn. (13) Obwohl früh vollendet, hat er doch viele Jahre erfüllt. (14) Denn seine Seele gefiel dem Herrn; darum eilte sie fort von den bösen Menschen. Aber die Leute, die es sahen, beachteten es nicht und nahmen's nicht zu Herzen, (15) dass Gnade und Barmherzigkeit bei seinen Auserwählten wohnt und dass er seine Heiligen gnädig heimsucht. (16) Es wird aber der verstorbene Gerechte die lebenden Gottlosen verurteilen und der früh Vollendete den Ungerechten mit seinem hohen Alter. (17) Sie werden wohl das Ende des Weisen sehen, aber nicht merken, was der Herr über ihn beschlossen und wofür er ihn bewahrt hat. (18) Sie werden es sehen und es nicht achten. Aber der Herr wird sie verlachen, (19) und dann werden ihre

Leichen entehrt sein, und sie werden unter den Toten ewig zum Gespött. Sie werden verstummen, wenn er sie kopfüber zu Boden stürzt; er wird sie erschüttern bis ins Mark. Sie werden völlig verwüstet sein; sie werden schlimme Schmerzen erleiden, und ihr Andenken wird vernichtet sein. (20) Wenn ihre Sünden zusammengerechnet werden, dann werden sie verzagt daherkommen, und ihre Missetaten werden ihnen gegenübertreten und sie überführen.

Kapitel 5:

Der Gerechte und der Gottlose im Endgericht

(1) Dann wird der Gerechte in großer Zuversicht dastehen vor denen, die ihn bedrückt und sein Leiden verachtet haben. (2) Wenn sie ihn dann sehen, werden sie in Furcht und Schrecken geraten und außer sich sein über seine unvermutete Rettung. (3) Sie werden voller Reue untereinander sprechen und in Herzensangst seufzen: (4) »Das ist doch der, der einst bei uns Gelächter hervorrief und über den wir unsere Scherze machten, wir Narren! Wir hielten sein Leben für unsinnig und sein Ende für ehrlos. (5) Wie kommt es, dass er nun zu den Söhnen Gottes gezählt wird und sein Erbteil bei den Heiligen hat? (6) Dann sind also wir vom Weg der Wahrheit abgeirrt, und das Licht der Gerechtigkeit hat uns nicht geleuchtet, und die Sonne ist uns nicht aufgegangen. (7) Auf unrechten und verderblichen

Wegen sind wir gestrauchelt, unwegsame Wüsten haben wir durchwandert, den Weg des Herrn aber nicht erkannt. (8) Was hat uns nun der Hochmut genutzt? Was hat uns der Reichtum eingebracht samt seiner Prahlerei? (9) Es ist alles dahingefahren wie ein Schatten und wie ein Gerücht, das vorübergeht, (10) wie ein Schiff, das auf den Wasserwogen dahinfährt: Wenn es vorüber ist, kann man seine Spur nicht mehr finden und nicht die Bahn seines Kiels in den Wellen. (11) Oder wie man bei einem Vogel, der durch die Luft fliegt, keine Spur seines Weges finden kann: Durch seine Federn wird die leichte Luft bewegt und zerteilt durch den Schlag seiner Flügel; danach aber gibt es nichts mehr, was auf seinen Flug hindeutet. (12) Oder wie wenn ein Pfeil abgeschossen wird zum Ziel: Die durchschnittene Luft schlägt sogleich wieder zusammen, sodass man seine Bahn nicht mehr erkennen kann. (13) So haben auch wir, kaum geboren, schon ein Ende genommen. Wir können kein Zeichen der Tugend vorweisen und haben uns in unsrer Bosheit verzehrt.« (14) Denn die Hoffnung des Gottlosen ist wie Staub, vom Winde zerstreut, und wie feiner Schnee, vom Sturm getrieben, und wie Rauch, vom Winde verweht, und wie man einen vergisst, der nur einen Tag lang Gast gewesen ist. (15) Aber die Gerechten werden ewig leben, und beim Herrn ist ihr Lohn, und der Höchste sorgt für sie. (16) Darum werden sie ein herrliches Reich empfangen und eine schöne Krone aus der Hand des Herrn. Denn er wird sie mit seiner Rechten beschirmen und mit seinem Arm beschützen. (17) Er wird seinen Eifer nehmen als Harnisch und die Schöpfung bewaffnen zur Abwehr der Feinde. (18) Er wird Gerechtigkeit anziehen als Panzer und unbestechliches Gericht aufsetzen als Helm. (19) Er wird unüberwindliche Heiligkeit ergreifen als Schild. (20) Er wird seinen strengen Zorn schärfen zum Schwert. Und die Welt wird mit ihm zum Kampf ausziehen gegen die Toren. (21) Die Geschosse der Blitze werden gut gezielt dahinfliegen und aus den Wolken wie von einem straff gespannten Bogen ins Ziel treffen. (22) Und durch Gottes Zorn, der Steine schleudert, wird Hagel auf sie herabstürzen. Die Wasser des Meeres werden wider sie wüten und die Ströme werden sie überfluten. (23) Der Geist göttlicher Kraft wird sich gegen sie erheben, und wie ein Wirbelwind wird er sie zerstreuen. Unrecht wird die gesamte Erde verwüsten und Freveltat die Throne der Herrscher umstürzen.

Kapitel 6

Die Regenten werden zur Weisheit ermahnt

(1) So hört nun, ihr Könige, und merkt auf; lernt es, die ihr die ganze Erde richtet! (2) Horcht auf, die ihr herrscht über die Menge und die ihr prahlt mit den Scharen eurer Völker! (3) Denn vom Herrn ist euch die Herrschaft gegeben und die Gewalt vom Höchsten, der eure Taten prüfen und eure Pläne erforschen wird. (4) Denn ihr seid Diener seines Reiches. Aber ihr habt nicht recht regiert, habt das Gesetz nicht beachtet und nicht nach dem Willen Gottes gehandelt. (5) Er wird schrecklich und schnell über euch kommen, denn es ergeht ein strenges Gericht über die Herrscher. (6) Denn dem Geringsten widerfährt Erbarmen, aber die Gewaltigen werden mit Gewalt zur Rechenschaft gezogen. (7) Denn der Herr aller wird niemanden fürchten und keines Menschen Größe scheuen. Er hat die Kleinen und die Großen geschaffen und sorgt für alle gleich. (8) Die Mächtigen aber werden streng verhört werden. (9) An euch nun, ihr Herrscher, ergehen meine Worte, damit ihr Weisheit lernt und nicht fehlgeht. (10) Denn wer das Heilige heilig hält, der wird geheiligt werden, und wer darin unterwiesen ist, der wird im Gericht bestehen. (11) Verlangt also nach meinen Worten; begehrt sie und lasst euch belehren! (12) Die Weisheit ist schön und unvergänglich und lässt sich gern sehen von denen,

die sie lieb haben, und lässt sich von denen finden, die sie suchen. (13) Kaum will man sie erkennen, ist sie schon da. (14) Wer sich früh zu ihr aufmacht, muss sich nicht mühen; denn sie wartet schon vor seiner Tür. (15) Denn nach ihr zu trachten, ist vollkommene Klugheit, und wer sich ihretwegen wach hält, wird bald ohne Sorge sein. (16) Denn sie geht selbst umher und sucht, die ihrer wert sind. Sie erscheint ihnen freundlich auf ihren Wegen und begegnet ihnen in jedem Gedanken. (17) Denn da ist der Anfang der Weisheit, wo einer aufrichtig Unterweisung begehrt. (18) Wer aber nach Unterweisung trachtet, der hat die Weisheit lieb; wer sie aber lieb hat, der hält ihre Gebote; wer aber die Gebote hält, dem ist unvergängliches Leben gewiss; (19) unvergängliches Leben aber schafft Nähe zu Gott. (20) So führt das Verlangen nach Weisheit zu königlicher Herrschaft. (21) Habt ihr nun Gefallen an Thron und Zepter, ihr Herrscher der Völker, so haltet die Weisheit in Ehren, damit ihr für immer die Herrschaft behaltet. (22) Was aber die Weisheit ist und wie sie entstand, will ich verkünden und euch ihre Geheimnisse nicht verbergen. Ich will ihrer Spur nachgehen vom Anfang der Schöpfung an. Ich will sie allen bekannt machen und an der Wahrheit nicht vorbeigehen. (23) Denn ich will mit dem giftigen Neid nichts zu tun haben; denn er hat nichts gemein mit der Weisheit. (24) Viele Weise aber sind Heil für die Welt, und ein kluger König ist das Glück seines Volkes. (25) Darum lasst euch unterweisen durch meine Worte, so werdet ihr Nutzen haben.

Kapitel 7:

Salomo empfängt und erfährt die Weisheit

(1) Auch ich bin ein sterblicher Mensch wie alle andern, ein Nachkomme des ersten aus Erde geschaffenen Menschen, und bin Fleisch, im Mutterleib (2) zehn Monate lang gebildet, im Blut zusammengeronnen aus Mannessamen und der Lust, die im Beischlaf dazukam. (3) Auch ich habe, als ich geboren war, Atem geholt aus der Luft, die allen gemeinsam ist, und bin gefallen auf die Erde, die alle in gleicher Weise trägt; und Weinen war wie bei allen mein erster Laut; (4) und ich bin in Windeln gelegt und voll Fürsorge aufgezogen worden. - (5) Denn selbst ein König hatte niemals einen andern Anfang seines Lebens, (6) sondern alle haben denselben Eingang in das Leben und auch den gleichen Ausgang. (7) Deshalb betete ich, und mir wurde Einsicht gegeben; ich rief den Herrn an, und der Geist der Weisheit kam zu mir. (8) Ich achtete sie höher als Zepter und Throne, und Reichtum hielt ich für nichts im Vergleich mit ihr. (9) Neben ihr war mir kein Edelstein etwas wert, und war er noch so teuer. Wenn man sie ansieht, ist alles Gold nur geringer Sand, und Silber ist Dreck gegen sie.

(10) Ich hatte sie lieber als Gesundheit und schöne Gestalt und zog sie sogar dem Licht vor; denn der Glanz, der von ihr ausgeht, erlischt nicht. (11) Zugleich aber kamen mit ihr alle Güter zu mir, und unermesslicher Reichtum war in ihrer Hand. (12) Ich freute mich all dieser Dinge, weil die Weisheit sie mit sich führte; ich wusste aber noch nicht, dass sie auch ihre Schöpferin ist. (13) Arglos habe ich sie gelernt, neidlos teile ich sie aus; ich will ihren Reichtum nicht verbergen. (14) Denn sie ist den Menschen ein unerschöpflicher Schatz; die ihn erwarben, erlangten Gottes Freundschaft. Denn sie haben sich ihm empfohlen mit den Gaben, die die Unterweisung verleiht. (15) Gott aber gebe mir, nach seinem Sinn zu reden und so zu denken, wie es der Gaben würdig ist, die ich empfangen habe. Denn er ist's, der auch die Weisheit auf ihren Weg führt und den Weisen zurechthilft. (16) Denn in seiner Hand sind wir selbst und unsre Worte, dazu alle Klugheit und Kenntnisse in mancherlei Fertigkeiten. (17) Denn er gab mir sichere Erkenntnis dessen, was ist, sodass ich den Bau der Welt begreife und das Wirken der Elemente: (18) Anfang, Ende und Mitte der Zeiten, wie die Tage zu- und abnehmen, wie die Jahreszeiten wechseln, (19) wie das Jahr umläuft und wie die Sterne stehen, (20) die Arten der zahmen und der wilden Tiere, die Macht der Geister und die Gedanken der Menschen, die Vielfalt der Pflanzen und die Kräfte der Wurzeln. (21) So

erkannte ich alles, was verborgen und was sichtbar ist; (22) denn die Weisheit, die alles kunstvoll gebildet hat, lehrte mich's. Denn es wohnt in ihr ein Geist, der verständig ist, heilig, eines und vieles zugleich, fein, beweglich, durchdringend, rein, klar, unversehrt, freundlich, scharfsinnig, (23) ungehindert, wohltätig, menschenfreundlich, beständig, gewiss, ohne Sorge; er vermag alles, sieht alles und durchdringt selbst alle Geister, die verständig, rein und fein sind. (24) Denn die Weisheit ist regsamer als alles, was sich regt, sie geht und dringt durch alles – so rein ist sie. (25) Denn sie ist ein Hauch der göttlichen Kraft und ein reiner Strahl der Herrlichkeit des Allmächtigen; darum kann nichts Unreines in sie hineinkommen. (26) Denn sie ist ein Abglanz des ewigen Lichts und ein fleckenloser Spiegel des göttlichen Wirkens und ein Bild seiner Güte. (27) Sie ist ein und dieselbe und kann alles. Sie bleibt, was sie ist, und erneuert alles. In jedem Geschlecht geht sie in heilige Seelen ein und macht sie zu Freunden Gottes und zu Propheten. (28) Denn Gott liebt niemanden, er bleibe denn bei der Weisheit. (29) Denn sie ist herrlicher als die Sonne und übertrifft die Schönheit der Sterne. Sie ist strahlender als das Licht. (30) Denn das Licht muss der Nacht weichen, aber die Bosheit überwältigt die Weisheit nimmermehr.

Kapitel 8:

(1) Gewaltig erstreckt sie sich von einem Ende zum andern, und vortrefflich regiert sie das All.

Der Lebensbund Salomos mit der Weisheit

(2) Diese Weisheit habe ich geliebt und gesucht von meiner Jugend an und danach getrachtet, sie mir zur Braut zu nehmen, und ich habe ihre Schönheit lieb gewonnen. (3) Sie ist von herrlichem Adel, denn sie ist eine Gefährtin Gottes, und der Herr aller Dinge hat sie lieb. (4) Denn sie ist in Gottes Wissen eingeweiht und hat teil an seinen Werken. (5) Ist aber Reichtum ein köstlich Ding im Leben, was ist dann reicher als die Weisheit, die alles schafft? (6) Ist's aber Klugheit, die etwas schafft, wer ist dann der Klugheit Schöpferin, wenn nicht die Weisheit? (7) Hat aber jemand Gerechtigkeit lieb – so ist es die Weisheit, welche die Tugenden wirkt. Denn sie lehrt Besonnenheit und Klugheit, Gerechtigkeit und Tapferkeit, und nichts Nützlicheres als dies gibt es im Leben für die Menschen. (8) Begehrt aber jemand, viele Dinge zu wissen, so ist es die Weisheit, die das Vergangene kennt und das Zukünftige errät. Sie versteht sich auf gewandte Rede und weiß, Rätsel zu lösen. Zeichen und Wunder erkennt sie im Voraus und was Stunden und Zeiten bringen werden. (9) Daher habe ich beschlossen, mir die Weisheit zur Gefährtin zu nehmen, denn ich wusste, dass sie mir

ein Ratgeber zum Guten sein würde und ein Trost in Sorgen und Traurigkeit. (10) Ich werde ihretwegen Ruhm beim Volk und Ehre bei den Alten haben, obwohl ich jung bin. (11) Ich werde als scharfsinnig gelten, wenn ich Recht spreche, und bewundert werden bei den Mächtigen. (12) Wenn ich schweige, werden sie auf mich warten; wenn ich rede, werden sie aufmerken; wenn ich weiterrede, werden sie die Hand auf ihren Mund legen. (13) Ich werde ihretwegen Unsterblichkeit empfangen und ein ewiges Andenken bei denen hinterlassen, die nach mir kommen. (14) Ich werde Völker regieren, und Nationen werden mir untertan sein. (15) Grausame Tyrannen werden sich fürchten, wenn sie von mir hören; in der Menge werde ich mich tüchtig zeigen und im Krieg tapfer. (16) Kehre ich aber heim, so finde ich bei der Weisheit Ruhe. Denn mit ihr Umgang zu haben, bringt keinen Verdruss, und mit ihr zusammenzuleben, keinen Schmerz, sondern Lust und Freude. (17) Das bedachte ich bei mir und erwog es in meinem Herzen: Wer bei der Weisheit ruht, gewinnt Unsterblichkeit, (18) und wer mit ihr befreundet ist, wahre Lust. Wer seiner Hände Arbeit mit ihr verrichtet, hat unerschöpflichen Reichtum, und wer mit ihr Gemeinschaft pflegt, Klugheit. Und guter Ruf wird dem zuteil, der mit ihr Zwiesprache hält. Darum ging ich umher und suchte, wie ich sie zu mir nehmen könnte. (19) Ich war aber ein schöner junger Mann und hatte eine edle Seele empfangen,

(20) oder vielmehr: Da ich edel war, kam ich in einen makellosen Leib. (21) Als ich aber erkannte, dass ich die Weisheit nur erlangen kann, wenn Gott sie mir gibt – und es war schon Klugheit zu wissen, von wem diese Gnadengabe kommt –, da wandte ich mich an den Herrn, betete zu ihm und sprach von ganzem Herzen:

Kapitel 9:

Salomos Gebet um Weisheit

(1) Gott meiner Väter und Herr des Erbarmens, der du alle Dinge durch dein Wort geschaffen (2) und den Menschen durch deine Weisheit bereitet hast, dass er herrsche über die Geschöpfe, die von dir gemacht wurden, (3) und die Welt in Heiligkeit und Gerechtigkeit regiere und Gericht halte mit aufrichtigem Herzen: (4) Gib mir die Weisheit, die bei dir auf deinem Thron sitzt, und verwirf mich nicht aus der Schar deiner Kinder. (5) Denn ich bin dein Knecht und der Sohn deiner Magd, ein schwacher Mensch, der nur ein kurzes Leben hat und dem es an Einsicht fehlt für Recht und Gesetz. (6) Denn selbst wenn einer unter den Menschenkindern vollkommen wäre, so wird er doch nichts gelten, wenn ihm die Weisheit fehlt, die von dir kommt. (7) Du hast mich erwählt zum König über dein Volk und zum Richter über deine Söhne und Töchter. (8) Du hießest mich einen Tempel bauen auf deinem

heiligen Berge und einen Altar in der Stadt, in der du
wohnst, einen Altar, ein Abbild des heiligen Zeltes,
das du von Anfang an bereitet hast. (9) Und bei dir
ist die Weisheit, die deine Werke kennt und die
dabei war, als du die Welt schufst, und die weiß, was
dir wohlgefällt und was recht ist nach deinen
Geboten. (10) Sende sie herab von deinem heiligen
Himmel, und von dem Thron deiner Herrlichkeit.
Sende sie, dass sie bei mir sei und mit mir arbeite,
dass ich erkenne, was dir wohlgefällt. (11) Denn sie
weiß alles und versteht's. Und sie wird mich mit
Besonnenheit leiten bei meinen Werken und mich
behüten in ihrer Herrlichkeit. (12) Dann werden dir
meine Werke angenehm sein, und ich werde dein
Volk gerecht richten und würdig sein des Throns
meines Vaters. (13) Denn welcher Mensch erkennt
den Ratschluss Gottes? Oder wer kann ergründen,
was der Herr will? (14) Denn die Gedanken der
sterblichen Menschen sind armselig und unsre
Vorsätze hinfällig. (15) Denn der vergängliche Leib
beschwert die Seele, und die irdische Hütte bedrückt
den sorgenvollen Sinn. (16) Wir erfassen kaum, was
auf Erden ist, und begreifen nur schwer, was wir in
Händen haben. Was aber im Himmel ist, wer hat es
erforscht? (17) Und wer hat deinen Ratschluss erkannt? Es sei denn, du hast Weisheit gegeben und
deinen heiligen Geist aus der Höhe gesandt.
(18) Und so wurden die Erdenbewohner auf den
rechten Weg gebracht. Die Menschen wurden in

dem unterwiesen, was dir gefällt, und durch die Weisheit errettet.

Kapitel 10:

Das rettende Walten der Weisheit
von Adam bis Mose

(1) Dieselbe Weisheit behütete den Ersterschaffenen, den Vater der Welt, als er noch als Einziger geschaffen war, und zog ihn aus seiner Sünde. (2) Sie gab ihm Kraft, über alles zu herrschen. (3) Als aber ein Ungerechter in seinem Zorn von ihr abfiel, ging er zugrunde durch seinen Grimm, der ihn den Bruder morden ließ. (4) Und als die Erde seinetwegen von der Sintflut überschwemmt wurde, rettete die Weisheit sie wieder und steuerte den Gerechten auf einem Stück Holz hindurch. (5) Und als die Völker verwirrt waren in allgemeiner Bosheit, da entdeckte sie den Gerechten und bewahrte ihn untadelig vor Gott. Sie ließ ihn fest bleiben, als er sich erbarmen wollte über seinen Sohn. (6) Die Weisheit rettete den Gerechten, als er beim Untergang der Gottlosen vor dem Feuer floh, das auf die fünf Städte herabfiel. (7) Von ihrer Bosheit zeugen noch heute rauchendes und ödes Land, Bäume, die zur Unzeit Frucht bringen, und eine Salzsäule, die dasteht als Denkmal einer ungläubigen Seele. (8) Denn sie achteten die Weisheit nicht und hatten danach nicht nur den Schaden, dass sie das Gute nicht erkannten,

sondern hinterließen den künftig Lebenden auch noch ein Denkmal ihrer Torheit, damit ihr Irrtum keinesfalls verborgen bliebe. (9) Die Weisheit aber errettete die aus allen Nöten, die ihr dienen. (10) Sie leitete den Gerechten, der vor dem Zorn seines Bruders fliehen musste, auf geraden Wegen; sie zeigte ihm das Reich Gottes und gab ihm zu erkennen, was heilig ist; sie half ihm aus, wo er es schwer hatte, und mehrte den Ertrag seiner Mühen. (11) Sie stand ihm bei, da er von Habsüchtigen Gewalt litt, und machte ihn reich. (12) Sie bewahrte ihn vor seinen Feinden und beschützte ihn vor denen, die ihm nachstellten; sie entschied einen schweren Kampf für ihn, damit er erkannte, dass die Frömmigkeit mächtiger ist als alles. (13) Die Weisheit verließ den Gerechten nicht, als er verkauft wurde, sondern rettete ihn vor der Sünde. (14) Sie stieg mit ihm hinab in die Grube und verließ ihn nicht, als er in Fesseln lag, bis sie ihm das Zepter des Königreichs brachte und Macht über seine Peiniger; sie erwies die als Lügner, die ihn geschmäht hatten, und gab ihm ewige Herrlichkeit. (15) Die Weisheit erlöste das heilige Volk, das Geschlecht, an dem kein Tadel war, vor den Heiden, die es bedrückten. (16) Sie ging ein in die Seele dessen, der Diener des Herrn war, und widerstand grausamen Königen durch Wunder und Zeichen. (17) Sie belohnte die Heiligen für ihre Mühen, leitete sie auf wunderbarem Wege und war ihnen am Tage ein Schutz und bei Nacht eine Flamme aus Sternen. (18) Sie führte sie durchs Rote Meer und leitete sie durch große Wasser. (19) Aber ihre Feinde ersäufte sie, warf sie wieder herauf aus der Tiefe des Abgrunds. (20) Darum raubten die Gerechten den Gottlosen ihre Waffen und priesen, Herr, deinen heiligen Namen und lobten einmütig deine sieghafte Hand. (21) Denn die Weisheit öffnete den Mund der Stummen und machte die Unmündigen beredt.

Kapitel 11:

(1) Sie ließ ihre Werke gelingen durch einen heiligen Propheten.

Wasser als Strafe und Wohltat

(2) Die Israeliten zogen durch eine unbewohnte Wüste und schlugen ihre Zelte auf in der Einöde. (3) Sie widerstanden ihren Feinden und erwehrten sich ihrer Widersacher. (4) Als es sie dürstete, riefen sie dich an, und ihnen wurde Wasser gegeben aus schroffem Fels, und sie löschten den Durst aus hartem Stein. (5) Denn wodurch ihre Feinde bestraft wurden, eben dadurch geschah ihnen Gutes, als sie Not litten. (6) Jene bestraftest du, indem du das ewig fließende Wasser des Nils mit Blut vermengtest, (7) weil sie den Befehl gegeben hatten, dass man die Kinder töten sollte. Ihnen aber gabst du in der Wüste ganz unerwartet reichlich Wasser. (8) Damals zeigtest du durch den Durst, wie du die

Widersacher bestrafst. (9) Denn als die Israeliten zwar geprüft, doch nur mit Gnaden gezüchtigt worden waren, erkannten sie, wie die Gottlosen mit Zorn gerichtet und gequält wurden. (10) Denn du hast sie wie ein Vater ermahnt und geprüft, jene aber wie ein strenger König verhört und verdammt. (11) Und es wurden die Ägypter, die dabei waren, in gleicher Weise geplagt wie diejenigen, die nicht dabei waren. (12) Denn es kam doppeltes Leid über sie und Seufzen, wenn sie an das Vergangene dachten. (13) Denn als sie hörten, dass jenen Gutes durch genau das geschah, wodurch sie selbst bestraft worden waren, spürten sie das Wirken des Herrn. (14) Denn den sie einst ins Wasser ausgesetzt und später verspottet hatten, über den mussten sie staunen, als es am Ende so ausging, während sie selbst ganz anders als die Gerechten Durst gelitten hatten. (15) Zur Strafe für die törichten Gedanken, die aus ihrer Ungerechtigkeit kamen und durch die sie verführt wurden, unvernünftiges Gewürm und Ungeziefer anzubeten, sandtest du unter sie eine Menge unvernünftiger Tiere, (16) damit sie erkennen sollten: Womit jemand sündigt, damit wird er auch bestraft.

Gottes Erbarmen mit seiner Schöpfung

(17) Denn deiner allmächtigen Hand, welche die Welt aus ungeformtem Stoff geschaffen hat, fehlte es nicht an Macht, über sie eine Menge von Bären

kommen zu lassen oder mutige Löwen (18) oder neu geschaffene, grimmige unbekannte Tiere, die Feuer speien oder stinkenden Rauch schnauben oder schreckliche Funken aus den Augen blitzen lassen (19) und die ihnen nicht nur durch Verletzungen Verderben bringen, sondern sie auch mit ihrem furchtbaren Anblick umbringen können. (20) Aber sie hätten auch ohne dies alles durch einen einzigen Hauch fallen können, verfolgt von der strafenden Gerechtigkeit und zerstreut von dem Hauch deiner Macht. (21) Aber du hast alles nach Maß, Zahl und Gewicht geordnet. Denn deine Kraft gewaltig zu erweisen ist dir allezeit möglich, und wer kann der Macht deines Arms widerstehen? (22) Denn die ganze Welt ist vor dir wie ein Staubkorn auf der Waage und wie ein Tropfen des Morgentaus, der auf die Erde fällt. (23) Aber du erbarmst dich über alle, denn du kannst alles und du siehst über die Sünden der Menschen hinweg, damit sie sich bekehren sollen. (24) Denn du liebst alles, was ist, und verabscheust nichts von dem, was du gemacht hast. Denn du hast ja nichts bereitet, gegen das du Hass gehabt hättest. (25) Wie könnte etwas bleiben, wenn du nicht wolltest? Oder wie könnte erhalten werden, was du nicht gerufen hättest? (26) Du schonst aber alles, denn es ist dein, Herr, du Liebhaber des Lebens,

Kapitel 12:

(1) und dein unvergänglicher Geist ist in allem.

Gottes Nachsicht in der Bestrafung der Kanaaniter

(2) Darum bestrafst du die, die fallen, nur leicht und warnst sie, indem du sie an ihre Sünden erinnerst, damit sie von ihrer Schlechtigkeit loskommen und an dich, Herr, glauben. (3) Denn als du den früheren Bewohnern deines heiligen Landes feind warst, (4) weil sie die widerwärtigsten Dinge trieben, Zauberei und unheilige Bräuche, (5) weil sie ihre Kinder erbarmungslos töteten, weil sie Blut und menschliche Eingeweide in ihren Gastmählern aßen – sie, die zum geheimen Opfermahl zusammenkamen (6) und als Eltern zu Mördern ihrer hilflosen Kinder wurden, wolltest du vertilgen durch unserer Väter Hände, (7) damit das Land, das dir von allen das liebste ist, als würdige Bewohner die Kinder Gottes aufnehmen könnte. (8) Dennoch verschontest du sie, weil auch sie Menschen waren, und sandtest deinem Heer Hornissen voraus, damit diese sie nur nach und nach umbrächten. (9) Es war dir zwar nicht unmöglich, die Gottlosen in einer Schlacht den Gerechten zu unterwerfen oder durch grausame Tiere oder durch ein hartes Wort allesamt zu zerschmettern; (10) aber du richtetest sie nur nach und nach und gabst ihnen so Gelegenheit zur Buße, obwohl du genau wusstest, dass sie böser Art waren

und ihre Bosheit ihnen angeboren und dass sich ihr Sinn niemals mehr ändern würde. (11) Denn sie waren ein verfluchtes Geschlecht von Anfang an. So hast du auch nicht darum, weil du jemand gescheut hättest, ihre Sünden unbestraft gelassen. (12) Denn wer darf zu dir sagen: »Was tust du?« Oder wer kann deinem Gericht widerstehen? Oder wer darf dich beschuldigen wegen des Untergangs von Völkern, die du geschaffen hast? Oder wer darf kommen und vor dich hintreten als Verteidiger für ungerechte Menschen? (13) Denn es ist kein Gott außer dir, der du für alle sorgst. Du musst nicht beweisen, dass du nicht ungerecht richtest. (14) Es kann dir auch weder ein König noch ein Tyrann die Stirn bieten um derer willen, die du bestrafst. (15) Weil du aber gerecht bist, so regierst du alle Dinge gerecht und siehst es als deiner Majestät nicht gemäß an, jemand zu verdammen, der die Strafe nicht verdient hat. (16) Denn deine Stärke ist der Ursprung der Gerechtigkeit, und weil du über alle Herr bist, so kannst du auch alle verschonen. (17) Denn an denen, die an die Vollkommenheit deiner Macht nicht glauben, beweist du deine Stärke, und an denen, die davon wissen, bestrafst du ihren Übermut. (18) Aber du, gewaltiger Herrscher, richtest mit Milde und regierst uns mit viel Verschonen; denn du vermagst alles, wenn du willst. (19) Dein Volk aber hast du durch solche Werke gelehrt, dass der Gerechte menschenfreundlich sein soll, und deinen Kindern gibst du

damit zu verstehen, sie sollten froher Hoffnung sein,
dass du ihnen für die Sünden Gelegenheit zur Buße
gebest. (20) Denn wenn du die Feinde deiner
Kinder, die des Todes schuldig waren, mit solcher
Sorgfalt bestraft hast, wenn du ihnen Zeit und Raum
gegeben hast, dass sie von ihrer Bosheit lassen
konnten: (21) Mit wie viel mehr Bedacht richtest du
deine Kinder, deren Vätern du mit Eid und Bund viele
gute Verheißungen gegeben hast! (22) Während du
also uns erziehst, plagst du unsre Feinde tausend-
fach, damit wir deine Güte bedenken, wenn wir
richten, und auf deine Barmherzigkeit trauen, wenn
wir gerichtet werden.

Schwere Bestrafung nach vergeblicher Warnung

(23) Daher quältest du auch die Ungerechten, die ein
unverständiges Leben führten, mit ihren eignen
Gräueln. (24) Denn sie waren so weit auf Irrwege
geraten, dass sie sogar Tiere für Götter hielten, die
unter den verabscheuten Tieren die verächtlichsten
sind; wie unverständige Kinder waren sie betrogen.
(25) Darum hast du ihnen wie unverständigen
Kindern eine Strafe geschickt, die sie zum Gespött
machte. (26) Die sich aber durch Spott und Strafe
nicht warnen lassen, werden das verdiente Gericht
Gottes erfahren. (27) Denn sie wurden eben durch
die gequält, die sie für Götter hielten, und als sie
unter ihnen litten, ärgerten sie sich über sie und
erkannten nun deutlich den als den wahren Gott,

den sie vorher nicht erkennen wollten. Darum kam auch das Äußerste an Strafe über sie.

Kapitel 13:

Anbetung der Elemente

(1) Es waren von Natur alle Menschen nichtig, denen die Gotteserkenntnis fehlte und die an den sichtbaren Gütern den, der da ist, nicht erkennen konnten. Sie haben auch nicht erkannt, wer der Werkmeister ist, obwohl sie seine Werke sahen, (2) sondern sie hielten das Feuer, den Wind, die flüchtige Luft, die Sterne, mächtige Wasser oder die Lichter am Himmel für Götter und Wächter der Welt. (3) Wenn sie aber an ihrer Schönheit sich freuten und sie darum für Götter hielten, hätten sie auch erkennen sollen, um wie viel herrlicher als diese der Herr ist. Denn er, der aller Schönheit Meister ist, hat sie alle geschaffen. (4) Wenn sie aber schon über deren Macht und Kraft staunten, hätten sie merken sollen, um wie viel mächtiger der ist, der das alles bereitet hat. (5) Denn es wird an der Größe und Schönheit der Geschöpfe ihr Schöpfer wie in einem Bild erkannt. (6) Trotzdem sind sie nicht zu sehr zu tadeln; denn sie irren vielleicht und suchen doch Gott und hätten ihn gern gefunden. (7) Denn sie gehen zwar mit seinen Werken um und erforschen sie, aber sie lassen sich durch das, was vor Augen ist, gefangen nehmen, weil so schön ist,

was man sieht. (8) Doch sind sie damit nicht entschuldigt. (9) Denn wenn sie so viel zu erkennen vermochten, dass sie die Welt erforschen konnten, warum haben sie dann nicht viel eher den Herrn über das alles gefunden?

Anbetung von Götterbildern

(10) Aber unselig sind, die ihre Hoffnung auf tote Dinge setzen, die Werke von Menschenhand Götter nennen: Gold und Silber, kunstvoll verarbeitet, und Abbilder von Tieren oder unnütze Steine, behauen in alter Zeit. (11) Da sägte ein Holzschnitzer ein handliches Stück Holz heraus, schabte geschickt seine ganze Rinde ringsum ab, bearbeitete es kunstgerecht und machte daraus ein Gerät, das für den Gebrauch im Leben nützlich ist. (12) Die Abfälle seiner Arbeit aber nutzte er, um sich Essen zu kochen und sich zu sättigen. (13) Ein Stück Abfall aber, das zu nichts taugte, ein krummes, mit Ästen durchwachsenes Stück Holz, nahm er und schnitzte es mit Sorgfalt, als er nichts anderes zu tun hatte, und gestaltete es mit Geschick, um sich zu erholen, und machte daraus das Bild eines Menschen, (14) oder er schnitzte das Bild eines gewöhnlichen Tieres. Er beschmierte es mit rotem Ocker und färbte mit Schminke seine Oberfläche rot, und wo ein Fleck war, übermalte er ihn. (15) Und er machte ihm eine Behausung, die seiner würdig war, brachte es an der Wand an und befestigte es mit Eisen, (16) damit es

nicht herunterfalle. So sorgte er vor, weil er wusste, dass es sich selber nicht helfen kann, denn es ist ein Bild und bedarf der Hilfe. (17) Aber wenn er betet für sein Hab und Gut, für seine Ehe und für seine Kinder, dann schämt er sich nicht, mit etwas Leblosem zu reden. Er ruft das Schwache um Gesundheit an, (18) bittet das Tote um Leben, fleht zu dem Unfähigsten um Hilfe und zu dem um glückliche Reise, was nicht einmal den Fuß bewegen kann; (19) und für sein Geschäft, sein Gewerbe und das Werk seiner Hände ruft er das um Kraft an, dessen Hände ganz kraftlos sind.

Kapitel 14:

(1) Ebenso hält es einer, der eine Seefahrt unternehmen will und der durch wilde Fluten fahren muss und dabei ein Holz anfleht, das doch viel morscher ist als das Schiff, auf dem er fährt. (2) Denn der Wunsch nach Reichtum hat es ersonnen, und die Werkmeisterin Weisheit hat es gebaut. (3) Aber deine Vorsehung, Vater, steuert es hindurch; denn du gibst auch im Meer Wege und mitten in den Wellen sichere Fahrt (4) und zeigst dadurch, wie du aus aller Not zu retten vermagst, damit man ein Schiff besteigen kann, auch wenn man es nicht bauen kann. (5) Du willst aber, dass die Werke deiner Weisheit nicht wirkungslos bleiben. Deshalb vertrauen die Menschen ihr Leben auch einem ganz geringen Stück Holz an und werden sogar auf einem

Floß gerettet, wenn sie durch die Meereswellen fahren. (6) Denn auch vor alters, als die hochmütigen Giganten umkamen, flüchtete die Hoffnung der ganzen Welt auf ein Floß. Sie hinterließ – von deiner Hand gelenkt – der Welt die Stammeltern für ein neues Geschlecht. (7) Gesegnet sei das Holz, durch das Gerechtigkeit geschieht. (8) Aber verflucht sei, was mit Händen geschnitzt ist, wie auch der, der es schnitzte – er, weil er's gemacht hat, das Holz hingegen, weil es Gott genannt wurde, obwohl es doch vergänglich ist. (9) Denn Gott sind beide gleich verhasst, der Gottlose und sein gottloses Werk; (10) denn das Werk wird samt dem Meister bestraft werden. (11) Darum werden auch die Götterbilder der Heiden heimgesucht; denn sie sind in der Schöpfung Gottes zum Gräuel geworden und zur Falle für die Seelen der Menschen und zur Schlinge für die Füße der Unverständigen.

Die Herkunft der Götterbilder

(129 Götterbilder zu ersinnen, ist der Anfang der Hurerei, und sie zu erfinden, richtet das Leben zugrunde. (13) Weder sind sie von Anfang an gewesen noch werden sie in Ewigkeit Bestand haben. (14) Durch eitlen Wahn der Menschen sind sie in die Welt gekommen, und darum ist ihnen auch ein schnelles Ende zugedacht. (15) Als etwa ein Vater über seinen Sohn, der ihm allzu früh genommen wurde, Leid und Schmerzen trug, ließ er ein Bild von

ihm machen. Dann verehrte er den längst Verstorbenen als Gott und stiftete für seine Untergebenen geheime Feste und heilige Bräuche. (16) Danach festigte sich mit der Zeit solch gottloser Brauch und wurde wie ein Gesetz eingehalten. Auch auf Befehl von Tyrannen wurden Bilder verehrt: (17) Die Leute konnten sie nicht von Angesicht zu Angesicht verehren, weil sie zu ferne wohnten. Daher ahmten sie das entfernte Angesicht nach und fertigten ein sichtbares Bild des Königs an, den sie ehren wollten, damit sie eifrig dem Abwesenden schmeichelten, als ob er anwesend wäre. (18) Der Ehrgeiz des Künstlers aber lockte auch noch die an, die den Herrscher nicht kannten, und so verbreitete sich die Verehrung des Bildes. (19) Denn er wollte dem Herrscher gefallen und machte durch seine Kunst das Bild eher schön als ähnlich. (20) Die Menge aber, angezogen von der Anmut des Werkes, hielt jetzt den für einen Gott, der kurz zuvor nur als Mensch verehrt worden war. (21) Dies wurde zu einer Gefahr für das Leben: Durch ein Unglück getroffen oder weil sie dem Tyrannen dienen mussten, legten die Menschen den Steinen und Hölzern den Namen bei, der keinem andern gebührt. (22) Und dann, als ob es nicht genug wäre, in der Erkenntnis Gottes zu irren, nannten sie solche Übel auch noch Frieden, obwohl sie im Krieg der Unwissenheit lebten. (23) Sie töteten ihre Kinder als heiliges Opfer, kamen zu geheimen Festen zusam-

men oder feierten wilde Gelage nach absonderlichen
Satzungen. (24) Und sie halten weder ihren Wandel
noch ihre Ehen rein: Einer tötet den andern mit List
oder kränkt ihn durch Ehebruch; (25) und so kommt
alles zusammen: Blut und Mord, Diebstahl und Be-
trug, Schändung, Untreue, Streit, Meineid, (26) Verkehren der Tugend, Vergessen des Danks, Befleckung
der Seelen, widernatürliche Unzucht, Zerrüttung der
Ehen, Ehebruch und Ausschweifungen. (27) Denn
den namenlosen Götterbildern zu dienen, das ist
Anfang, Ursache und Ende alles Bösen. (28) Feiern
sie ein Fest, so geraten sie in Raserei; weissagen sie,
so ist's lauter Lüge. Sie leben nicht recht und
schwören leichtfertig falsche Eide. (29) Denn weil sie
an leblose Götterbilder glauben, fürchten sie keinen
Schaden, wenn sie falsch schwören. (30) Für beides
wird gerechte Strafe über sie kommen: dafür, dass
sie falsch von Gott denken und sich an Götterbilder
halten, und dafür, dass sie unrecht schwören und
Frömmigkeit verachten. (31) Denn nicht die Macht
derer, die sie beschwören, kommt über sie, sondern
immer kommt die Macht der Gerechtigkeit, die alle
Sünden bestraft, über die Ungerechten und ihre
Vergehen.

Kapitel 15:

Israel wurde nicht getäuscht

(1) Aber du, unser Gott, bist freundlich, wahrhaftig und geduldig, und alles regierst du mit Barmherzigkeit. (2) Wenn wir auch sündigen, sind wir doch dein und kennen deine Macht. Aber wir werden nicht sündigen, weil wir wissen, dass wir dir angehören. (3) Denn dich kennen ist vollkommene Gerechtigkeit, und von deiner Macht wissen ist die Wurzel der Unsterblichkeit. (4) Denn uns hat nicht verführt, was Menschen arglistig ersonnen haben, noch die unnütze Arbeit der Maler, die ein hässliches Bild mit Farbe übermalt haben, (5) sodass sein Anblick das Begehren des Unverständigen weckt und er Sehnsucht nach dem leblosen und toten Bild hat. (6) Denn die es machen, die es begehren und die es ehren, sind Liebhaber des Bösen und dessen wert, worauf sie hoffen.

Gute und böse Werke des Töpfers

(7) Denn auch ein Töpfer, der den weichen Ton mühevoll knetet, macht ein jedes Gefäß zu unserm Gebrauch. Er macht aber aus demselben Ton Gefäße, die zu sauberen Zwecken dienen, und andere zu gegenteiligen Zwecken, alle in gleicher Weise. Wozu aber jedes einzelne von den Gefäßen dann gebraucht wird, darüber entscheidet der Töpfer. (8) Aber es ist ein böses Werk, wenn er aus dem-

selben Ton einen nichtigen Gott macht, er, der doch selbst nicht lange zuvor aus Erde geschaffen worden ist und nach kurzer Zeit wieder dahinfährt, von wo er genommen worden ist, wenn die anvertraute Gabe der Seele zurückgefordert wird. (9) Aber es bekümmert ihn nicht, dass er dahinschwinden wird und ein kurzes Leben hat, sondern er wetteifert mit den Goldschmieden und Silbergießern, ahmt die Bronzebildner nach und hält es für eine Ehre, Fälschungen zu machen. (10) Die Gedanken seines Herzens sind wie Asche, seine Hoffnung ist geringer als Erde und sein Leben verächtlicher als Ton, (11) weil er den nicht kennt, der ihn gebildet und ihm die Seele, die in ihm wirkt, eingehaucht und den lebendigen Geist eingeblasen hat; (12) er hält vielmehr unser Leben für ein Spiel und unsern Wandel für einen Jahrmarkt; er gibt vor, man müsse überall Gewinn suchen, selbst aus Bösem. (13) Solch einer weiß besser als alle andern, dass er sündigt, wenn er aus irdischem Stoff zerbrechliche Gefäße und Bilder erschafft.

(14) Alle aber sind sie törichter und geringer als eine Kinderseele. Sie sind die Feinde deines Volks, die es unterdrückt haben. (15) Sie halten alle die Götzenbilder der Heiden für Götter, die doch mit ihren Augen nicht sehen können, mit ihren Nasen nicht Luft holen, mit ihren Ohren nicht hören, mit ihren Fingern nicht fühlen und mit ihren Füßen nicht gehen können. (16) Denn ein Mensch hat sie gemacht, und einer, dem der Geist nur geliehen ist, hat

sie gebildet. Daher kann kein Mensch ein Abbild seiner selbst zu einem Gott machen. (17) Weil er sterblich ist, kann er mit seinen ruchlosen Händen nur Totes schaffen. Er selbst ist ja besser als das, was er verehrt, denn er lebt doch, jenes aber niemals.

Anbetung der Tiere

(18) Sie verehren sogar die widerlichsten Tiere, die in ihrer Dummheit noch tiefer stehen als die andern. (19) Sie sind nicht einmal so schön wie andre Tiere, sodass man an ihrem Anblick Gefallen haben könnte; vielmehr haben sie sich dem Lob und dem Segen Gottes entzogen.

Kapitel 16

Plage durch Hunger – Speisung mit Wachteln

(1) Darum wurden die Ägypter mit Recht durch ähnliche Tiere geplagt und durch eine Menge Ungeziefer gequält. (2) Statt solcher Plage tatest du deinem Volk Gutes und bereitetest ihm, als es danach verlangte, eine wunderbare Speise; als Nahrung schicktest du ihnen Wachteln. (3) So sollte den Ägyptern, wenn sie nach Nahrung verlangten, wegen des scheußlichen Anblicks der ihnen zur Plage gesandten Tiere die natürliche Lust am Essen vergehen. Die Israeliten aber, die nur kurze Zeit Mangel litten, sollten eine wunderbare Speise empfangen. (4) Denn es musste über die Ägypter, die tyrannisch

handelten, ein unerbittlicher Mangel kommen; den Israeliten aber musste nur gezeigt werden, wie ihre Feinde gequält wurden.

Tod durch Insektenstich – Rettung vom Schlangenbiss

(5) Damals kamen auch über die Israeliten böse, zornige Tiere, und so wurden sie gebissen und vernichtet durch die sich krümmenden Schlangen. Doch blieb dein Zorn nicht bis zum Ende, (6) vielmehr wurden sie nur kurze Zeit zur Warnung erschreckt und bekamen ein rettendes Zeichen zur Erinnerung an das Gebot deines Gesetzes. (7) Denn wer sich zu diesem Zeichen hinwandte, der wurde errettet – nicht durch das, was er anschaute, sondern durch dich, den Heiland aller Menschen. (8) Und damit bewiesest du unsern Feinden, dass du es bist, der aus allem Unheil erretten kann. (9) Denn über die Ägypter kam durch Heuschrecken und Fliegen Tod und Verderben, und sie konnten keine Heilung finden für ihr Leben; denn sie hatten's verdient, von solchen Tieren geplagt zu werden. (10) Aber deine Kinder wurden nicht einmal durch die Zähne der giftigen Drachen getötet; denn dein Erbarmen trat dazwischen und machte sie gesund. (11) Denn sie wurden dadurch angestachelt, an deine Worte zu denken, und wurden schnell wieder geheilt, damit sie nicht in tiefes Vergessen versinken, sondern deinen Wohltaten zugewandt bleiben

sollten. (12) Denn es heilte sie weder Kraut noch Pflaster, sondern dein Wort, Herr, das alles heilt. (13) Denn du hast Gewalt über Leben und Tod; und du führst hinunter zu den Pforten des Totenreichs und führst wieder herauf. (14) Wenn aber ein Mensch in seiner Bosheit jemanden tötet, so kann er den Geist, der entwichen ist, nicht zurückholen und die Seele nicht aus dem Totenreich befreien.

Plage mit Unwetter – Speisung mit Manna

(15) Aber unmöglich ist's, deiner Hand zu entfliehen. (16) Denn die Frevler, die dich nicht kennen wollten, sind durch deinen mächtigen Arm gegeißelt worden, als sie durch ungewöhnlich heftige Regengüsse, Hagel und schreckliche Unwetter verfolgt wurden und das Feuer sie verzehrte. (17) Denn das Verwunderlichste war: In dem Wasser, das sonst alles auslöscht, brannte das Feuer noch stärker. Denn die Welt streitet für die Gerechten. (18) Denn zuweilen brannte die Flamme schwächer, um nicht die Tiere zu verbrennen, die gegen die Frevler geschickt worden waren; sie sollten ja sehen und erkennen, dass sie von Gottes Gericht so bedrängt wurden. (19) Zuweilen aber brannte die Flamme inmitten der Wasser stärker, als Feuer sonst brennt, um den Ertrag des ungerechten Landes zu verderben. (20) Dagegen nährtest du dein Volk mit Engelspeise, und unermüdlich gewährtest du ihnen Brot vom Himmel, das ihnen großen Genuss berei-

tete und sich bei jedem nach dessen Geschmack richtete. (21) Denn deine Gabe machte offenbar, wie freundlich du zu deinen Kindern bist. Denn jedem, der davon aß, verwandelte sie sich nach seinem Verlangen in das, was er gern wollte. (22) Schnee und Eis hielten das Feuer aus und schmolzen nicht. So sollten sich die Israeliten erinnern, dass es das Feuer war, das die Erträge der Feinde vernichtete, als es im Hagel brannte und in den Regengüssen aufblitzte, (23) und dass dieses Feuer seine eigne Kraft vergessen musste, damit die Gerechten ernährt wurden. (24) Denn die Schöpfung, die dir als dem Schöpfer dient, steigert ihre Kräfte, um die Ungerechten zu bestrafen, und mindert sie, um denen wohlzutun, die dir vertrauen. (25) Darum ließ sie sich auch damals in mancherlei verwandeln und diente damit dir, der mit seinen Gaben alle nährt. So wurden die Bitten derer erfüllt, die dich anriefen, (26) damit deine Kinder, die du, Herr, liebst, lernen, dass nicht die Kräfte der Natur, welche die Früchte hervorbringen, den Menschen ernähren, sondern dass dein Wort die erhält, die an dich glauben. (27) Denn das, was vom Feuer nicht verzehrt wurde, zerschmolz, sobald es von einem flüchtigen Strahl der Sonne erwärmt wurde, (28) damit deutlich würde, dass man dir danken solle, ehe die Sonne aufgeht, und vor dich treten, wenn es tagt. (29) Denn die Hoffnung des Undankbaren wird wie Reif des Winters vergehen und zerrinnen wie unnützes Wasser.

Kapitel 17:

Finsternis – Licht und Feuersäule

(1) Groß und unaussprechbar sind deine Urteile, Herr; darum gingen auch die Seelen in die Irre, denen Bildung fehlte. (2) Denn als die Ungerechten meinten, das heilige Volk unterdrücken zu können, wurden sie Gebundene der Finsternis und Gefangene einer langen Nacht und lagen eingeschlossen unter ihren Dächern, auf der Flucht vor der ewigen Vorsehung. (3) Denn als sie meinten, sie könnten sich bei ihren verborgenen Sünden verstecken unter der dunklen Decke der Vergessenheit, wurden sie zerstreut, furchtbar erschreckt und durch Gespenster geängstigt. (4) Denn auch der Winkel, in dem sie kauerten, konnte sie nicht vor der Furcht bewahren: Getöse brach über sie herein und war um sie her, und es erschienen gräuliche Gestalten mit düsteren Mienen. (5) Und keines Feuers Macht vermochte ihnen zu leuchten, noch konnten die hell flammenden Sterne jene furchtbare Nacht licht machen. (6) Es erschien ihnen nur ein von selbst brennendes Feuer voller Schrecken. In ihrem Entsetzen schien ihnen dann das, was sie zuvor gesehen hatten, noch viel schlimmer.

Vom Versagen der Magie

(7) Auch das Gaukelwerk der Schwarzen Kunst lag darnieder, und ihr Rühmen wurde zu Spott, als ihre Kunst auf die Probe gestellt wurde. (8) Denn die versprochen hatten, Furcht und Schrecken von der kranken Seele vertreiben zu können, wurden selbst krank vor lächerlicher Angst. (9) Und wenn auch sonst nichts Schreckliches sie ängstigte, so wurden sie doch aufgescheucht durch das Vorbeilaufen wilder Tiere und durch das Zischen von Schlangen, (10) und sie gingen zitternd zugrunde, weil sie sich sogar weigerten, die Luft auch nur anzusehen, der man doch nicht entkommen kann. (11) Denn die Bosheit verrät sich durch ihre Feigheit, und verurteilt sich dadurch selbst, und vom Gewissen bedrückt, nimmt sie immer schon das Schlimmste an. (12) Denn Furcht ist nichts anderes, als dass einer sich weigert, sich von seinem Verstand helfen zu lassen. (13) Wenn aber die Hoffnung im Herzen zu schwach ist, hält man die Ratlosigkeit für schlimmer als die eigentliche Ursache der Plage. (14) Die Ägypter aber lagen in dieser unentrinnbaren Nacht, die aus den Schlupfwinkeln des unentrinnbaren Totenreichs gekommen war, alle im gleichen Schlaf: (15) Sie wurden bald bedrängt durch schreckliche Erscheinungen, bald aber dadurch gelähmt, dass ihnen der Mut entsank. Denn plötzlich und unversehens überfiel sie Furcht; (16) und so wurde,

wer dort zusammenbrach, bewacht und eingeschlossen wie in einen Kerker ohne Eisen. (17) Ob es nun ein Bauer war oder ein Hirte oder ein Arbeiter, der sich in der Einsamkeit abmühte: Jeder musste, plötzlich erfasst, solch unvermeidliche Not tragen. (18) Denn sie waren alle zugleich mit ein und derselben Kette der Finsternis gefesselt. Ob etwa ein Wind pfiff oder Vögel süß sangen in dichtem Gezweig oder Wasser gewaltig dahinschossen (19) oder Felsen mit lautem Gepolter herabstürzten oder Tiere, die man nicht sehen konnte, vorbeisprangen oder grausame Wildtiere heulten oder Widerhall aus den Schluchten der Berge schallte: Schrecknisse lähmten sie. (20) Die ganze Welt hatte helles Licht und ging ungehindert ihren Geschäften nach; (21) nur über die Ägypter hatte sich tiefe Nacht ausgebreitet, ein Bild der Finsternis, die über sie kommen sollte; aber sie waren sich selbst noch mehr zur Last als die Finsternis.

Kapitel 18:

(1) Aber deine Heiligen hatten hellstes Licht. Als die Ägypter ihre Stimme hörten, aber keine Gestalt sahen, priesen die Ägypter sie selig, weil sie nicht gelitten hatten. (2) Mehr noch: Sie dankten ihnen dafür, dass sie ihnen jetzt keinen Schaden zufügten, obwohl sie vorher Unrecht erlitten hatten, und flehten, sie möchten ihnen die Gnade erweisen, sich zu entfernen. (3) Dagegen gabst du den Deinen eine

feurige Säule, die ihnen den unbekannten Weg wies und ihnen eine freundliche Sonne war auf jenem ruhmvollen Weg durch die Fremde. (4) Denn die Ägypter hätten's auch verdient, des Lichts beraubt und in Finsternis gefangen zu sein, weil sie deine Kinder eingekerkert hatten, durch die der Welt das unvergängliche Licht des Gesetzes gegeben werden sollte.

Tod der Erstgeburt – Rettung aus Todesnot

(5) Die Ägypter aber hatten beschlossen, die kleinen Kinder der Heiligen zu töten. Aber eines der Kinder wurde ausgesetzt und dadurch gerettet. Da nahmst du ihnen zur Strafe die Menge ihrer Kinder weg und ließest sie alle zusammen umkommen in gewaltigem Wasser. (6) Jene Nacht aber war unsern Vätern vorher angekündigt worden, damit ihnen die Verheißungen, an die sie glaubten, gewiss würden und sie darüber frohen Mutes wären. (7) So wartete dein Volk auf das Heil der Gerechten und auf das Verderben der Feinde. (8) Denn womit du die Widersacher bestraft hast, eben damit hast du uns zu dir gerufen und uns herrlich gemacht. (9) Denn im Verborgenen opferten die heiligen Kinder der Frommen und verpflichteten sich einträchtig auf das göttliche Gesetz, dass die Heiligen in gleicher Weise an denselben Gütern wie an denselben Gefahren teilhaben sollten, nachdem sie vorher die Lobge-sänge der Väter angestimmt hatten. (10) Als Wider-

hall aber erscholl die wirre Klage der Feinde, und man hörte überall bitteres Weinen um ihre Kinder. (11) Denn es erging gleiche Strafe über Herr und Knecht, und der König musste dasselbe wie der einfache Mann erleiden. (12) So hatten sie alle zusammen unzählige Tote, die den gleichen Tod gestorben waren, sodass es nicht genug Lebende gab, um sie zu begraben; denn in einem einzigen Augenblick waren ihre edelsten Nachkommen dahin. (13) Denn während sie vorher, durch ihre Zauberer verhindert, ganz ungläubig waren, bekannten sie jetzt beim Untergang ihrer Erstgeborenen, dass dieses Volk Gottes Sohn sei. (14) Denn als tiefes Schweigen das All umfing und die Nacht in ihrem Gang die Mitte erreichte, (15) fuhr dein allmächtiges Wort vom Himmel herab, vom königlichen Thron, ein harter Kriegsmann, mitten in das Land, das zugrunde gerichtet werden sollte. (16) Er trug ein scharfes Schwert, nämlich dein unerbittliches Gebot, und trat hin und erfüllte alles mit Tod; sein Haupt berührte den Himmel, seine Füße standen auf der Erde. (17) Da erschreckten sie plötzlich grauenhafte Gesichte, und unversehens kam Furcht über sie. (18) Andere wiederum lagen halb tot, der eine hier, der andre dort, und taten kund, aus welchem Grund sie sterben mussten. (19) Denn die schrecklichen Träume hatten es ihnen vorher angezeigt, damit sie genau wüssten, wodurch sie so elend zugrunde gingen. (20) Aber auch die Ge rechten mussten den Tod erfahren, und eine Menge wurde in der Wüste dahingerafft. Aber der Zorn währte nicht lange. (21) Denn eilends kam der untadelige Mann, der für sie stritt, mit der Waffe seines Amts herbei, mit Gebet und sühnendem Räucherwerk. Er widerstand dem Zorn und machte dem Unheil ein Ende. Damit bewies er, dass er dein Diener ist. (22) Er überwand den Grimm; nicht mit Körperkraft noch mit Waffengewalt, sondern mit dem Wort unterwarf er den Züchtiger, indem er an Gottes Eid und Bund mit den Vätern erinnerte. (23) Denn als schon die Toten haufenweise überein-anderlagen, trat er dazwischen und hielt den Zorn auf und schnitt ihm den Weg zu den Lebenden ab. (24) Denn auf seinem langen Gewand war die ganze Welt abgebildet, und die Ehrennamen der Väter waren in die vier Reihen der Steine eingegraben und deine Herrlichkeit auf dem Stirnband seines Haupt-es. (25) Davor wich der Verderber, und davor er-schrak er; denn es war schon genug, dass die Israeliten eine Probe des Zorns erfahren hatten.

Kapitel 19:

Untergang der Ägypter – Rettung der Israeliten

(1) Aber die Frevler überfiel der Zorn ohne Erbarmen bis zum bitteren Ende. Denn Gott wusste im Voraus, was sie künftig tun würden: (2) dass sie den Israeliten zunächst den Auszug erlauben und sie eilig

entlassen würden, um es dann aber zu bereuen und ihnen nachzujagen. (3) Denn als sie noch Leid trugen und an den Gräbern der Toten klagten, verfielen sie auf ein anderes törichtes Vorhaben und verfolgten jetzt die als Flüchtlinge, die sie eben mit flehentlichen Bitten fortgeschickt hatten. (4) Es musste aber so geschehen, dass sie zu einem solchen Ende kämen, wie sie es verdient hatten; und sie mussten vergessen, was ihnen widerfahren war, damit sie noch die Strafe erlitten, die bisher an ihren Qualen gefehlt hatte, (5) und damit deinem Volk auf seiner Wanderung Wunderbares geschehe, jene aber einen ungewöhnlichen Tod fänden. (6) Denn die ganze Schöpfung wurde in ihrer Eigenart wieder neu gestaltet, um deinen Geboten zu dienen, damit deine Kinder unversehrt bewahrt blieben. (7) Da zeigte sich die Wolke und überschattete das Lager. Wo vorher Wasser stand, sah man trockenes Land hervorkommen. Da zeigte sich im Roten Meer ein Weg ohne Hindernis, und aus den mächtigen Fluten erhob sich ein grünes Feld. (8) Darüber zog das ganze Volk, alle, die von deiner Hand beschirmt wurden, und dabei sahen sie Zeichen und Wunder.
(9) Sie gingen wie die Rosse auf der Weide und hüpften wie die Lämmer und lobten dich, Herr, der sie gerettet hatte. (10) Denn sie erinnerten sich noch, wie es ihnen in der Fremde ergangen war, wie die Erde gegen ihre Natur statt des Viehs Mücken hervorbrachte und der Fluss anstelle von Fischen

Frösche in großer Menge ausspie. (11) Danach aber sahen sie auch, wie eine neue Art Vögel entstand, als sie in ihrer Gier um leckere Speise baten. (12) Denn ihnen zum Trost kamen Wachteln aus dem Meer.

Sodom und Ägypten

(13) Auch kamen die Strafen über die Sünder nicht ohne Zeichen, die vorher durch gewaltige Blitze geschehen waren; denn mit Recht litten sie um ihrer Bosheit willen, weil sie einen besonders schlimmen Hass gegen Fremde gezeigt hatten. (14) Denn die Leute von Sodom hatten nur Unbekannte, die zu ihnen gekommen waren, nicht aufgenommen; die Ägypter aber zwangen Gäste, die ihnen Gutes getan hatten, zum Sklavendienst. (15) Und nicht nur dies, die Heimsuchung derer von Sodom wird gewiss eine andere sein, weil sie nur Fremde feindlich aufnahmen, (16) während die Ägypter diejenigen mit schwerer Arbeit plagten, denen sie zuvor feierliche Aufnahme und Anteil an ihren Rechten gewährt hatten.

Schlusswort

(17) Die Ägypter wurden aber auch mit Blindheit geschlagen – so wie die Leute von Sodom an der Tür des Gerechten. Die Ägypter wurden von dichter Finsternis überfallen und jeder suchte den Zugang zu seiner Tür. (18) Denn die Elemente verändern ihr Wesen, so wie auf der Harfe die Töne je andere

Melodien hervorbringen, obwohl der jeweilige Ton immer der gleiche bleibt. Dies ist aus der Betrachtung der Geschehnisse deutlich abzuleiten: (19) Landtiere wurden in Wassertiere verwandelt, und Wassertiere gingen ans Land. (20) Das Feuer behielt im Wasser die ihm eigene Natur, und das Wasser vergaß seine Kraft zum Löschen. (21) Wiederum verzehrten die Flammen nicht das zarte Fleisch der Tiere und brachten nicht die himmlische Speise zum Schmelzen, die doch so leicht schmilzt wie Eis. (22) Herr, du hast dein Volk in allem groß und herrlich gemacht und hast es nicht verachtet, sondern ihm allezeit und an allen Orten beigestanden.

Notizen:

Notizen:

Notizen: